Diana Guelar y Rosina Crispo

———————

La adolescencia: manual de supervivencia

Tiempo de padres

Colección
Psicología

Editorial Gedisa ofrece
los siguientes títulos sobre

PSICOLOGÍA

STEFAN VANISTENDAEL Y JACQUES LECOMTE	*La felicidad es posible* Despertar en niños maltratados la confianza en sí mismos: construir la resiliencia
DOROTHY CORKILLE BRIGGS	*El niño feliz*
GILBERT TORDJMAN	*Cómo comprender las enfermedades psicosomáticas*
BORIS CYRULNIK	*Los patitos feos*
REGINA HAMBURGUER	*El ABC de la seducción*
JEAN LUC AUBERT Y CHRISTIANE DOUBOVY	*¡Mamá, tengo miedo!* Guía para madres ansiosas
FRANCESCO ALBERONI	*La esperanza*
FRANCESCO ALBERONI	*El origen de los sueños*
CELSO ANTUNES	*La teoría de las inteligencias liberadoras*
ROSINA CRISPO Y DIANA GUELAR	*Adolescencia y trastornos del comer*

**Editorial Gedisa
le ofrece otros títulos de interés**

MARC AUGÉ	*Diario de guerra*
HEIDEMARIE SCHWERMER	*Mi vida sin dinero*
HANNAH ARENDT	*Tiempos presentes*
MANUEL CRUZ	*Cuando la realidad rompe a hablar* Conjeturas y cavilaciones de un filósofo
MARC AUGÉ	*Ficciones de fin de siglo*
RICHARD PORTON	*Cine y Anarquismo* La utopía anarquista en imágenes
HANNAH ARENDT	*Hombres en tiempos de oscuridad*
EDGARD MORIN	*Introducción a una política del hombre*
FRANÇOISE GIROUD	*No podemos ser siempre felices*

Tiempo de padres

Diana Guelar y Rosina Crispo

Índice

Presentación y agradecimientos 13

Tiempo de padres 15

La adolescencia: tiempo de crisis..17
    La crisis como un proceso de crecimiento 17
    Cómo acompañar a tu hija/hijo en este proceso 18
    Pérdidas y cambios que debe enfrentar el adolescente 19
    Ya no es un niño... pero todavía no es un adulto 20
    Las consignas simples favorecen la relación 20
    Antes eras su ídolo: ahora eres centro de sus críticas 21
    Cómo enfrentar esta etapa con madurez 22
    Y aprender a cuidar de tu hijo sin estar detrás de él 23
    ¿Qué es la «autonomía vigilada»? 24

1. Un cuerpo nuevo... y desconocido..27
    ¡Socorro: hay otra mujer en la casa! 28
    «Mi nena corre peligro de quedar embarazada....» 29
    «Alguien está usando mi máquina de afeitar» 30
    ¿No es hora de que debute como hombre...? 31
    La aceptación del nuevo cuerpo y la identidad 32
    El peso de las palabras 33
    La dieta adecuada para el adolescente 35
    Trastornos de la alimentación 38

2. La «normal anormalidad» adolescente....................................41
    Confrontar, demoler, derrumbar… y reconstruir 42
    Contradicciones, confusión, ambivalencia 43
    Modelos de identificación y búsqueda de identidad 43
    Independencia e irresponsabilidad 44
    El aprendizaje de las relaciones 45
    Registro de las emociones 46

Diferencias entre el actuar y el sentir 47
Tiempo cotidiano y tiempo subjetivo 48
Aburrimiento, expansividad, retraimiento, acción… 49
El estrés de no saber 50
Pensamiento mágico y pensamiento extremo 51
Miedo a elegir, miedo a perder 52
Señales de alarma 53

3. **El rol de los padres y de la familia**...55
Confía en lo construido desde la infancia 56
Adolescencia: una crisis vital familiar 57
El rol de los hermanos 58
El rol de los abuelos 59
Aprende a manejar la ciclotimia y la ambivalencia 61
Peleas y discusiones familiares 62
«¡Esta casa no es un hotel!» 64

4. **El primer amor, la primera vez** 67
Aprendiendo sobre el amor: hablar, hablar, hablar 68
«No hago otra cosa que pensar en ti…» 69
Amores fugaces, amores platónicos, amores intensos… 70
¿Esto es pasajero? ¿Esto va en serio? 71
Amores trágicos, imposibles, prohibidos... 73
El despertar sexual 74
El autoerotismo 75
La primera vez 76
La identidad sexual: dudas y exploración 77
«Soy gay/Soy lesbiana» 78
Anticoncepción y sida 80
El abuso sexual 82

5. **Amigos, modelos e ideales** 85
«¿Necesitan estar todo el día juntos?» 87
Las «malas compañías» 88
El mejor amigo: tenerlo y no tenerlo 89
«Mi hijo se junta con gente rara» 91
Intimidad, secretos, el espacio personal 93
Los ideales de un mundo mejor 94
La tendencia mística y las crisis religiosas 95

Educar para la libertad 96
Líderes y modelos 97
La magia de la noche 98
El mapa social 100

6. **La escuela, la vocación, el trabajo: el futuro**..........................103
   «La escuela le está costando mucho…» 104
   ¿Para qué estudiar? 105
   ¿Qué esperar de la escuela? 107
   Respuestas al fracaso escolar 108
   La búsqueda de la vocación 110
   ¿Qué buscan las empresas? 112
   Escuela y trabajo: prepararse para trabajar............................113

7. **Trastornos psicológicos graves: depresión,
   ideas de muerte y suicidio** 117
   Cómo distinguir la tristeza de la depresión 117
   Cómo afecta la depresión al adolescente 118
   Dormir, dormir, dormir… 120
   Las causas de la depresión 120
   Qué hacer frente a un cuadro depresivo 122
   ¿Duelo o depresión? 123
   La idea del suicidio en la adolescencia 124
   Hablar de la muerte, hablar de la vida 126
   Qué puedes hacer como padre 127

8. **Conductas de riesgo: drogas, alcohol, violencia**..................129
   «¿Mi hijo podría estar consumiendo?» 130
   Usuarios, abusadores, adictos 131
   ¿Por qué las drogas seducen a los adolescentes? 132
   Drogas: el paraíso prometido 133
   «¿Qué hicimos para que esté ocurriendo esto?»...................135
   Alcoholismo y drogadicción: una responsabilidad social 137
   ¿Éxito o exitismo? 138
   Del consumo a la adicción 138
   «¿Cómo hablar con mi hijo sobre las drogas?» 140
   «Mi hijo se droga» 141
   «Apagar incendios» o prevenirlos: un problema de todos ..141
   Tratamientos: cómo ayudar a la recuperación 143

Presentación y agradecimientos

Este libro está pensado como una hoja de ruta, guía práctica para padres e hijos.

Se trata de un libro de consulta de fácil acceso con dos entradas bien definidas: una para chicos y otra para padres, ya que la adolescencia es un momento de transición que llega y abarca a toda la familia, no sólo a alguno de sus miembros.

Es importante que todos los integrantes de la familia «en conjunto», pero con consignas propias a sus roles, tengan herramientas para manejarse en esta etapa de cambio. La idea de este libro es brindar algunas de ellas, y ayudar a generar salidas alternativas abriendo la posibilidad al reconocimiento de que *la adolescencia es un pasaje, una transformación que implica a toda la familia.*

Este libro refleja lo que nos fue confiado durante los múltiples *procesos terapéuticos* de los que fuimos partícipes a lo largo de muchos años y de lo que ocurrió a partir del trabajo realizado, tanto por los chicos como por sus padres, para modificar las situaciones dolorosas por las que consultaron. Recogimos sus testimonios, que ahora brindamos para que también otros puedan servirse de ellos, con un profundo reconocimiento hacia las familias.

También fue posible gracias a compartir cotidianamente de dichos procesos con todo el equipo de profesionales de «La Casita».

Un agradecimiento especial a Gabriela Ramos por su invalorable ayuda en la compaginación del material.

Y sobre todo, como *madres*, quisiéramos agradecer a nuestros hijos, a nuestras familias, que cada día nos muestran alternativas para mejorar como personas, caminando juntos en el proceso de transformación familiar.

Tiempo de padres

*Defender la alegría como una trinchera
defenderla del caos y de las pesadillas
de la ajada miseria y de los miserables
de las ausencias breves y definitivas*

*defender la alegría como un atributo
defenderla del pasmo y de las anestesias
de los pocos neutrales y de los muchos neutrones
de los graves diagnósticos y de las escopetas*

*defender la alegría como un estandarte
defenderla del rayo y la melancolía
de los males endémicos y de los académicos
del rufián caballero y del oportunista*

*defender la alegría como una certidumbre
defenderla a pesar de dios y de la muerte
de los parcos suicidas y de los homicidas
y del dolor de estar absurdamente alegres*

*defender la alegría como algo inevitable
defenderla del mar y de las lágrimas tibias
de las buenas costumbres y de los apellidos
del azar y también
también de la alegría.*

Mario Benedetti, *Defensa de la alegría*

La adolescencia: tiempo de crisis

La adolescencia es un momento de cambios permanentes, un tiempo de transformaciones que, al igual que otros períodos en la vida, necesariamente debemos atravesar para crecer.

Estos cambios generan una gran inestabilidad. Lo que hasta ayer era un lugar sólido y seguro se ha convertido de pronto en un territorio inhóspito y desconocido donde los códigos y las certezas de la niñez ya no sirven, pero tampoco se han definido aún nuevos códigos ni hallado otros puntos de referencia que le permitan al joven moverse con soltura en este mundo diferente que despunta en el horizonte y que tantas sensaciones contradictorias le genera.

De allí, las inseguridades, la inestabilidad, los malestares, los miedos y la incertidumbre que son propios de este tiempo; al igual que el entusiasmo, la fuerza para asumir desafíos, el idealismo para forjar proyectos y ese enorme caudal de energía que a veces cuesta tanto regular.

Todas estas sensaciones conviven en tu hijo/tu hija adolescente y será a partir de ellas que él/ella logrará abrirse paso en este nuevo camino. Tendrá que aprender a equilibrar, entender, aceptar, sufrir y resolver algunos asuntos nuevos y otros de larga data. Su «trabajo» de adolescente consiste básicamente en esta tarea, tan difícil como ineludible para su crecimiento.

La crisis como un proceso de crecimiento

Aunque comúnmente se dice que la palabra *adolescente* proviene de «adolecer», de «falta» o «carencia» de algo, en verdad viene del latín, *ad*: «hacia» y *olescere*: forma de *olere*, «crecer», es decir, *transición* o *proceso de crecimiento*.

¿Cuándo comienza y cuándo terminará este proceso? Se inicia alrededor de los once-doce años, cuando los niños se acercan o se ubican en el umbral de este camino: la pubertad. No existe una edad precisa que determine el inicio de este proceso, cada niño lo hará con su propio ritmo. Lo mismo ocurre respecto de su finalización. La adolescencia toca su fin una vez que el joven haya alcanzado el objetivo final de la transición: establecer su identidad y su autonomía como individuo.

Cómo acompañar a tu hija/hijo en este proceso

El tránsito por la etapa adolescente estará plagado de pruebas, obstáculos y desafíos. Dependerá entonces de la sensibilidad del joven, sus capacidades, su fuerza, el modo en que logre recorrer ese camino y superar las dificultades que se le presenten. Sin embargo, el sustento y el apoyo que reciba de su entorno familiar resultarán también para él fundamentales.

¿Cómo puedes apoyar a tu hijo/hija adolescente desde tu lugar de padre o madre? Es importante que favorezcas el desarrollo de la confianza en sí mismo, transmitiéndole valor para superar sus temores y ofreciéndole pautas que lo guíen, atendiendo además el desaliento que pueda sentir, ayudándolo en los momentos de tristeza que pueda atravesar y brindándote como sostén para sus proyectos de desarrollo.

Seguramente al leer esto pensarás que, así escrito, «en teoría», tu rol en esta etapa parece muy sencillo de definir, pero que llevado a la práctica, se torna muy difícil de aplicar a las múltiples situaciones cotidianas que la convivencia con un adolescente genera. Sabemos que estás en lo cierto. El propósito de este libro es precisamente «bajar» la teoría aplicándola a la vida cotidiana, ofreciéndote sugerencias, alternativas posibles para acompañar a tu hijo/tu hija en este proceso de crecimiento.

Pérdidas y cambios que debe enfrentar el adolescente

Toda crisis es un cambio. Todo cambio implica una elección, y toda elección, la pérdida de lo que se está dejando atrás. ¿Qué cambios fundamentales ocurren en esta etapa?

- En la adolescencia *el cuerpo* cambia y con ello surgen nuevas necesidades fisiológicas, nuevos requerimientos alimentarios, nuevos ritmos de actividad y descanso.
- *El mundo infantil* donde el chico vivía cómoda y placenteramente, en relación de dependencia, con necesidades básicas satisfechas y roles claramente establecidos, se está terminando. La construcción de un sistema de valores coherente se impone, pero se vuelve difícil en un contexto en el que los modelos de conducta y las normas de lo que está bien y lo que está mal se van modificando.
- *El rol social* también se modifica, el nivel de responsabilidad aumenta y lo que antes podía significar una travesura sin consecuencias mayores, puede transformarse en un acto delictivo. Comenzar a transitar ámbitos nuevos y desconocidos, como la universidad o el trabajo, requiere cambios de comportamientos sociales y desarrollo de nuevos hábitos de convivencia que le permitan una buena integración.
- *La visión del mundo* sufre modificaciones. El adolescente está pronto psicológicamente para «derrumbar» el sistema de valores y creencias de sus mayores y reconstruirlo. Las reglas conocidas propias de su familia y su grupo serán puestas a prueba casi constantemente, para lo cual investigará, cuestionará, experimentará, traspasará fronteras y correrá riesgos, con todo el miedo y toda la osadía que eso requiere.
- *Los padres de la infancia,* a los que persistentemente trata de retener buscando el refugio y la protección que ellos significan, también deberán ser dejados atrás. Para ello, tendrá que rebelarse contra ellos, criticarlos, redescubrirlos, ahora como adultos no tan ideales ni perfectos, pero sí capaces de continuar apoyándolo y protegiendo, no ya como niño, sino como adolescente.

Ya no es un niño... pero todavía no es un adulto

Tal como señalábamos al comienzo, la adolescencia es un proceso. Un proceso a través del cual el cuerpo de tu hijo/tu hija va a cambiar vertiginosamente, del mismo modo en que se modificarán también su concepción del mundo y sus valores. Estos cambios, si bien son simultáneos, no resultan en modo alguno instantáneos. El proceso de cambio toma tiempo, supone marchas y contramarchas, y eso es precisamente la adolescencia.

Por eso, en el transcurso de este proceso, tu hijo/tu hija presenta simultáneamente aspectos de niño y de adulto, una situación que es tan difícil de manejar para él mismo como para ti, que no sabes cómo tratarlo. Y así como es posible que él o ella se enfurezca porque le pones restricciones de horario a sus salidas mientras sigue sin hacerse cargo de la higiene de su ropa interior, también es posible que tú reacciones ante esta dualidad y *fluctuación niño-adulto* que manifiesta tu hijo en su comportamiento, con mensajes contradictorios. *Eres un niño, no puedes salir a esta hora. Ya eres grande, ordena tu cuarto*, son mensajes contradictorios característicos de esta etapa, derivados del hecho de que no puedes ubicar más a tu hijo/hija en un lugar fijo y estructurado como puede ser la niñez.

Y si bien las consignas dobles por parte de los padres suelen ser una respuesta natural a la dualidad que presentan los hijos en esta etapa de la vida, es mejor que, en la medida en que logres identificarlas, procures evitarlas, ya que suelen agregar más inestabilidad al ya inestable mundo del adolescente, complicando el proceso en lugar de facilitarlo.

Las consignas simples favorecen la relación

Intenta enfrentar cada situación desde tu lugar de padre o madre y explícale a tu hijo/hija cómo te impresiona o afecta verdaderamente desde ese lugar. Entonces, a la hora de limitar los horarios de salidas, por ejemplo, no esgrimirás como razón *Porque eres un niño*, sencillamente porque sabes que ya no lo es. Puedes, en cambio, explicarle que todavía no es un adulto y que, por lo tanto, no ha adquirido aún los recursos necesarios para manejarse solo durante las horas de la noche o la madrugada, cuando los peligros se multiplican.

Puedes acordar con él/ella, establecer períodos de prueba sucesivos, extendiendo cada vez más la hora de regreso a casa y dejando perfectamente aclarado que debe cumplir estrictamente esos horarios y en caso de una real imposibilidad de regresar a la hora acordada, debe comunicártelo inmediatamente por teléfono ya que, si no lo hace, vas a angustiarte y preocuparte, temiendo que tal vez le haya ocurrido algo malo.

Los períodos de prueba con horarios que van extendiéndose a medida que tu hijo/hija adolescente va ganando confianza para manejarse solo, resultarán útiles tanto para favorecer el desarrollo de autoconfianza en él/ella, como para ti que, como padre, también necesitarás tiempo para acostumbrarte a la idea de que puede ser independiente sin dejar de cuidarlo.

Porque, aunque ponga cara de enojado y se queje si te encuentra esperándolo despierto o porque tiene que despertarte para avisarte que ya llegó, o porque tiene que llamar porque se está atrasando... para tu hijo es sumamente importante saber que, aunque bien puede manejarse solo en los horarios acordados, tú estás pendiente de escuchar el ruido de la llave en la cerradura o de levantar el auricular del teléfono. Y es precisamente esa certeza de que papá y/o mamá están cuidándole las espaldas lo que le brindará la confianza necesaria para salir a investigar ese mundo nuevo, plagado de emociones intensas y hasta entonces desconocidas, sin correr el riesgo de perderse ni sentirse abandonado ante el peligro.

Antes eras su ídolo: ahora eres centro de sus críticas

Si bien el ejemplo que muestra un modo posible de establecer límites con los horarios resulta claro, probablemente te estés preguntando cómo podrías evitar las consignas dobles y encontrar pautas que funcionen en el resto de las situaciones cotidianas que implica la convivencia con un hijo adolescente. Y, fundamentalmente, si es posible que tú como padre conserves permanentemente el equilibrio, la seguridad y la confianza necesarias para actuar siempre del mejor modo posible ante cada situación.

La respuesta es: *Sí, es posible, pero no es necesario, ni muchísimo menos imprescindible.*

Eres padre o madre, pero también un ser humano que está aprendiendo y cambiando. Es probable que, por tu parte, estés atravesando la edad media de la vida, en plena crisis de los 40 o 50 años. Sería ideal y hasta genial que la adolescencia de tu hijo te encontrara tranquilo, seguro de ti mismo, llevando adelante tus proyectos personales y pudiendo sobrellevar tu propia crisis respecto de la edad, para acompañar ese proceso de la manera más beneficiosa para todos.

Sin embargo, esto no es imprescindible para que puedas acompañarlo y ayudarlo a crecer. Ambos caminos, ambas crisis –la de tu hijo y la tuya propia– podrán ser transitadas por cada uno en forma independiente pero al mismo tiempo si, como madre o padre y a pesar de tus dudas e inseguridades personales, te encuentras dispuesto a abandonar la imagen idealizada de ti que tu hijo ha creado durante la infancia y en la cual hasta ahora habías logrado mantenerte.

Ya no podrás funcionar como líder o ídolo incuestionable y la relación ganará en fluidez y estabilidad si aceptas correrte de ese lugar que, para un hijo adolescente es imprescindible derrumbar.

Tu hija/hijo adolescente necesita poder observarte y criticarte para crecer, para definir sus propios valores, primero oponiéndose y luego rescatando los que reconocerá como propios. Para ella o para él ya no eres el superhéroe todopoderoso o la diosa divina admirados durante la infancia. Ahora eres el centro de sus críticas y mantiene contigo un vínculo contradictorio y ambivalente, imprescindible para completar su proceso de autoafirmación.

Cómo enfrentar esta etapa con madurez

Si, en vez de eternizarte en un trono que ya no es sinónimo de veneración sino de lejanía, abandonas ese lugar y accedes a mostrarte tal como te encuentras en este momento, estarás facilitando enormemente las cosas.

Reconocerte como un ser humano falible, capaz de aceptar sus errores y de intentar enmendarlos, pero con un enorme amor hacia tu hijo adolescente que te lleva a buscar permanentemente recursos para apoyarlo en todo momento. Esto no lo hará sentirse inseguro –tal como podría ocurrir durante la infancia– sino confiado, contenido, apoyado por una madre y/o un padre que no tendrán mágicos superpoderes para hacer que siempre la realidad se ajuste a sus necesidades, pero que se ocupan de buscar la manera de acompañarlo y sostenerlo en este proceso. Es decir, una mamá y un papá que pueden seguir conteniéndolo, aunque de un modo diferente al que lo hicieron durante la infancia.

También podría ocurrir, por otra parte, que la capacidad y los logros crecientes de tu hijo/hija te obligaran a enfrentarte con tus propias capacidades y a evaluar tus logros y tus frustraciones. En este balance, en esta rendición de cuentas ante ti mismo, él/ella podría aparecer como testigo y hasta como juez implacable de lo realizado.

Puede ocurrir que se den situaciones en las que temes que tu hijo/hija empiece a incursionar en territorios que tú no conociste como, por ejemplo, la universidad, y sin querer lo frenes. O lo contrario: tal vez desees que él/ella haga lo que tú no hiciste y lo presiones sin tener conciencia de que estás haciéndolo, con pedidos del tipo: *Cumple mis sueños porque yo no pude. Tuve que trabajar y no pude ir a la universidad.*

En cualquier caso, sólo si logras identificarte con la fuerza creativa de tu hijo, de tu hija, podrás comprenderlo/la y recuperar dentro de ti tu propia adolescencia, para acompañarlo/la en ese salto al vacío que implica este momento de la vida, sin imponer, sin cerrar, sin someter, sin abandonar ni desentenderte.

Y aprender a cuidar de tu hijo sin estar detrás de él

> Necesito saber que ellos también están fijándose en lo que hago, pero quiero que me dejen probar. Quiero que estén detrás de mí de alguna manera, para no permitir que me equivoque (Erika, 17 años).

Los adolescentes viven en constante ambivalencia entre el impulso de desprenderse de los padres y la tendencia a permanecer ligados. Exigen y necesitan vigilancia y dependencia pero, sin transición, surge en ellos un rechazo al contacto con los padres y la necesidad de huir, alejarse de ellos.

Sin embargo, para animarse a crecer y a cambiar, tu hijo/tu hija debe contar con tu apoyo y el todos los que lo rodean.

«*Déjame en paz, no me persigas. ¿Por qué no confías en mí?*» y «*A mis padres no les importa nada, les tiene sin cuidado lo que me pasa*», son frases que pueden ser pronunciadas por el mismo joven con diferencia de horas. Más allá de la contradicción íntima respecto de lo que el adolescente espere de sus padres, puede haber también en ti, como padre, como madre, respuestas contradictorias o ambivalentes que complican la relación.

Algunos padres rechazan el distanciamiento que naturalmente ocurre en esta edad y no aceptan perder el rol protagonista que ocuparon durante la infancia de su hijo. Suelen sentir temor de que los hijos se independicen, ya que les resulta más sencillo manejar a un niño pequeño. Se acostumbraron a decidir por ellos, a sobreprotegerlos y no saben cómo moverse de ese lugar.

Otros padres, en cambio, propician el distanciamiento pero sin que medie un proceso natural. Las transformaciones que sufre el adolescente, tanto físicas como emocionales, generan en estos padres sentimientos de rechazo que intentan paliar otorgándoles a los chicos una libertad tan excesiva que termina por convertirse en desprotección. Los adolescentes, que todavía necesitan depender de ellos aunque reclamen a gritos su autonomía, viven este «exceso de permiso» como abandono. Es posible y hasta comprensible que, confundido respecto de cuál es ante cada situación la mejor manera de actuar para ayudar a un hijo, tú mismo adoptes alguna de las dos posiciones extremas anteriormente descritas o, incluso, las dos, como respuesta inmediata a sus contradicciones. ¿Hay otras opciones para darle al hijo o la hija adolescente tanto la libertad como el cuidado que necesita, sin controlar su vida ni desentenderse de él?

¿Qué es la «autonomía vigilada»?

Para apoyar a tu hijo en este proceso, es importante que encuentres alternativas que combinen lo bueno de cada una de las posiciones anteriormente mencionadas: estimulando el desarrollo de la paciencia, la inteligencia, la confianza en sí mismo, siendo tolerante con él y, al mismo tiempo, actuando con firmeza y autoridad cuando llega el momento de marcar el límite requerido.

Tal vez nuevamente pienses al leer estas líneas que una cosa es decirlo y otra muy diferente es hacerlo. Y nuevamente estarás en lo cierto: la instrumentación de las pautas con que das o restringes la libertad requerirá siempre de una constante búsqueda de nuevas estrategias de tu parte.

La idea es permitirle experimentar y ensayar a fin de que desarrolle sus propias capacidades para resolver problemas sabiendo que está siendo cuidado por ti, y que si bien no vas a coartarlo, tampoco lo dejarás ir más allá del límite en cada situación. Vale decir: si acuerdas con tu hijo que va a salir y va a regresar a una hora estipulada y que, en caso de que por una razón válida no pudiese hacerlo, llamará por teléfono para tranquilizarte, es importante que también quede perfectamente claro que el hecho de que él no cumpla con el acuerdo generará consecuencias. Y que si esas consecuencias son restricciones respecto de futuras salidas u horarios, estas restricciones puedan ser sostenidas y no queden en el olvido.

Los límites claros enseñarán a tu hijo a ser responsable, a hacerse cargo de sus actos y a asumir sus consecuencias. Por eso es necesario que las restricciones o sanciones que establezcas sean posibles de ser aplicadas, para no quedar entrampados en castigos que finalmente no se cumplen y terminan invalidando los límites prefijados y, por ende, también tu acción de cuidado y protección.

Hasta aquí, apenas nos hemos introducido en los grandes cambios que supone enfrentar la adolescencia de tu hijo, de tu hija, no sólo para él o para ella sino para toda la familia. En los capítulos siguientes, profundizaremos en estos temas y en las sugerencias respecto de cómo puedes acompañar y guiar a tu hijo/hija adolescente en este proceso de crecimiento, favoreciendo el desarrollo de recursos propios que le permitan moverse con seguridad, libertad y responsabilidad en ese mundo nuevo que comienza a aparecer ante sus ojos, y que tantas ganas, temores y sentimientos encontrados puede generarle.

1. Un cuerpo nuevo… y desconocido

En el orden fisiológico, la adolescencia es el cambio más violento e intenso que tu hijo experimentará a lo largo de su vida. Este cambio afecta al organismo en su conjunto –muy especialmente, los órganos genitales y las funciones sexuales– y, por supuesto, repercute en el plano psicológico.

Durante la pubertad –antes llamada «edad del pavo»–, que anticipa la adolescencia, varones y mujeres comienzan a buscar las señales de los cambios corporales que anuncian su desarrollo.

> Paso horas mirándome al espejo para ver si tengo más ancha la espalda o si me crecieron los bíceps. Cada vez que paso al lado de una chica, me mido a ver si ya la pasé. Es como una obsesión (Lucas, 15 años).

La preocupación de los púberes de ambos sexos por el nacimiento de esos breves vellos que brotan para ocupar su lugar sobre la piel de la niñez es clásica en esta etapa. Con interés se miran para buscar y controlar esas incipientes sombras que anticipan el cambio, y a veces compiten con sus amigos para ver a quién se le manifiestan primero. Poco a poco se dan cuenta de que adquieren, desde el punto de vista físico, características que acentúan sus diferencias sexuales biológicas, lo que a su vez los inquieta ya que a la larga los llevará a asumir un papel social diferente. Porque una de las pautas de la adolescencia es que el niño, quiera o no, se ve obligado a entrar en ese camino que lo conduce al mundo adulto; y las modificaciones en su cuerpo son el primer indicio de que comienza ese tránsito que más tarde incluirá también el cambio de sus capacidades y sus afectos.

¡Socorro: hay otra mujer en la casa!

> Estaba en la sala de estar conversando con una amiga, cuando de pronto vino mi hija Lucía, de 13 años, un poco asustada y me dijo: «¡Mamá, hay otra mujer en la casa!». Me levanté para ir hacia el lugar donde se había sorprendido y nos encontramos frente al espejo grande de la entrada. Ella había pasado rápido por delante y lo que vio no fue más que a sí misma. Me emocioné mucho y nos abrazamos. Me imagino lo que estará viendo por dentro si ni siquiera por fuera se reconoce... (Isabel, 39 años).

En su fase biológica, el proceso adolescente comienza en la pubertad, etapa que se extiende entre los 10 y los 12 o 13 años, y se pone en marcha por un mensaje endocrino que se acompaña de una verdadera explosión hormonal. La falta de similitud con los que lo rodean en casa y su sexualidad floreciente despiertan además en la púber estados de ansiedad y sentimientos de insatisfacción e inseguridad.

En las niñas, la pubertad está asociada con el surgimiento de la menarca o primera menstruación. ¿Qué le ocurre a tu hija en esta etapa?

Del cerebro (desde el hipotálamo a la hipófisis) parte una señal, en forma de factores hormonales, que estimula al ovario. Éste comienza a segregar sus hormonas sexuales –estrógenos y progesterona–, lo que a su vez provocará el desarrollo de las características sexuales primarias: agrandamiento del útero y la vagina. Se iniciará así el desarrollo sexual que afectará su aparato reproductor y su cuerpo. Es durante este desarrollo que aparecerán los caracteres sexuales secundarios (desarrollo progresivo de las mamas, cuerpo curvilíneo, crecimiento del vello pubiano y axilar, la primera menstruación).

Aquí es importante que, como madre o padre, sepas que en la mujer, el desarrollo de la pelvis y el aumento de los depósitos grasos en sus caderas, es necesario. El cuerpo femenino tiene que prepararse para la reproducción, el embarazo y el parto. Por eso tu hija necesita que durante este primer período de la adolescencia su masa grasa aumente hasta alcanzar el 22 por ciento de la masa corporal general: sin grasa suficiente, no se pone en marcha el circuito hormonal, y no se puede menstruar.

«Mi nena corre peligro de quedar embarazada...»

> Le cogí manía a salir de compras. Mi cuerpo crecía más rápido que lo que yo aprendía a vestirle. Las tiendas se convirtieron en una verdadera pesadilla: que esto me hace lucir como niña, que aquello me recuerda a la tía Conce... Por regla, el jaleo terminaba con mi madre soltando tacos y yo llorando como una imbécil (Anita, hoy 19 años).

Para poder hacerse «una» con ese cuerpo y asumir su identidad, es fundamental que las adolescentes tengan paciencia. Y también nosotros, sus padres, que solemos mostrarnos ansiosos e inquietos, o directamente irascibles, ya que a veces no resistimos el ritmo aletargado o las «idas y vueltas» de este período.

Tu hija adolescente te necesita cerca, presente y respetando sus tiempos. Este es el momento de replantearse prioridades y hacerse tiempo para estar junto a ella y orientarla en medio de este terremoto fisiológico y psicológico que está atravesando. Tiempo para responder al interrogante: *¿Qué me está pasando?*, que resume la sorpresa, la angustia y la necesidad de ayuda que tu hija siente en estos momentos para comprender, entre otras cosas, los cambios de su cuerpo.

Las jóvenes muestran habitualmente sentimientos ambivalentes respecto de sus cuerpos. De pronto se ven sorprendidas por la menstruación: de la noche a la mañana se convierten en mujeres y tienen que afrontar su posibilidad de desempeñar un papel reproductor y sexual. La mayor parte reacciona favorablemente, pero algunas lo viven de forma negativa.

> Cuando tuve mi primera regla, mi madre suspiró y dijo "Más te vale cuidarte o quedarás embarazada". Venga, que esto de hacerme mujer era un quebradero de cabeza más que una alegría (Nazarena, 17 años).

Junto con el desarrollo corporal, se produce al mismo tiempo en las adolescentes el desprendimiento progresivo de la madre y del padre. Quieren mantenerse cerca de ti, pero también sienten que ya no son aceptadas como antes, ya que en los padres suele confundirse la alegría ante el crecimiento de la hija con la nostalgia de la niña que fue.

La necesidad de conversar sobre estos cambios no comienza en la adolescencia, aunque es en esa edad en la que se vuelven perentorios los plazos para encararla. A veces, el momento de sentarse a charlar sobre la menstruación o la sexualidad se aplaza demasiado y llegada la adolescencia resulta difícil encontrar la instancia propicia, por lo que estaría bien encarar estos temas un tiempo antes, cuando las hijas se muestran más receptivas a nuestras palabras.

«Alguien está usando mi máquina de afeitar»

Tu hijo ha entrado en la pubertad. La palabra así lo confirma ya que la palabra «púber» viene del latín, *pubes*, que refiere a los jóvenes a los que recién empieza a crecerles la barba.

No es casual que la pubertad haya sido definida como la etapa de la «falta de gracia física», especialmente en los varones entre los 12 y 14 años, que se desarrollan de un modo carente de armonía. Con cuerpo de adulto y cara de niños, pareciera que hubiera un crecimiento discontinuo en ellos y que el cuerpo les creciera por partes. La falta de coordinación muscular debida al desparejo crecimiento osteomuscular crea la sensación de que no pueden manejar ese cuerpo de aspecto desmañado.

En su fase biológica, este fantástico y complejo proceso comienza en la pubertad, entre los 10 y los 12 o 13 años, y se pone en marcha por un mensaje endocrino que dispara una profunda transformación hormonal.

Del cerebro (desde el hipotálamo a la hipófisis) parte una señal (en forma de factores hormonales) que estimula al testículo; éste comienza a segregar sus hormonas sexuales —andrógenos—, lo que a su vez provoca el desarrollo de las características sexuales primarias: agrandamiento del pene y los testículos. Se inicia así el desarrollo sexual que afecta al aparato reproductor y al cuerpo, durante el cual aparecen los caracteres sexuales secundarios (vello pubiano y axilar, barba, retrocede la línea de la frente, cambia la voz, una ligera ginecomastía —aumento del tamaño de las mamas— temporal, poluciones nocturnas, desarrollo de la masa muscular y el ancho de los hombros).

Con el comienzo de la producción del semen en el varón, se anuncian la inminencia de definiciones sexuales y se anticipan los roles a asumir en la pareja y las posibilidades de la procreación. Estas evidencias «exteriores» de nuevo estatus también generan expectativas en tu hijo y en quienes lo rodean, lo que inevitablemente nos exige tener en cuenta la movilización de emociones que esto provoca.

¿No es hora de que debute como hombre...?

> Este grandote ya tiene cuerpo de hombre y no deja de jugar con autitos. ¿No tendrá problemas de desarrollo? (Alfonso, papá de Fabián de 12 años).

Los varones, quizás porque sus cambios psicofísicos son más pausados, suelen generalmente sentirse orgullosos de su virilidad. Y no sólo ellos sino la sociedad en general. Aunque a veces también por esto mismo tu hijo sufre presiones que no respetan sus ritmos de crecimiento y que lo obligan, por ejemplo, a iniciarse sexualmente, con rituales que tal vez llegan antes de que esté preparado para tolerarlos.

> Me preocupa Isaac: ¿no será homosexual? Ya cumplió 16 y nunca se tiró a ninguna chica (Saúl, 44 años).

Uno de los temores más comunes en esta etapa es el de no ser normal. Como el adolescente no conoce su cuerpo, teme que le esté sucediendo algo malo. Y es aquí donde la tarea de los adultos también resulta decisiva, porque de nosotros depende darle al joven la información necesaria en cuanto a la conformación y funcionamiento de sus órganos e infundirle tranquilidad acerca de su normalidad física, o contactarlo con un profesional adecuado para brindar la información que le dé la tranquilidad que está necesitando.

Para que este diálogo sea posible, será necesario sentar las bases para una comunicación fluida, que suponga respeto y la capacidad de escucharlo sin invadirlo y sin juzgarlo.

También en este punto es preciso aclarar que ya se sabe que hay ciertas cosas que a los chicos les resulta difícil escuchar de sus padres.

Por eso la comunicación puede consistir en estar atentos para aprovechar la oportunidad, o en dejar a mano libros o material con información que sabes que a tu hijo puede interesarle, de modo que sea él el que elija cómo quiere abordar ciertos temas con sus mayores.

La aceptación del nuevo cuerpo y la identidad

La aceptación de este nuevo cuerpo, que aún teniendo formas infantiles adquiere asimismo aspectos que anuncian la proximidad de la adultez, será parte de un largo proceso que le permitirá a tu hijo construir su nueva identidad. Una identidad –por cierto– inicialmente fluctuante, que se manifestará en los cambios bruscos, en las notables variaciones producidas a veces en pocas horas por el uso de diferentes vestimentas, así como por el adoptar distintas identidades, algunas aniñadas y otras de rasgos adultos.

Para comprender mejor esta duplicidad podrías pensar, por ejemplo, que preguntas como: *¿Quién soy yo hoy?*, *¿Cómo me ves?*, *¿Yo soy como todos?*, son las que diariamente se formula tu hijo como consecuencia de las modificaciones de su cuerpo.

El adolescente pasa a ser entonces una combinación inestable de varios cuerpos e identidades; combinación propia de alguien que no puede todavía renunciar a aspectos conocidos de sí mismo y tampoco está preparado para utilizar y reconocer los que va adquiriendo. En esa dificultad, en lo arduo de compatibilizar lo viejo y lo nuevo, transita el chico todo este tiempo.

Una típica reacción afectiva frente a tanta conmoción es refugiarse en su mundo interno, como si quisiera reencontrarse con aspectos de su pasado para poder enfrentar después el futuro. Esta conducta obedece a que le cuesta «dejar atrás la infancia» y ese rol de niño frente a su familia, o frente a la escuela, o frente al grupo de amigos y compañeros.

Otra forma de encarar la angustia frente a este nuevo esquema corporal es lanzarse hacia delante sin pasos intermedios e iniciar precozmente, por ejemplo, su vida genital. En esta premura aparece la búsqueda rápida de una identidad adulta que puede ser tan nociva como la ralentización que lo lleva a mantenerse en su rol de niño.

El peso de las palabras

Por tu parte, sientes alegría ante el crecimiento de tu hijo; pero también la nostalgia del niño que fue te hace a veces rechazarlo. En ocasiones, las transformaciones corporales y el despertar sexual de tu hijo tienen efectos contradictorios también para ti.

> Cuando le dije que estaba indispuesta, mi mamá dijo: "Uf, empezamos"... Yo me sentí mal, pensé que la molestaba (Tamara, 22 años).

> Mi padre detestaba que yo fuera gordo, pero nunca me echaba el rollo directamente. Se ponía cargante con aquello de hacer deportes, caminar, comer como dios manda. Vamos, que eso me daba más rabia: me sentía un cerdo y más deseos tenía de comer todo cuanto encontraba en la nevera (Julián, 22 años).

En todos los casos, así se niegue o se acepte este crecimiento, los padres ejercen sobre sus hijos adolescentes una enorme influencia en la aceptación del proceso en general y de sus cuerpos en particular: *No te pongas la falda tan corta que se te ven las rodillas y las tienes un poco gordas, Hijo, practica un poco de deporte a ver si desarrollas músculos, No comas eso que te van a salir granos...*, son frases que pueden hacer que tu hijo sienta que no le gustas y que, además, lo enfrentan directamente con sus defectos, de donde pueden surgir sentimientos de inferioridad y rechazo hacia la propia imagen corporal.

> Mi papá me decía: "Qué linda serías si fueras flaca" (Alejandra, 18 años).

Para tu hijo, incluso cuando parece no prestarte la más mínima atención cuando le hablas o aconsejas, tus palabras tienen el poder de decidir qué es lo bello, lo normal, lo aceptable. Por eso, es de fundamental importancia que prestes atención, pues lo que para ti puede ser un comentario intrascendente, para tu hijo o hija puede sonar como un juicio fulminante. No es extraño descubrir que ciertas vergüenzas respecto del cuerpo nuevo o algunas alteraciones en las conductas alimentarias sean el producto de alguna observación tuya que ni siquiera recuerdas haber hecho.

> En la primaria era gorda y mi mamá me perseguía para que hiciera dieta y mi papá me hacía chistes sobre el tema. Hay una cosa que nunca me voy a olvidar: tenía 11 o 12 años y me gustaba el hermano mayor de una amiga mía, y en el club había una fiesta de disfraces. Vinieron los dos, mi amiga y el hermano para la fiesta, y mi papá dice delante del chico: "Y bueno, a ella le ponemos una faja y listo". Fue una humillación. Lloré toda la noche de impotencia, pensando por qué me hizo eso (Paula, 17 años).

¿Cómo ayudar a un chico o chica que tiene granos, que se ve feo, gordo, que se considera demasiado alto o demasiado bajo, a aceptarse? Es evidente que las características físicas que vaya adquiriendo tu hijo adolescente no podrán borrarse. A veces obedecen a una etapa –el acné por ejemplo– y en muchas ocasiones son genéticas o constitutivas, como es el caso de la estatura.

Lo importante es saber que tu palabra de padre o madre es clave para ayudarlo a no obsesionarse con ese rasgo que lo incomoda. Si tu hijo cuenta con recursos para aceptar esa frustración temporaria o si se siente fuerte en otros aspectos, el grano, la estatura, el peso le va a molestar, por supuesto, pero podrá enfrentarse al mundo a pesar de ello, incluso con sus partes menos agraciadas.

Es necesario aclarar algunos puntos acerca de lo que los padres dicen o callan. No quisiéramos que lo arriba expuesto lleve a pensar que ante problemas con el peso o de acné, por dar sólo dos ejemplos, tú debas callar. Por el contrario, creemos que debes hablar y proponer soluciones; y en las situaciones en que lo único que puede hacer tu hijo o hija es *aceptar*, colaborar para que así sea.

A veces los adultos arrastran sus propias obsesiones desde su adolescencia; y así transmiten a sus hijos las mismas prevenciones y preocupaciones. Sería bueno discriminar y valorar en su justa medida la importancia de estas obsesiones para no trasladarlas a los hijos. Si la preocupación por el peso ha sido tu problema, sería conveniente que no presentes este tema a tu hijo cargado de tu propia angustia.

> Me parece que mamá tuvo un trastorno de la alimentación peor que el mío. Cuando empecé a crecer y engordar, no pudo diferenciar lo que era propio de mi edad con su obsesión por no subir de peso y me empezó a inducir a hacer dieta. Primero «me invitaba» a hacerla juntas, después directamente me mandaba con médi-

cas nutricionistas. Creo que, si no se hubiera metido, yo no tendría este problema (Adriana, 19 años).

Lo importante es intentar buscar un equilibrio entre marcar lo que está mal, lo que no funciona o es sencillamente frustrante, y el refuerzo de lo que está bien. Compartir con tu hijo las que fueron tus propias preocupaciones u obsesiones durante tu adolescencia, cómo las viviste y cómo las superaste, además de permitirles estrechar el vínculo entre ustedes, ayudará a tu hijo a encontrar formas de resolver los temas que lo inquietan.

Imaginemos que tu hijo tiene un grano en la punta de la nariz. Como padre o madre que quiere ayudarlo, es lógico que le sugieras: *¿Por qué no te pones tal crema, que es buena y te va a hacer bien?* Es posible que tu hijo, pese a tu buena intención, reciba el comentario como una agresión, porque odia que le señalen que tiene un grano, que también a él le disgusta muchísimo. Sería adecuado no transformar el tema en un motivo de enfrentamiento con comentarios del tipo: *¡Todavía que quiero ayudarte!...*

Es conveniente no insistir con la solución ofrecida, sino dejar que él elija qué quiere hacer y cuándo, y de paso buscar alguna situación que permita reforzar, aunque no de forma inmediata, algún otro aspecto positivo que percibes en él, como, por ejemplo: *¡Qué guapo te ves con esa camisa!*, o bien, *¿No me ayudarías con esto tú que eres tan hábil?*

La dieta adecuada para el adolescente

Los cambios corporales que se producen en la pubertad y la adolescencia dependen de la buena alimentación durante ese período.

Entre los 10 y los 20 años aproximadamente, en lo que sería la pubertad, la adolescencia y la posadolescencia, se produce un importante aumento de la masa corporal. Este crecimiento depende de un potencial genético heredado, pero también de la nutrición y de factores hormonales. Para medirlo se utilizan diversas variables como la talla, el peso y algunos diámetros.

En la adolescencia, los requerimientos energéticos son mayores que en otras etapas de la vida; por esta razón, hay que aumentar el consumo total de calorías. Si existen restricciones calóricas, sobre todo si son constantes, o hay una mala nutrición, pueden producirse retrasos, detenciones o alteraciones en el crecimiento y desarrollo.

Al aumentar el total de calorías, es importante distribuirlas entre los diferentes tipos de alimentos: consumir preferentemente hidratos de carbono complejos con bajo contenido graso (arroz, trigo, avena, todo tipo de pastas simples o rellenas, pan, papa, batata, choclo, lentejas, porotos, etc.); incrementar especialmente el consumo de las proteínas que se necesitan para crecer y para favorecer la función hormonal; y disminuir la ingesta de grasas, sobre todo las saturadas de origen animal, aunque sin eliminarlas por completo porque son necesarias.

Suele creerse que los hidratos de carbono son los responsables del aumento de peso; pensemos, por ejemplo, en las famosas dietas supresoras de las cuatro «p»: papas, pan, pastas y postres, que han contribuido a difundir esta idea errónea. Sin embargo, el valor energético o calórico de los hidratos de carbono es el mismo que el de las proteínas, mientras que las grasas sí tienen un valor calórico que es más del doble que el de los hidratos de carbono. De todos modos, las grasas en general no están en los alimentos en sí sino en el modo de prepararlos, por lo que es importante intentar consumir carnes magras (de cualquier tipo: la carne roja magra es tan buena como la del pollo), y legumbres, verduras y pastas tratando de que no contengan exceso de aditivos.

Otro punto fundamental es no saltear las comidas. Éstas son: desayuno, almuerzo, merienda y cena. El organismo, de esta forma, está provisto de la energía y nutrientes que necesita para un buen funcionamiento. Si los períodos sin comer se prolongan en más de tres horas y media a cuatro, el cuerpo comienza a entrar en ayuno, alterando funciones químicas y metabólicas. El metabolismo y el gasto energético tienden a disminuir, lo que favorece la aparición de atracones.

Durante la adolescencia también resulta sustancial el consumo de minerales como calcio, zinc y hierro. El calcio (contenido en los lácteos) es imprescindible porque a partir del año previo a la aparición de la primera menstruación y hasta los 20 años aproximadamente, se produce un depósito de casi el 50 por ciento del calcio óseo total que va a tener un adulto a lo largo de su vida. El calcio continúa depositándose en los huesos hasta los 30 años pero en menor cantidad. De acuerdo con el alto o bajo contenido de calcio de la alimentación se van a tener, en consecuencia, huesos de mejor o de peor calidad.

Si se desarrolla actividad física, es importante tener en cuenta que la energía necesaria para ello se obtiene de los hidratos de carbono y, en menor proporción, de las grasas. Por supuesto que el plan de alimentación deberá ajustarse al tipo de deporte elegido y a la constitución de cada persona, ya que todos somos distintos. Podemos tener la misma altura y peso, y hacer el mismo deporte y tener requerimientos calóricos diferentes. Lo cierto es que a mayor cantidad de músculo, pueden consumirse mayor cantidad de calorías sin aumentar de peso.

En cualquier caso, está contraindicado practicar ejercicios en ayunas: el desayuno, la merienda o la cena serán siempre muy importantes previos a las prácticas, ya que es necesario disponer del sustrato energético antes de iniciar el trabajo muscular, lo que se logra con el aporte de hidratos de carbono. Las reglas de la alimentación aconsejan a los deportistas o gimnastas optar por los denominados *azúcares complejos* (cereales, legumbres, pan, entre otros) que se absorben más lentamente que los azúcares simples.

Para el deportista, otra de las claves es hidratarse. La pérdida de agua y sales puede ser importante durante la práctica deportiva. Por lo tanto durante el ejercicio es fundamental la hidratación con agua, mientras que una vez terminada la práctica, deben ingerirse jugos de frutas diluidos al 50 por ciento o soluciones isotónicas para asegurar la recuperación rápida de agua y sales.

Tras el ejercicio el músculo necesita reconstruirse, por lo que un poco de proteína animal, más el aporte de almidones (cereal, pasta, pan, papa, etc.), frutas y verduras, resultará suficiente para que recupere sus reservas de proteínas y glucógeno. Habría que comer, por ejemplo, un plato de pastas o *cereales con leche y fruta.*

Es importante saber que existe para el organismo lo que se denomina *set point*, un punto de equilibrio que determina el peso que cada individuo debe tener y que está establecido genéticamente. Así como tenemos determinado genéticamente un rango de estatura, o el cabello castaño o rubio, *hay un peso programado genéticamente* que no es modificable en forma permanente por una dieta restrictiva. Es un peso natural específico de cada cuerpo. Su determinación es muy importante para definir respecto de cada individuo cuándo hay sobrepeso o no.

Finalmente, en los casos donde se percibe la existencia de un sobrepeso real, es fundamental que cualquier acción que se emprenda esté diseñada, dirigida y controlada por un profesional de la nutrición. Esto es necesario por las razones expresadas más arriba, a saber, que la restricción o carencia de los nutrientes requeridos en esta etapa pueden producir efectos indeseados sobre la salud del adolescente. Además, es bueno recordar que se puede ser obeso y al mismo tiempo estar desnutrido, es decir, que a pesar de la obesidad, exista carencia de los elementos que el organismo precisa para desarrollarse y mantenerse saludable.

Trastornos de la alimentación

Los trastornos del comer se desarrollan por lo general en el período que se extiende desde la pubertad, pasando por la adolescencia, hasta la juventud, debido a que es un período de numerosos cambios tanto corporales como sexuales y psíquicos.

Para las mujeres –que no casualmente constituyen el 90 por ciento de las personas afectadas por trastornos de la alimentación– la situación personal de inestabilidad y cambio se ve agravada por estar inmersas en una sociedad que comunica claramente que el papel más importante de la mujer es ser atractiva físicamente. Si a esto sumamos que el modelo de mujer que se propone desde los medios es el de una adolescente, casi púber, cuyas formas están apenas pronunciadas, podemos entender la perturbación que puede sufrir una chica que está en un momento en que justamente un aumento del peso corporal es lo natural para que su cuerpo adquiera finalmente una forma de mujer.

> Karina dice que la ropa y la coquetería femenina le tienen sin cuidado. Pero a mí no me engaña: cuando sus amigas estrenan vestido nuevo, ella les mira con admiración y hasta una pizca de envidia... ¡Me apena sobremanera que no pueda enfrentar su problema de sobrepeso! (Mónica, madre de Karina, 16 años).

Hay que tener en cuenta que la adolescente está viviendo la sensación de no tener su vida bajo control, con lo cual son varios los beneficios secundarios que logra, aunque sin proponérselo, mediante el trastorno de la alimentación: no tiene que dejar de ser niña porque sus padres todavía pueden cuidarla como tal, y no tiene que hacerse cargo de un cuerpo de mujer, porque el que tiene se mantendrá como el de una púber si no es que comienza a volverse infantil como sucede en los casos de chicas con anorexia nerviosa.

> Papá me tiene hasta el tope con que debo comer más, que unos kilitos aquí y allá me harían ver maja, estupenda. A mí me apetece la delgadez; las "rellenitas" estarán buenas, pero lucen, no sé... mayores (Luci, 17 años).

Cuando los cambios corporales no son aceptados, o no se tolera estar en un tiempo de transición con la inestabilidad propia del proceso adolescente, la persona se vuelve muy vulnerable a desarrollar un trastorno de la alimentación. Lo que en el fondo se quiere resolver es la dificultad para adaptarse al nuevo estatus social y la disconformidad con la propia identidad. Y lo que parece ser una salida en realidad es una trampa que le dificultará más aún hallar la verdadera salida.

Los trastornos de la alimentación se originan en otros conflictos propios de la adolescencia. Como padre o madre sería bueno que pudieras generar un espacio para dialogar con tu hijo sobre esos conflictos. Habitualmente, centrar el problema en las conductas que llevan a la restricción o al desborde alimentario extremo, impide que se aborde la razón que en verdad genera ese trastorno. Y así como se espera del adolescente que aprenda a aceptar sus propias limitaciones, también es positivo que como su padre o madre, estés abierto a pedir la ayuda profesional que sientas necesitar cuando estas situaciones exceden tus posibilidades de darle respuesta.

2. La «normal anormalidad» adolescente

La conmoción que vive tu hijo durante la adolescencia es parte normal del proceso que tiene que atravesar. Se manifiesta a través de sentimientos, emociones y actitudes muchas veces contradictorias que sacuden al chico y desconciertan a los adultos, que en ocasiones no sabemos cómo diferenciar lo que es propio o normal de esta etapa con problemas más severos, físicos o mentales.

> Cuando llego a casa después del trabajo, no sé a quién encontraré en el cuarto de Damián: si a ese hijo cómplice fanático del fútbol, si a un extraño gruñón, si a ese joven feliz y sonriente que sólo Dios sabe por qué está tan contento... Desde que entró en la adolescencia, es como si mi hijo se hubiese «clonado» en decenas de personalidades posibles (Raúl, padre de Damián, 14 años).

La mayoría de las veces todo esto responde, según la acertada frase acuñada por Arminda Aberastury, a *la normal anormalidad del adolescente*, que en la práctica se evidencia en sus conductas cambiantes y en la inestabilidad de sus humores. Tanto que es oportuno señalar que un excesivo equilibrio en este período son por el contrario muchas veces signos de que algo no se está procesando tal como es esperable.

Esta conmoción emocional está íntimamente ligada a los intensos cambios corporales que se iniciaron en la pubertad, a los que se van añadiendo los conflictos que se generan en el propio ámbito familiar y social: los padres idealizados de la infancia se vuelven más reales –y, por lo mismo, cuestionables–, al tiempo que la sociedad se percibe con sus limitaciones y ya no ofrece las respuestas ni la ayuda esperada.

Confrontar, demoler, derrumbar... y reconstruir

¡Se creen que por ser adultos tienen la respuesta para todo! ¿Por qué tengo que pensar igual que ellos? ¿Mis padres no soportan que tenga opiniones diferentes? (Alejo, 15 años).

Todo es motivo de discusión: desde por qué tiene que ir a la escuela hasta por qué no puede salir cuando le viene en gana. Si le hablo y trato de razonar con ella, me escucha como quien oye llover. Si me muestro firme y sólo digo lo que debe hacer, comienza una nueva guerra mundial... (Liliana, madre de Nazarena 15 años).

Por encima de todo parece flotar el imperativo de confrontar, demoler y derrumbar casi todo. Aunque te resulte difícil de aceptar y muchas veces no sepas cómo actuar frente a esta mezcla de indiferencia y disconformidad permanente, deberías comprender que es natural y hasta saludable que tu hijo adolescente se comporte de este modo. Ha llegado para él el tiempo de elegir sus propios valores, de hacer suyos los valores que regirán su vida de aquí en adelante, más allá de los que ha heredado de su ámbito familiar. Este camino implicará para él crecer, animarse a construir sobre lo recibido eligiendo como propio tal vez lo mismo, y finalmente hacerse cargo de esas definiciones para no dejar duda de quién es él. Sin embargo, para elegir, deberá primero someter a críticas el conjunto de los valores recibidos, lo que teñirá esta etapa de juicios y actitudes contradictorias o ambivalentes, las cuales deberás comprender pero, al mismo tiempo, aprender a limitar a fin de proporcionarle un marco de contención.

Un caso que suele presentarse es el del chico que comete una falta en la escuela e intenta que sus padres intervengan para salvar la situación. Puede ocurrir que, frente a una situación como ésta, tu hijo presente mil excusas para justificarse y eludir así la responsabilidad de responder personalmente por sus actos. Puedes permitirle que él busque solo la manera de defenderse, explicarse o pedir disculpas; pero si no lo hace, deberías mostrarle cuáles son las consecuencias de no enfrentar el hecho ante la persona que corresponda y permitir que las asuma.

Contradicciones, confusión, ambivalencia

Las contradicciones, la confusión, la ambivalencia, el sufrimiento y las fricciones con el entorno, así como el entusiasmo, el idealismo, las alegrías y los descubrimientos más sorprendentes, serán postas casi ineludibles que determinarán la hoja de ruta de tu hijo en este viaje hacia la «creación de sí mismo».

Y ese es el contexto también en el cual se dan sus cambios de carácter y la volubilidad de sus estados de ánimo, que no son más que la consecuencia de la crisis que se está produciendo en su interior, del trabajo de adaptación a los nuevos requerimientos del entorno y del estado de afirmación de la identidad que está atravesando.

La audacia y la timidez, el entusiasmo y la apatía, la inquietud y la desidia, el miedo y la temeridad serán pruebas a las que él mismo se someterá con el fin de conocerse mejor, saber hasta qué punto es capaz de llegar, o bien, cómo reaccionaría ante una dificultad o una situación límite. Pruebas todas que le servirán para fortalecer su mundo interior.

> La primera vez que fue a una discoteca, hice el papel del cómplice. Lauri tenía sus reservas pues nunca había ido; pero también temía que al no hacerlo sus amigas le tomaran por una niña. Fuimos a una tienda y rebuscamos hasta encontrar una falda y un jersey que la hacían lucir "especial" sin dejar de ser ella misma. Hizo cita con sus amigas para partir todas juntas. El padre de Camila las traería de regreso; pero, si quería volver antes, podría llamarme y yo le iría a buscar. "¡Despreocúpate, pues yo seré tu coartada!" Le sugerí que de no hallarse a gusto, podría decir a sus amigas que el problema era yo: una «vieja pesada» que le había pedido que telefoneara y que, al hacerlo, le suplicó que regresara a casa porque estaba intranquila. Sabía que probar "salir de marcha" era importante para Laura, pero también que darle algunas "coartadas" que pudiera usar para salir del paso le vendría bien. ¿Que cómo terminó todo? ¡Volvió con sus amigas, hecha unas pascuas y con ganas de hablar hasta el amanecer! (Marta, madre de Laura, hoy 18 años).

Modelos de identificación y búsqueda de identidad

Para conformar su personalidad tu hijo necesita «probar personajes», sucesiva o simultáneamente, según las circunstancias. Pero este cambio constante es algo vivido por él, en muchos momentos, con angustia. Está entre dos aguas y oscila; ya no es un niño ni tampoco es un adulto.

Una conducta típica de esta etapa de tu hijo o hija es que adopte un «modelo» de imagen, habitualmente la de algún ídolo juvenil. Así, puedes sorprenderte al ver el «estilo» de tu hijo en los personajes de la foto de tapa de un disco compacto que escucha todo el día o el de tu hija reflejado en el de la cantante que acaba de aparecer en la pantalla de tu televisor. De alguna manera, estos ídolos juveniles son «personajes probados», es decir, aceptados probablemente por su círculo de amigos, y le brindan (provisoriamente) la seguridad de una identidad.

Por razones similares, esta oscilación lo lleva muy a menudo a sumarse a un grupo o buscar modelos de identificación, para subordinar sus tendencias a lo que considera un patrón homogéneo, para mimetizarse y para funcionar de acuerdo con las características del grupo. La «barra de amigos», la «tribu» a la que dice pertenecer, la «pandilla del barrio», representan para él una suerte de estereotipo, con pautas claras de cómo vestirse, cómo hablar, cómo comportarse. Podríamos decir que se apropia de una «identidad hecha».

En esta primera etapa de la adolescencia, será común que tu hijo o hija resuelva su preocupación por establecer una identidad propia de esta manera. Vivir en compañía de otros a los que tendrá que parecerse para integrarse, le brinda seguridad, apoyo y le permite tener una sensación de mayor estabilidad. ¿Por qué? Porque en la medida en que tu hijo siente que sus conductas responden a las pautas comunes a todos los miembros del grupo, logra sentirse acompañado por sus pares en la responsabilidad de sus acciones.

Independencia e irresponsabilidad

La misma búsqueda de una identidad, que hace muchas veces que tu hijo se sume a un grupo para de algún modo no tener que definirse, es la que lo lleva a delegar en sus padres la mayoría de las obligaciones y responsabilidades.

En el código adolescente, como padre o como madre eres responsable de todo: debes resolver la manutención, ocuparte de la casa y hablar con el director del colegio cuando tu hijo o hija está a punto de quedar libre por haber faltado a clases. Sin embargo, no por eso tienes «derecho» a inmiscuirte en «sus» asuntos.

Probablemente alguna vez le habrás escuchado argumentar que no ha estudiado porque tú o algún otro miembro de la familia «escondió» su mochila y no encontró los apuntes, o que no piensa tender su cama porque a él no le molesta.

La tantas veces señalada irresponsabilidad típica del adolescente obedece a que él considera su propia personalidad fuera de todo cuestionamiento: él no tiene que ver con nada, no es responsable y son los otros los que deben hacerse cargo. Esto a su vez lo lleva a un continuo comprobar y experimentar los límites entre la realidad construida por los adultos y sus propias construcciones de esa realidad, planos que suele confundir y que le permiten en ocasiones despersonalizar a los seres humanos, sirviéndose de ellos para sus satisfacciones inmediatas.

> Cuando Fermín era un niño, no nos gustaba la idea de que manejara dinero. Cuando llegó a la adolescencia, nos planteó que quería manejar su propio presupuesto. Convinimos que le daríamos una suma fija por semana, suficiente para el transporte, alguna golosina y algo extra para que dispusiera como mejor lo quisiera. En los primeros tiempos se organizó bien. Pero después comenzó a reclamar dinero adicional para un disco compacto, una entrada a un concierto... Le conté que a los adultos también nos tentaban ciertas cosas, y que lo que hacíamos era ahorrar de nuestro presupuesto para darnos esos gustos. «¡Voy a tener que esperar tres semanas para reunir el dinero!». ¡Cómo se enojó! Sin embargo, nos mantuvimos firmes. No sólo logró ahorrar para esas cosas extra; vemos que desde aquel momento las valora de una manera diferente (Lucía, mamá de Fermín, 16 años).

El aprendizaje de las relaciones

La desconsideración ante los seres y las cosas del mundo real que manifiesta por momentos el adolescente, hace que a veces sus relaciones tengan un carácter muy intenso pero, a la vez pasajero, lo cual explica su inestabilidad afectiva, con sus crisis pasionales y sus momentos de indiferencia.

Así, el mejor amigo de ayer puede convertirse en el enemigo de hoy y la profesora idolatrada una semana atrás ser repentinamente despreciada por no haber respondido de acuerdo con las expectativas del chico. Desde tu lugar de madre o padre, debes tener en cuenta que este proceso tiene un objetivo: la búsqueda del afianzamiento de sí mismo, y que estos sentimientos, si bien pasajeros, son siempre genuinos y el salto de unos a otros no está exento de sufrimiento.

En ese proceso constante de aprendizaje de las relaciones con los otros, los sentimientos de amor y odio, desidia y culpa, apatía y reparación, son vividos por tu hijo con intensidad.

Sería importante que tú, como padre y como adulto, pudieras orientarlo para que logre reconocer y aceptar las frustraciones, responsabilidades y obligaciones que lo ayudarán a estabilizarse como persona con flexibilidad y a desplegar sus recursos. No obstante resultará fundamental para lograrlo que aprenda primero a descifrar, reconocer y valorar sus emociones.

Registro de las emociones

Lo particular de las emociones en esta etapa de la vida es la intensidad con que aparecen. Las emociones tiñen la vida del adolescente, pero si tu hijo aprende a separarlas, a decodificarlas, podrá maniobrar con ellas y logrará no imprimirle un mismo color a toda su realidad.

Desde tu lugar de padre o de madre, puedes ayudarlo a identificar qué tipo de emoción es la que lo está movilizando en cada momento, a fin de que pueda elegir cómo reaccionar frente a ella. Para ello es necesario que aprenda a hacer las «conexiones» entre lo que siente y el contexto en que esos sentimientos aparecen; de ese modo, aprenderá también a comenzar a nombrar sus emociones.

> Pili: creo que ambas estamos pasando un momento difícil. Mis obligaciones me tienen fatal y no me lo pienso dos veces antes de comenzar a gritar. Hoy, en vez de decirte simplemente que te saliste de tono, te contesté de la misma manera. O peor.

Hace tiempo, me late que te ocurre algo y no sé cómo abordarte. Ya no eres una niña y tal vez prefieras que no me entrometa. Y lo respeto. Pero recuerda que, aunque a veces peleemos como tontas, te amo y siempre estaré ahí, contigo, para lo que necesites. Mamá (Carta de Silvia a su hija Pilar, de 17 años).

Así, muchas veces descubrirá que lo que aparecía inicialmente como enojo era más bien tristeza, o que lo que creía era depresión, en realidad era cansancio.

Parte de este aprendizaje se hace en el ámbito familiar. El modo en que transmites tus sentimientos y el nombre que le otorgas a cada uno de ellos es algo que tu hijo ha incorporado desde la infancia. Los padres que utilizan indiscriminadamente el mismo término para referirse a la angustia, el cansancio o la tristeza, enseñan indirectamente a sus hijos ese lenguaje. Por eso, es importante también poder transmitir en los diferentes momentos un «lenguaje de las emociones» que lo ayude a identificar y nombrar lo que siente.

El primer paso en esta dirección consiste en instarlo a hablar de lo que siente, para ayudarlo a conectarse con sus sentimientos, a conocerlos y aprender a actuar en consecuencia, no guiado por los impulsos emocionales, sino eligiendo qué hacer o cómo postergar una acción cuando todavía no tiene claro qué elegir.

Diferencias entre el actuar y el sentir

Aprender a diferenciar el sentir del actuar es una herramienta fundamental que resultará de suma utilidad para tu hijo a lo largo de toda su vida y que le permitirá encausar eso que siente. ¿Cuántos adultos hay que tienen esta asignatura pendiente? Nos referimos a las personas impulsivas, desbordadas, que se rigen por el errado principio de que «hay que hacer lo que se siente», actitud que por otra parte no siempre tiene como resultado el sentirse mejor.

Tal como afirmábamos anteriormente, el primer paso en este sentido consiste en ayudar a tu hijo a reconocer la emoción que siente. A veces le resulta muy difícil discriminar si está sintiendo rabia o dolor, o angustia o tristeza, o tal vez otra emoción que no necesariamente es negativa aunque la sienta de un modo que lo atemoriza.

El segundo paso consiste en orientarlo para que pueda acotar la sensación que percibe, a esa situación y ese momento. Es muy característico de la adolescencia que el sentimiento del momento tiña toda su vida: si el chico siente frustración porque le fue mal en un examen, casi seguro convierte esa frustración en «siempre hago todo mal».

Como para la mayoría de las personas, pero en especial para tu hijo adolescente, no es sencillo aprender *cómo hacer para pedir ayuda* cuando las emociones lo desbordan. Es posible que, ante una situación de angustia o de impotencia, tu hijo se encierre herméticamente o sólo pueda manifestar enojo, esperando que alguien descubra por sí mimo o directamente «adivine» lo que le está pasando. Y muchas veces, actuando de ese modo, consigue exactamente lo contrario de lo que necesita, ya que el entorno reacciona ante esa actitud «de topo», o bien enojándose a su vez, o bien cansándose y dejándolo solo.

Por eso, para poder contenerlo y ayudarlo en aquellos momentos en los que más te necesita, la clave está en enseñarle a comunicar lo que siente. Sólo así dispondrá de las herramientas necesarias para pedir ayuda, y eres tú como padre o madre, quien más fácil y eficazmente puedes crear el ámbito y enseñarle las palabras para poder hacerlo.

Tiempo cotidiano y tiempo subjetivo

Desde el punto de vista de la conducta, para tu hijo las urgencias son agobiantes y las postergaciones, eternas. Un buen ejemplo sobre la noción subjetiva del tiempo que manejan los adolescentes es el del padre que le advierte a su hijo que estudie porque tiene un examen, y se asombra frente a su respuesta: *¡Pero si tengo tiempo! El examen es mañana.* Es el caso igualmente desconcertante de la adolescente que llora angustiada porque su madre no contempla sus necesidades inmediatas de comprarle un vestido para una fiesta que se celebrará tres meses más tarde.

Estas dos situaciones «clásicas» son vividas de formas bien distintas por los chicos y los adultos: tú puedes delimitarlas y discriminarlas, en cambio para tu hijo son equiparables, equivalentes y hasta pueden coexistir sin mayor dificultad.

¡Estoy hasta las narices del jaleo matutino! Sofía se despierta al alba para comenzar el cuento de su cabello: que si este peinado, que si aquél... ¡No sé cuántas veces ya le han llamado la atención en la escuela por sus llegadas tarde! (Paula, madre de Sofía, 17 años).

Para tu hijo, mantenerse únicamente en «ese» tiempo, tal como él lo experimenta, es una forma de intentar controlarlo. No hay pasado y tampoco futuro. Y tampoco esos cambios que tanto lo inquietan.

Desde tu rol de padre o madre, no deberías eludir la tarea de marcar los tiempos objetivos que son necesarios que tu hijo tenga en cuenta. A veces podrás razonarlo con él y a veces no; en este caso, deberás fijar tiempos límite que habrá de respetar. Asimismo, será provechoso que le enseñes a reflexionar sobre su manejo del tiempo. Preguntarle después de un examen si considera que el resultado obtenido tiene relación con el tiempo dedicado a prepararlo, puede ser una manera de invitarlo a que él mismo haga su propia evaluación y comience a sacar conclusiones a partir de su propia experiencia.

Cuando el adolescente puede reconocer un pasado y formular proyectos de futuro, con capacidad de espera y de elaboración en el presente, se puede decir que da un paso significativo en su crecimiento.

Aburrimiento, expansividad, retraimiento, acción...

Hay una tendencia a refugiarse en sí mismo que es característica de la adolescencia, así como el aburrimiento, sin embargo éstos suelen ser productos más de la incertidumbre frente a sus cambios que de la falta de recursos.

Tal vez observes que tu hijo adolescente aparece como desinteresado de lo que pasa a su alrededor. Esto obedece a que, de hecho, está más ocupado en conocerse a sí mismo que en conocer a los demás, y a qué, además, está preparándose para insertarse en ese mundo adulto. En tal sentido, lo mejor será que no te impacientes y procures respetar sus tiempos, ya que durante esta etapa él necesitará estar solo y replegarse en su mundo interno para luego, desde allí, salir a actuar en el mundo exterior.

La intensidad y frecuencia de los procesos de «entrar» y «salir» de los períodos de aislamiento o expansivos pueden llevarlo a sufrir rápidas modificaciones en su estado de ánimo: si bien de pronto estará sumergido en las desesperanzas más profundas, apenas las supere podrá manifestar una arrogancia y una seguridad que son desmedidas para un adulto. Así es el tiempo que a tu hijo le toca vivir, así es el camino que debe transitar, un camino que por momentos le permite sentir alegrías inmensas y también tristezas profundas, ambas tan repentinas como fugaces. Sin embargo, llegará el momento en que su acción será mayor que su preparación.

Como madre o padre, no debes olvidar que son muchos los territorios que se presentan ante sus ojos para ser conquistados: discriminarse de los valores de sus padres y elegir los propios, ensayar en las relaciones con el sexo opuesto y conquistar el mundo laboral. Y también aprender a pedir y aceptar la ayuda de los adultos de su entorno, quienes deben mantenerse atentos y disponibles para acompañarlo en este proceso de crecimiento.

El estrés de no saber

> Cuando charlo con amigas que tienen hijos más grandes que Micaela, siempre me dicen: No te preocupes. Aunque no lo creas, se sobrevive a un hijo adolescente. Y nos reímos. Pero te juro que hay días en que creerlo es casi un acto de fe... (Rosa, madre de Micaela, 14 años).

Es natural y comprensible que como padre o madre te sientas ansioso, angustiado y agobiado por no saber qué hacer frente a tantos cambios, que te cueste tolerar esa «inercia», esa abulia y ese encierro en sí mismo que manifiesta tu hijo en esta etapa. Sin embargo, debes armarte de paciencia y aceptar que este tiempo, el de pensar y estar solo, es necesario para tu hijo, ya que él está en plena búsqueda y anticipando situaciones en su imaginación mientras se prepara para enfrentarlas. A medida que tome más riesgos y se atreva a probar las situaciones en la vida real, los porcentajes de tiempo dedicados a imaginar disminuirán.

De todos modos la idea no es tampoco que dejes «vegetar» a tu hijo sin decir ni hacer nada, sino que le ofrezcas alternativas o propuestas para que cuando él pueda, las tome. ¿Cómo ofrecérselas? Si te dejas llevar por tu ansiedad y utilizas como método el enfrentamiento o los gritos –*No estés tirado en la cama sin hacer nada, Deja ya de ver televisión*–, sólo conseguirás hacerlo persistir en su actitud, ya que también la oposición es una característica de este momento de crecimiento.

Si, por el contrario, buscas otras estrategias que no apunten a criticar su actitud sino a solicitar su presencia o compañía, es posible que la respuesta inicial sea negativa pero que en algún momento, cuando el chico pueda, acepte el ofrecimiento y lo tome.

Como madre, puedes proponerle a tu hija: *Me invitaron a una fiesta, me gustaría que me acompañaras a elegir ropa*. Tal vez ella acepte y tal vez no, pero quizás la próxima vez que salgas de compras, ella te acompañe y ambas puedan compartir un espacio y un momento divertido. Tal vez ella misma te pida alguna vez, en el futuro, que la acompañes y la ayudes a elegir.

Como padre, puedes solicitar también a tu hija adolescente que te asesore cuando vas de compras o proponerle a tu hijo varón: *Necesito que me ayudes a...*, puede ser a lavar el auto, a reciclar un mueble, a elegir un disco compacto para regalarle a un amigo, o a hacer cualquier otra cosa que personalmente disfrutes. Si acepta, ambos podrán compartir un buen momento y, aunque no acepte, él habrás escuchado la propuesta, la tendrá en cuenta y tomará de ella las palabras necesarias para pedir ayuda en caso de que la necesite.

Pensamiento mágico y pensamiento extremo

En la medida en que conserva una cuota de niño, tu hijo suele tener una concepción mágica de la vida y tiende a relacionar cosas que de hecho no necesariamente se siguen unas de otras, o tiende a creer que las cosas pueden resolverse por sí solas sin que medie ningún esfuerzo de su parte.

Tomemos como ejemplo una joven que quiere bailar danza clásica. La joven va a un estudio para bailar, pero inmediatamente se da cuenta de que no puede hacerlo porque no sabe. Entonces, en vez de estudiar para aprender, abandona sin haber hecho ningún esfuerzo por conseguir aquello que deseaba y se frustra por no haber sabido bailar.

Esta modalidad de pensamiento, que denominaremos *mágico*, suele desmoronarse ante la realidad ya que, cuando el chico comprueba que no ocurre lo que él imaginó y tal como él lo imaginó, sobreviene la frustración y la idea de que es él quien no sirve, a pesar de no haber hecho ningún esfuerzo por alcanzar lo que buscaba.

Otro patrón habitual en esta etapa es el pensamiento *extremo* o *del todo o nada*. *Si no puedo aprobar este examen, quiere decir que jamás podré aprobar ninguno, Si no le gusto a Federico, entonces nunca le voy a gustar a ningún chico,* son frases típicas que representan esta clase de pensamiento.

En ambas modalidades de pensamiento, tu hijo adopta una conducta que no lo ayuda a resolver la situación. Pareciera que prefiere esperar hasta que algo cambie mágicamente o que una cosa prevalezca definitivamente por sobre la otra –pensamiento extremo–, para eludir la responsabilidad y el riesgo que implica una elección. Ayudarlo a identificar esta dificultad cuando aparece y animarlo a que tome riesgos lo ayudará a recuperar su capacidad de resolver y actuar.

Miedo a elegir, miedo a perder

Esperar a no tener miedo para actuar puede llevar a una situación de parálisis. ¿Quién no recuerda el miedo y la ansiedad la primera vez que se zambulló en el agua o que le sacaron las rueditas auxiliares a la bicicleta? Seguramente que tragó agua o se cayó de la bici, pero finalmente aprendió a nadar o a andar en bicicleta, y no sin miedo, sino a pesar de él.

Casi todas las cosas nuevas en la vida se enfrentan con algo de miedo. A veces el exceso de exigencia conduce al perfeccionismo y a no poder tolerar equivocarse. Se prefiere no fallar antes que experimentar algo desconocido donde no se tienen garantías de resultado.

Del modo similar, actuar, tomar cartas en el asunto, optar, supone una elección que necesariamente nos lleva a quedarnos con algo y dejar otra cosa. Y a veces por no elegir nos quedamos sin nada.

Elegir una cosa significa *renunciar* a otras y, por supuesto, esto provoca desazón. También se corre el riesgo de equivocarse, lo que es inherente a toda elección.

En todos los casos, hacerse cargo de las elecciones que se hacen forma parte del proceso de volverse adulto. Y si bien esto en algunas oportunidades puede implicar tolerar el resultado en caso de equivocación, también supone elegir bien y poder disfrutar de lo que se eligió.

Es importante que, como padre o madre, alientes a tu hijo a actuar, a pesar del miedo a elegir y el miedo a perder. Como adulto, seguramente tendrás un amplio repertorio de experiencias que podrás compartir con tu hijo que le ayuden a aceptar esta realidad.

Muchas veces es sorprendente para un adolescente que teme equivocarse al elegir una carrera universitaria, enterarse de que ese feliz médico que es hoy su papá o esa tía apasionada por la arquitectura, probaron una carrera antes y la abandonaron para seguir los estudios de la profesión que hoy desarrollan, o simplemente les tomó unos años definir su vocación.

Una vez más, mostrarte frente a tu hijo como alguien que también vivió esas inseguridades –y que aún hoy, respecto de otros temas, propios de la adultez, las sigue viviendo– además de fortalecer el vínculo entre ambos, le dará seguridad para salir de la parálisis del temor y lanzarse a la aventura de probar.

Señales de alarma

Sin lugar a dudas la adolescencia es un tiempo de terremotos internos, repentinos y constantes cambios de humor, de gran euforia alternada con estados de desaliento y tristeza, un tiempo en el cual las alteraciones de conducta son tan frecuentes como normales.

Sin embargo, por muy contradictoria y cambiante que resulte esta etapa de la vida, no cualquier conducta debe ser considerada normal. Por eso mismo, es importante para los padres permanecer atentos a fin de distinguir cuándo el estado anímico del adolescente constituye un reflejo de los desafíos que le impone el momento, y cuándo éste podría estar manifestando un trastorno psicológico grave, que requerirá de ayuda profesional para ser superado.

En el capítulo 8 de esta guía ofrecemos información detallada sobre las denominadas conductas de riesgo –alcoholismo, drogadicción, violencia– y en el capítulo 7 describimos la sintomatología de otros trastornos severos –depresión, ideas de muerte y suicidio–, con intención de orientar a quienes sientan dudas respecto de cómo interpretar los cambios anímicos en sus hijos. Sin embargo, y a pesar de que la guía funciona de modo general, para cada caso en particular lo mejor será consultar con un profesional especializado en adolescentes que ofrezca a la familia una orientación precisa sobre aquellos temas que preocupan a padres e hijos.

3. El rol de los padres y de la familia

Tal como afirmábamos en la «introducción» de esta guía, habitualmente la adolescencia del hijo sorprende a los padres en su propia «crisis de la mediana edad».

> ¿Estoy satisfecho con lo que he hecho hasta ahora?
> La familia que construí, mi trabajo, mi entorno, ¿son los que yo había soñado en mi juventud?
> ¡Mis padres están grandes! ¿Cómo puedo relacionarme ahora con ellos?

Éstas son algunas de las cuestiones que los adultos suelen enfrentar en la madurez, inmersos en un balance personal en el que hallan logros y fracasos. Quizás la pareja que tan bien funcionó para la crianza de los niños pequeños está en crisis; quizás la pareja está separada o, incluso, nunca existió. Quizás la adolescencia del hijo te sorprende asistiendo al nacimiento de nuevos hijos.

Cualquiera que sea tu actual situación, no deberías perder de vista que para tu hijo es importante que estés, no ya como el ídolo de la infancia que todo lo solucionaba, sino como adulto protector y responsable, pero capaz de dudar, errar y volver a intentar tantos caminos como fuese necesario para apoyarlo y contenerlo en esta etapa.

> 30 de octubre de 2001:
> Mañana es la fiesta de Male. Seguro que va a estar buenísima. El otro día no me dejaron ir a la fiesta de Aldana porque empezaba muy tarde, pero esta vez parece que los viejos se pusieron las pilas y hablaron con los padres de Flor. Yo estaba resegura que tampoco iban a dejarme ir a lo de Male, así que cuando me dijeron que

iba, me puse recontenta. Según ellos, hablando con otros padres, se habían dado cuenta que habían exagerado un poco con lo del horario (Del diario personal de Catherina, 14 años).

Siempre hay una *familia* detrás del hijo adolescente. No nos referimos a ninguna conformación en particular, sino a la que trasmite valores, da sostén emocional y afectivo, promociona el desarrollo adecuado de sus miembros, prepara y entrena para la convivencia, es el laboratorio de las relaciones futuras, enseña a tolerar la frustración y a reconocer los procesos.

Sea cual sea la situación particular, lo cierto es que como padre o madre aún te quedan muchas cosas por hacer porque para tu hijo adolescente no acabó el tiempo de necesitar de tu presencia ni de tu cuidado.

Confía en lo construido desde la infancia

El hijo adolescente parece, por momentos, un extraño. *¿Dónde está lo que te enseñé?*, es una pregunta que puedes hacerle a menudo o hacértela a ti mismo, mientras lo observas escuchar tus indicaciones con aire distraído y con cara de aburrido, ignorando hasta qué punto tomará en cuenta tus palabras.

> Me apena verla así. Si le pregunto "¿qué te ocurre, niña?", me manda a paseo. Pero, no más hacerme la despreocupada, comienza a rondarme en silencio con carita de alma en pena. ¿Cómo podré ayudarla si no me quiere hablar? (Mamá de Ximena, 15 años).

El modo en que es posible «llegar» a ese adolescente y la forma en que irá adquiriendo su independencia personal dependerá en gran medida de la forma en que se haya construido la relación padres-hijo desde la infancia.

Esto cuenta tanto en lo positivo como en lo negativo que se pueda haber transmitido en aquella etapa. Por eso, es preciso tener confianza en que lo que los padres consideren aciertos ha dejado su huella en él: hace más de quince años que se están sembrando valores y criterios acerca de cómo es bueno actuar. Es imposible que éstos hayan caído en saco roto; sólo están siendo criticados, puestos entre paréntesis, para luego ser rescatados como propios.

> Era un sitio con ambiente: mucha marcha y mucha birra. Algunos chavales se pasaron de alcohol y largaron hasta las tripas. ¿No hay ningún cabrón que controle esto? (Juanse, 14 años).

No es bueno desesperar. La adolescencia es un terremoto necesario y positivo para el crecimiento de tu hijo. Será una grata y, quizás, inesperada sorpresa descubrir que ese joven que por momentos parece un extraño, cuestionador de todo lo que se le ha dado hasta hoy, de pronto devuelve acciones o reflexiones que revelan que algo de lo transmitido por sus padres está presente en su conducta y le da herramientas para encarar los nuevos desafíos de esta etapa de su vida.

Adolescencia: una crisis vital familiar

El «terremoto» de la adolescencia no afecta sólo a tu hijo: toda la familia está envuelta en esta transformación. Él está aprendiendo a realizar y asumir sus propias elecciones, ensayando un nuevo rol, nuevos valores y responsabilidades. ¿Qué implica esto para el resto de la familia y, en particular, para sus padres?

También tú te verás obligado, tanto como tu hijo, a despedirte del niño para el que eras modelo y paradigma. Tendrás que prepararte para darle un lugar a este adolescente que cuestiona absolutamente todo lo que haces y lo que has hecho en el pasado, y se opone y se rebela a prácticamente todo. Y al mismo tiempo, alegrarte, ya que esta pérdida del «hijo-niño» traerá como consecuencia el desarrollo de una nueva y riquísima relación.

No obstante, para evolucionar hacia una relación con un «hijo-adulto», será necesario que como madre o padre estés dispuesto a renuncias y negociaciones. Y que te muestres capaz de actuar con flexibilidad ante la resolución de situaciones nuevas.

Las fiestas en casa con sus amigos son un típico ejemplo de situaciones nuevas que padres e hijos deberán transitar. No se trata ya de cumpleaños infantiles donde los padres cumplían un rol organizador activo; ahora serán los jóvenes los que empezarán a tomar ese lugar. Conversar y convenir con tu hijo las pautas del evento (desde el horario, el número de invitados, hasta sobre si se permitirá beber alcohol o fumar) puede ser una gran oportunidad para construir juntos importantes acuerdos, una ocasión para que conozcas más sobre su mundo adolescente (qué hacen, cómo se divierten), para que tú revises los nuevos permisos que deben ser concedidos, y que expliques y establezcas los límites que consideres necesarios. Conversar sobre estas cosas contribuirá también a que tu hijo pueda conocer las razones de tus decisiones, haga propios ciertos criterios, exprese sus discrepancias y, fundamentalmente, se sienta cuidado y estimulado a ensayar un rol más adulto, en este caso, el del anfitrión.

El rol de los hermanos

Los hermanos, en la adolescencia, son los amigos. *Un amigo es un hermano que se elige*, dice el refrán. Con los amigos se quiere vivir, estar todo el día, todos los días, para hacer todo. Y esto no quiere decir que no se quiera a los hermanos, sino que es preciso tomar cierta distancia de ellos como parte del proceso de afirmación personal.

Cuando hay hermanos, generalmente en esta etapa las relaciones no son fluidas. Hay muchas peleas o mucha indiferencia. Como padre o madre, es frecuente que te preocupes por esta situación. Sin embargo, no debes perder de vista que se tratará sólo de una etapa en la relación entre tus hijos.

A veces, según la modalidad de cada familia, se establecen lo que solemos llamar «relaciones radiales»: el centro de los vínculos familiares pasa por los padres o por uno de los progenitores, y los demás parecen comunicarse a través de ese centro, sin una conexión entre ellos. Llegada la adolescencia, esta relación radial agudiza las dificultades de comunicación que ya existían entre los hermanos. Por eso, en esta etapa, sería importante que, como padre o madre, puedas revisar cuáles son los canales de diálogo que construyó la familia hasta ese momento y busques crear situaciones que favorezcan los contactos que hoy aparecen como más dificultosos.

Si tu hijo adolescente es el mayor y hay diferencia de edad con los que lo siguen, intentará despegarse marcando bien la diferencia, no permitiendo a sus hermanos menores siquiera hablarse con sus amigos, entrar en su cuarto, tocarle sus cosas. Quizás tu hijo tiene dos o tres hermanos de edades próximas y comparten con el mismo grupo de pares actividades como el colegio, los deportes o las salidas sociales. Aún así, a la hora de las confidencias, seguramente estará muy claro quién es amigo de quién.

Así como tu hijo mayor puede tener algunas prerrogativas que marcan la diferencia de edad respecto de sus hermanos, muchas veces el primogénito carga con la responsabilidad de abrir el camino de los permisos para las nuevas actividades y de demostrar a los padres que sus hijos ya están en condiciones de hacer algunas cosas de grandes. Es la naturaleza del proceso: mientras el adolescente aprende a ser adulto, tú aprendes a vincularte, cuidar y reubicarte frente a aquel niño que ha crecido.

Para que no se dificulte el proceso de reacomodamiento de las relaciones fraternas, es importante que no siempre intervengas para resolver las situaciones de desentendimiento entre tus hijos. Lo más provechoso será que trates de fomentar que ellos mismos encuentren sus formas de arribar a acuerdos o tolerar sus diferencias.

Cuando los hijos notan que «resolver las peleas entre hermanos» no forma parte de la tarea paterna, suelen pelearse menos delante de los padres, y también perduran menos los silencios o los estados de enojo. Sabemos que muchas veces es difícil no dejarse llevar por la tentación de intervenir y mediar, pues te resulta doloroso verlos pelear. Pero, como tantos otros de la adolescencia, es un aprendizaje valioso el que ellos están haciendo.

Si hubo una buena relación entre hermanos en la infancia, seguramente ésta volverá a darse una vez finalizada la etapa más crítica de la adolescencia. Es común incluso que pese a las malas relaciones temporales, surja entre ellos la solidaridad «cuando las papas queman» y se hace necesario el apoyo al hermano que está sufriendo.

El rol de los abuelos

En muchos casos, el adolescente puede establecer con sus abuelos una relación de plena confianza, en parte porque los abuelos no tienen las preocupaciones de inseguridad amorosa o de logros personales como los adultos más jóvenes, y en buena medida, porque no son los «responsables por la crianza» como los padres. También, debido a que en la actualidad muchas veces ambos padres salen a trabajar, suelen ser los abuelos quienes en ocasiones se han hecho cargo de los niños desde pequeños habiendo establecido, en consecuencia, vínculos muy estrechos con ellos. De ahí que en ocasiones sean los abuelos quienes mejor pueden dialogar con sus nietos adolescentes, sobre todo cuando éstos tienen dificultades. Son de hecho para los chicos personas de más edad que sus profesores y sus padres, que además suelen mostrarse más naturales, menos ansiosos, más confiados y menos involucrados directamente en la relación.

> Mi abuela es una genia. No me da órdenes ni critica lo que hago ni cómo me visto: ¡para ella siempre soy preciosa! Y cuando estoy de mal humor, me habla de una manera que me ayuda a pensar más tranquila cualquier problema (Celina, 17 años).

Gracias a las generaciones que los separan, los abuelos permiten que los jóvenes, sus nietos, comprueben finalmente que, respecto de ciertas cuestiones fundamentales de la vida no hay tantos cambios, proporcionándoles de este modo más raíces, más puntos de anclaje, y la posibilidad de «realizar» a través de esos abuelos queridos lo que hay de permanente en lo humano. En las familias en que se ha dado a los abuelos ese espacio de respeto y ese lugar de "sabios de la tribu", «los viejos» han dejado su huella.

Desafortunadamente es también habitual que el fallecimiento de los abuelos coincida con la adolescencia de los nietos. Abuelos cercanos que ya partieron de esta vida, dejan padres tristes por esa pérdida, aunque muchas veces éstos no disponen del tiempo para procesar el duelo, acelerados como están por sus obligaciones. Muchos jóvenes relatan cómo han sufrido o sufren enormemente la muerte de sus abuelos; en ocasiones también manifiestan con su tristeza el dolor no expresado por sus padres. Una vez más, que los padres se permitan compartir estos sentimientos de tristeza con su hijo adolescente no sólo les permitirá acompañarse mutuamente sino reforzar el vínculo y la confianza en la relación padres-hijo.

Aprende a manejar la ciclotimia y la ambivalencia

> Cuando no me va bien en la escuela, papá me mira indiferente. ¡Odio esa cara de «nada»! Sin embargo, el otro día le dije que no me gustaba que me mirara así y aceptó que estuvo mal. No es común que los adultos reconozcan que se equivocaron... (María Alejandra, 14 años).

> Mi padre me ha dado unos tebeos de cuando era niño. Los encontró en el cuarto de los trastos. Debo haber heredado de él mi fanatismo por el cómic... ¡sólo que los que yo leo no son para gilipollas! (Ivan, 17 años).

Los adolescentes suelen vivir sus afectos y relaciones en forma muy polarizada: para tu hijo, rápidamente pasas de ser un genio por cómo resolviste una determinada situación a ser un desastre, un tonto incapacitado de comprender o un ridículo; eres muy bueno o muy malo, sin fases intermedias.

Con los amigos es igual: están todo el día pegados, duermen en casa del otro o los traen a dormir, salen siempre juntos y hasta van vestidos igual, hasta que de pronto, un día ese vínculo aparentemente «más que fraternal» se interrumpe abruptamente.

A los adolescentes les cuesta vivir las relaciones con matices, porque sienten que se trata de «medias tintas», cosa que detestan. Por eso también les resulta difícil relativizar, no tomarse como algo personal lo que sucede en el contexto familiar, o esperar que una crisis transitoria decante. Sus estados de ánimo oscilan también en forma polarizada. Por eso es que tu hijo podrá atravesar períodos de profunda dependencia durante los cuales necesitará de sus padres tanto o más que cuando era bebé, instancia que puede ser seguida inmediatamente de una necesidad de independencia sin límites.

¡Cómo quieres que vaya solo al dentista!, tienes que acompañarme, seguido pocas horas más tarde de un: *Quiero ir a bailar y volver solo a las cinco de la mañana, como vuelven todos,* son ejemplo de frases contradictorias que tal vez estés acostumbrándote a escuchar.

Frente a posturas tan contradictorias de su parte, es bueno que adoptes una posición activa y que el autorizar o no, no dependa de los ánimos cambiantes de tu hijo sino que se establezca según tus propias convicciones. Porque esos límites que marcas como padre o madre (permisos y no permisos) no sólo sirven al adolescente como puntos de referencia de lo que se puede y de lo que no se puede hacer; también significan para tu hijo, aunque se enoje o se rebele, la expresión de tu cuidado y tu amor hacia él. Y esta seguridad afectiva será una de las herramientas más valiosas para que tu hijo pueda atravesar los desafíos del proceso adolescente.

Peleas y discusiones familiares

> Apoyo la mano sobre el picaporte de la puerta y ya me cambia el humor. Me imagino lo que me voy a encontrar y quisiera dar media vuelta y salir corriendo (Juano, 16 años).

> A mis amigos no les llevo a casa. Mis padres siempre encuentran motivo para montar alguna bronca y ponerse cargantes. ¡Que vivan a su aire, pero a mí que me dejen en paz! (Juano, 16 años).

Es habitual que el adolescente sienta que, apenas llega a casa, es observado con desconfianza y comienzan los interrogatorios, los roces o las tensiones. Entonces se prepara para atravesar a toda velocidad ese territorio minado que lo separa de su cuarto, con la expresión más hermética posible, en un intento por lograr que nadie se meta con él.

Si reconoces esta clase de actitudes en tu hijo, deberías comprender, en primer lugar, que él no es consciente de que evitando el contacto las probabilidades de que se produzcan roces no sólo no disminuyen sino que aumentan, ya que los padres se preocupan e inquietan más cuando no tienen información mínima que les dé parámetros acerca de que no hay riesgos en la vida de su hijo.

Por tu parte, tendrías que intentar no considerar el comportamiento de tu hijo como algo dirigido a ti y no interpretar su actitud como rechazo, a fin de no generar un clima más tenso que confirme al joven su percepción del «ambiente horrible» que encuentra en su casa, impulsándolo a encerrarse más, reforzando así el circuito una y otra vez.

Tal vez te preguntes: *¿Y qué hago entonces? ¿No le pregunto nada?* Sí, claro que hay que preguntar. Aunque su expresión no lo trasluzca, para tu hijo es sumamente importante saber que te interesas por él. Sería bueno comenzar con un *¿Cómo estas?*, o bien utilizar la estrategia de afirmar, para que después el chico corrija: *Deben estar entrenando fuerte para el partido del sábado, ¿no?*

Tal vez, como adulto, no te des cuenta de que si le haces preguntas directas surgidas de tu interés por tu hijo –*¿A qué hora llegaste?, ¿Qué hiciste?, ¿Con quién fuiste?*– pueden ser recibidas por él como una exigencia de información de tu parte. Esta clase de preguntas, al igual que los consejos y los sermones, ahuyenta definitivamente a un adolescente, y si bien desde tu punto de vista pueden no tener otro fin que el de saber cómo ha estado, lo habitual es que él las interprete como un mecanismo para controlar, no sólo el tiempo y los horarios, sino también lo que considera «su» mundo.

Por eso, lo mejor es que si deseas saber cómo ha estado, preguntes directamente *¿Cómo te fue?* ó *¿Cómo estás?* o indirectamente, pero poniendo el acento en cómo el tema puede afectarle directamente a él. *¿Difícil el examen de matemáticas?*, es una pregunta que puede abrir más el diálogo que otras más «impersonales» como, por ejemplo: *¿Qué preguntó el profesor?, ¿Y tú qué contestaste?*, etcétera.

Una manera de atenuar que esta modalidad reservada del adolescente desencadene el reproche o la discusión con sus padres es tratar de establecer la confianza, poder escuchar y disponer de tiempo para fomentar el diálogo entre padres e hijos, lo que constituye una prioridad en esta etapa.

De modo similar, si lograras conectarte con tus propias limitaciones, tanto afectivas como de otra índole y exponerlas, esto contribuiría a producir un acercamiento ante el cual tu hijo adolescente puede mostrarse reticente. Una conversación personal con tu hijo, en la que puedas decir qué piensas y qué sientes, lo que te preocupa de él, servirá para sincerarse y será un buen modo de confiar en su capacidad de comprender.

Como adulto y como madre o padre no deberías temer mostrarte más francamente ante tu hijo. Los adolescentes celebran la aparición de padres «reales», no tan exigidos de tener respuestas para todo y con la obligación de no tener problemas; padres que pueden compartir momentos de duda o preocupación.

«¡Esta casa no es un hotel!»

> Llega y se encierra en su cuarto.
> Mientras cena, mira la televisión y es imposible lograr que participe de alguna conversación.
> Las salidas familiares parecen un trámite que hay que sobrellevar.
> Si se le pregunta por la escuela intenta contestar con el mínimo de palabras.
> Mantener la casa ordenada es una responsabilidad de los demás; él no está involucrado.

De acuerdo con las frases anteriores, muy habituales en padre y madres de adolescentes, esta etapa de la vida parecería caracterizarse por un desinterés por la familia. Pero casi nunca es así. Más bien refleja la dificultad para manejar las distancias y su propia intimidad, así como representa la fantasía propia de su edad de poder vivir en un mundo sin adultos que interfieran.

Mientras tu hijo está fuera de casa probablemente siente que puede ensayar sus nuevas formas de ser, tranquilo entre sus pares. No siempre logra sentir la misma seguridad en la familia, tal vez porque es bastante común que los que están más cerca le den menos oportunidades de modificar actitudes y le perdonen menos las incoherencias de hacer planteamientos de adulto y luego demandar atención como si fuese pequeño.

Si recuerdas tu propia adolescencia, los secretos que guardabas, aquello que nunca revelaste mientras fuiste chico, podrás comprender mejor a tu hijo y su necesidad de construir un territorio con fronteras «infranqueables». Y entonces te resultará más sencillo encontrar maneras de crear oportunidades para que él hable de lo que le ocurre o le preocupa: un paseo de compras que les dé a ambos la oportunidad de compartir un café, un encuentro a la salida de la escuela y en el horario de almuerzo de la oficina, pueden dar lugar a un momento de distensión en el cual tu hijo y tú converséis tranquila y relajadamente sobre los temas cotidianos que hacen a las vidas de ambos.

Porque no sólo es importante para ti que tu hijo te cuente «en qué anda», también es importantísimo para él que tú, como madre o padre, puedas contarle lo que te está pasando. Sentir que confías en él, que le transmites tus inquietudes y anhelos y valoras sus opiniones o sugerencias respecto de cuestiones que en verdad te preocupan, le permitirá a tu hijo ubicarse en un nuevo lugar que ya no es el de un niño y descubrir al mismo tiempo un padre o una madre «más humanos» y no aquellos idealizados de la infancia. Y así, poco a poco, ambos comenzarán a instalar un tipo de vínculo nuevo, más cercano al que se da entre adultos.

4. El primer amor, la primera vez

La búsqueda del amor y el descubrimiento del sexo son partes fundamentales de la adolescencia. El enamoramiento apasionado, el crear vínculos intensos –aunque, muchas veces breves– constituyen sentimientos y conductas propias de esta etapa.

A veces, este carácter pasajero de las pasiones adolescentes hace que los adultos no estimemos la real importancia de estas primeras experiencias. Para comprender mejor a tu hijo adolescente, deberías tener presente que, independientemente de tu experiencia como adulto, para él o ella, el amor y el sexo son temas serios. Por eso, busca información, quiere saber, conocer las reglas de la conquista amorosa, experimentar con esas sensaciones nuevas.

Su cuerpo, que ha madurado, ya puede decodificar sensaciones propias. Las emociones a veces acompañan las sensaciones de forma más o menos armónica, y comienza a sentirse en condiciones de empezar a desarrollar recursos para el galanteo que lo conectará con el otro sexo. Lo que, en definitiva, tu hijo o hija está buscando es determinar su identidad sexual, para relacionarse con otros, para amar y ser amado.

Sin embargo, pareciera que a algunos chicos esa alma de adolescente no les hubiera llegado al cuerpo que, aunque ya crecido y desarrollado, todavía esconde en su interior a un niño temeroso de crecer o simplemente ingenuo y aún no maduro. Recordemos que la adolescencia es un proceso. No podemos fechar con precisión ni su comienzo ni su fin. Transitar ese proceso requiere de tiempos personales, propios de cada individuo.

Será provechoso para tu hijo y para ti que respetes sus tiempos y lo acompañes en este proceso, ayudándolo a encarar esa nueva etapa con confianza y alegría. Y por encima de todo, que lo estimules para que él pueda respetar su propio ritmo. Si recuerdas los temores e inseguridades de tu adolescencia, será más sencillo para ti reconocer las diferentes necesidades, preocupaciones y tensiones que él está experimentando.

Aprendiendo sobre el amor: hablar, hablar, hablar

> Llega de la escuela, después de haber estado todo el día con sus amigas, y lo primero que hace es llamar a alguna de ellas por teléfono. Si no me enojo, puede hablar horas antes de decidirse a terminar la comunicación. ¿Tantas novedades les ocurrieron desde la última vez que se vieron? ¿No les alcanzó con estar todo el día juntas en la escuela? (Mamá de Micaela, 15 años).

El primer enamoramiento suele ser un hito fundamental en la vida del adolescente y es vivido con gran intensidad. A menudo se trata de «amor a primera vista», que puede no ser correspondido o que puede ser absolutamente ignorado por «el amado/la amada». El rechazo o la concreción de este amor le traerá a tu hijo o hija dolores y alegrías, momentos de euforia y de tristeza, y sobre todo, una gran necesidad de replegarse en sí mismo para pensar y también de hablar de esos sentimientos con sus amigos y amigas.

La comunicación verbal es especialmente importante en este momento de la vida. Y para el adolescente, hablar de amor equivale al amor mismo. Muchas veces los chicos «aman más» a las chicas que les gustan cuando hablan de ellas que cuando llegan realmente a estar con ellas. Sólo hablando de ese amor pueden ponerle a la chica o al chico todas las cualidades que quieren que tenga ese amor.

La curiosidad por el otro sexo puede mantenerlos horas y horas en estado de ensoñación, llevarlos a formularse toda clase de preguntas y a imaginar e imaginarse en todo tipo de situaciones. El amor apasionado y las relaciones sexuales no estarán fuera de estas cuestiones.

Los adolescentes necesitan hablar del amor y acompañarse, ir de a dos con un amigo o amiga para darse valor, para entrar en este nuevo terreno junto con otro que los ayude en las decisiones, que les diga si está bien o mal, que les confirme lo que hacen.

Vemos así las tan frecuentes salidas de dos amigos con dos chicas también amigas, aunque un par de ellos no estén demasiado interesados en estar juntos sino que sirven de excusa para los otros. Buscan de algún modo compartir los temores y las experiencias, y no se equivocan al hacer esta elección ya que el descubrimiento de lo nuevo es más fácil siendo dos.

Por eso, no debes interpretar como una falta de consideración hacia los demás o una simple pérdida de tiempo esos encuentros (personales o telefónicos) con sus amigos. En este «trabajo de ser adolescente» en el que está empeñado tu hijo, el hablar, compartir y especular con sus amigos sobre el amor es una de las tareas que más tiempo y espacio le requerirán.

«No hago otra cosa que pensar en ti...»

Tal vez observes que tu hijo o hija vive distraído, «en otro mundo». Los primeros amores parecen requerir de mucha atención. De pronto, una suerte de ensoñación domina su conducta.

¿Cómo se dan los primeros acercamientos amorosos? La intimidad al principio suele ser platónica. Una gaseosa que se comparte en un mismo vaso y que hace que los dos se preocupen por apoyar la boca donde estuvo antes la del otro; un beso en la mejilla un poco más húmedo, una conversación sobre música... Un disco compacto con canciones es hoy equivalente a las cartas de amor o a las flores de antes. El lenguaje del amor ha cambiado algunos códigos pero siempre utiliza algún artilugio, y en la actualidad la música es uno de ellos.

Esta latencia amorosa puede incluso sostenerse durante un buen tiempo, porque al no haber actualmente tantas prohibiciones, al estar más establecida socialmente la posibilidad de que chicos y chicas puedan compartir sus horas juntos, este amor platónico es en ocasiones el modo que ellos encuentran para no estar solos, sin necesidad de llegar a una entrega mayor.

El interés de chicas y chicos por atraer y seducir es, llegada la pubertad, una de sus mayores preocupaciones. Se preocupan inicialmente por descubrir el efecto que causan en el sexo opuesto, antes de estar atentos a su percepción personal y sus sentimientos.

La primera pregunta suele ser: *¿Le gustaré a alguien?* Muchas veces el interés por atraer a una persona en particular viene después. Los adolescentes necesitan, ante todo, saber si son capaces de seducir. Las chicas ponen a prueba su feminidad; los varones, su capacidad de conquista y sus dotes masculinas. Para ello, empiezan a experimentar las formas y las reglas del juego amoroso a fin de descubrir cómo llamar la atención. Hasta que aparece esa chica especial o ese chico único, que despierta en él o ella sentimientos nuevos.

El primer amor suele traer consigo algún tipo de sufrimiento, pero los alivia y los acompaña en el dolor y el temor por el desprendimiento de los padres. Los ayuda a salir de la familia y a entrar en el mundo adulto.

Como padre o madre, puede ocurrir que ese estado de ensoñación o de retraimiento te genere preocupación, pues no terminas de identificar cuál es su causa. Pero trata de comprender que, además de tratarse de una conducta natural en esta etapa, es importante para tu hijo. Ese «encierro» respecto de sus padres y de los adultos en general, lo ayuda construir un ámbito de intimidad que le permite reafirmarse en su identidad.

Amores fugaces, amores platónicos, amores intensos...

Pude ocurrir que, en ocasiones, no termines de comprender por qué tu hijo o hija dice haberse enamorado. Sin embargo, al igual que ocurre con los adultos, a la atracción física se suman una serie de cualidades y condiciones que hacen que haya una o un elegido, y que produce la famosa «química» del amor.

A veces, el enamoramiento no es fugaz y persiste en el tiempo, más allá de la posibilidad de concretarlo. Puede entonces mantenerse en un estado platónico, que lo torna *imposible, difícil o trágico* –características frecuentes del amor adolescente–, o concretarse en una relación que puede incluso ser duradera.

También puede suceder que tu hijo se enamore y desenamore sucesivamente de distintas personas, pero no por ello sus sentimientos son menos verdaderos. En la actualidad, la libertad para que chicos y chicas se conozcan, se besen y se acaricien, hace que muchas veces todo pueda empezar y terminar más rápidamente. Sin negar la tirantez emocional que aún suele separar el contacto entre los dos sexos, las inhibiciones y titubeos, los rubores y tartamudeos por ambas partes, la relación entre los dos sexos aparece mucho más suelta y dinámica, más espontánea y de «igual a igual».

Lo común a todos estos amores es la intensidad con que pueden ser vividos por los adolescentes. Independientemente de su duración en tiempo real, lo que él siente en ese momento es absolutamente auténtico.

Desde tu perspectiva adulta quizás sientas que algunas de estas experiencias están siendo sobredimensionadas por tu hijo; esta percepción es bastante acertada, pues estás asistiendo a esa modalidad típicamente adolescente que en el capítulo 2 de esta guía hemos dado en llamar «pensamiento extremo», que desencadena sentencias del tipo: *Si Ana no me ama, es porque ninguna chica puede fijarse en mí.*

Pero también debes esforzarte por comprender que estos amores son efectivamente algo muy serio para él, pues representan sus primeras experiencias en esa identidad amorosa y sexual que está construyendo. Como padre o madre, puedes acompañarlo y ayudarlo en este proceso, respetando la privacidad que necesita para elaborar esa identidad, pero mostrándote al mismo tiempo disponible para conversar sobre lo que hoy, para él, son los problemas más serios de su realidad.

En este sentido, compartir con él el recuerdo de tus propias vivencias de «amores no correspondidos», «amores trágicos» o «amores apasionados» puede abrir un espacio entre tú y él para comunicarse, pensar y *re-conocerse*, que seguramente será valioso para ambos.

¿Esto es pasajero? ¿Esto va en serio?

Los adultos, en especial los padres, suelen preocuparse por este ir y venir amoroso de los adolescentes, pensando que de algún modo los chicos están confundidos, que no saben lo que quieren, o incluso, que actúan con promiscuidad. Los jóvenes de hoy, cuando se besan, cuando «transan», cuando salen sin compromisos, lo que hacen es simplemente disfrutar de estar juntos. Expresan así que un intercambio incluso corporalmente intenso, puede carecer de importancia y ser efímero si no hay amor o sentimientos poderosos de por medio que lo sostengan.

En la actualidad los adolescentes quieren la libertad de vivir un amor y también la posibilidad de hacer sus primeros aprendizajes sexuales. Y para ello, contrariamente a lo que muchas veces se cree, cuentan con información que los ayuda, entre otras cosas, a valorar de otro modo el amor y el sexo. Porque ya no hay tantas censuras ni prejuicios, ni sucede como en la generación de sus abuelos, cuando el sexo se vivía muchas veces como algo separado del amor, como una mera «descarga» o un pasatiempo. Aunque en ocasiones su necesidad de experimentar los lleve a vivirlo de esa manera, ellos aspiran a que ambos se combinen para que el sexo sea «un acto de amor».

> Leticia me gustó desde siempre, aunque durante mucho tiempo ni se fijó en mí. Yo lo hice con otras chicas antes que con ella, pero no sé... hacerlo con ella es diferente (Damián, 16 años).

Para adolescentes de hoy, el amor idealizado y el amor carnal deben llegar a ser uno, lo que no los inhibe de querer probar estos dos aspectos hasta conseguir la unidad. Casi todos saben que la libertad sexual no es promiscuidad, aunque sienten y expresan la necesidad de hacer experiencias que no siempre son totales.

Sin embargo, a fin de que pueda vivir su sexualidad y se permita sentir lo que «siente» sin culpa, es clave que tu hijo haya recibido mensajes claros de tu parte. Contar de alguna manera con tu orientación le permitirá ir encontrando su propio camino sabiéndose cuidado.

Acompañar en esto a tu hijo o hija también requerirá de ti estar dispuesto a respetar su intimidad. Es bastante natural para los adultos elegir a ciertas personas para compartir determinados problemas o inquietudes; sabemos que esta suerte de selección no tiene que ver necesariamente con el grado de afecto que sentimos por ellas sino con otros factores o circunstancias (cercanía o distancia generacional, afinidad de criterios, coincidencia de género, etc.).

Por eso es importante que no atribuyas necesariamente a una falta de amor o de confianza que tu hijo no te participe de algunas de las cuestiones que lo preocupan en su proceso adolescente. Esto se debe exclusivamente a que necesita vivir sus experiencias a solas y tomarse su tiempo para comunicarlas. Necesita de su privacidad así como de tu disponibilidad para el diálogo cuando lo sienta preciso.

Amores trágicos, imposibles, prohibidos...

Podría ocurrir que, por razones válidas, encuentres que la persona de la que se ha enamorado tu hijo o hija no es buena para él. En ocasiones, los padres tienden espontáneamente a plantear su rechazo o su prohibición respecto de esa relación. Cuando hay alguna prohibición de tipo familiar o social que le impide al adolescente mantenerse unido a quien en ese momento quiere «más que nada en el mundo», se produce una mayor tensión, un mayor deseo de vivir algo fuerte y superar los obstáculos. El deseo de estar con el otro se exacerba. Desde *Romeo y Julieta* hasta *Titanic,* hay toda una tradición de amores adolescentes trágicos que la literatura y el cine han transformado en arquetipos.

> Sé que hago cosas que a nadie le parecen bien: no me gusta estudiar y no pienso trabajar por monedas. Pero son cosas mías. Así me conoció Andrea y así le gusté, como soy. Yo la amo como es y ella me quiere como soy. ¿Por qué sus padres se meten y le prohiben estar conmigo? (Fabián, 18 años).

En esos casos lo más recomendable es hablar con tu hijo y tratar de acordar. Y sobre todo dar tiempo para que él mismo pueda comprobar lo que tú ves como obviamente no conveniente para él. Esa primera euforia suele decantar y entonces hablar o replantearse las cosas resulta más fácil. Lo que es seguro es que en un contexto adolescente, más bien marcado por la oposición, cuanto más intentes frenar una situación de este tipo, más va a avanzar tu hijo en la dirección contraria.

Si logras generar las condiciones para conversar sobre estas situaciones, probablemente tu hijo pueda hacer el balance necesario para deducir qué cosas funcionaron bien, cuáles fueron las que llevaron a la ruptura, cuáles les gustaría que estuvieran presentes en una nueva relación y cuáles no, de modo tal que también pueda ver ese amor doloroso como una experiencia que lo ayudó a conocerse más a sí mismo.

Otro «clásico» es el *amor no correspondido*. También este amor genera muchas veces una verdadera obsesión. Se sufre, se espera y se desespera. Decepciones, engaños y dolor por no ser amado –o por dejar de serlo– pueden incluso provocar una depresión en tu hijo o hija.

> Lo que pasó con Jordi no me lo explico. Estábamos de maravillas y, de pronto, perdió todo interés en mí. ¿Qué me vale preocuparme del cole, las calificaciones, mis amigas o la lata de mis padres? Nada me apetece, sólo que me llame Jordi... (Florencia, 16 años).

Para ayudarlo a salir de este estado en el cual las fantasías de muerte suelen hacerse presentes, es importante mantener abiertos los canales de comunicación, ayudarlo a tolerar el tiempo de duelo por ese dolor y también impulsarlo a que corra un nuevo riesgo, que se permita otra oportunidad.

En la medida en que pueda ver este primer desencanto sentimental, no como un fracaso que lo va a marcar de por vida, sino como una experiencia desalentadora pero no por eso determinante, podrá salir adelante. Tendrá que aprender a armarse de paciencia para comprender que las cosas no siempre son como él quiere y que no hay garantías cuando se inicia una relación: no se las puede exigir ni tampoco ofrecerlas a otros.

El ser rechazado es una experiencia dura para tu hijo; y también para ti, que lo amas y te duele verlo sufrir. Pero, como adulto, sabes que esa experiencia puede ser tolerada y en esta convicción deberás buscar la fuerza para transmitirle el ánimo y la energía necesarios para superar el dolor, en caso de que solo no pueda hallarlos.

El despertar sexual

Cuando se habla de sexo y adolescencia, siempre es preciso tener en cuenta las limitaciones que de algún modo imponen los principios morales o religiosos adoptados por tu hijo y tu familia. Por este motivo, cuando describimos cuáles y cómo son las vivencias amorosas y sexuales más habituales en la adolescencia, no intentamos en ningún caso realizar una valoración moral de lo que está bien o mal hacer. Ese terreno es dominio privado de cada familia, según su posición moral o su elección religiosa.

Las primeras experiencias de cualquier índole se vuelven siempre muy significativas para futuras situaciones similares. Las relaciones sexuales no constituyen una excepción a esta regla. Sin embargo, y tal como trataremos de explicar en esta sección, es preciso no sobredimensionar su importancia como «aquello que nos marcará para toda la vida».

¿Cuándo se produce el despertar sexual? Los cambios biológicos de la pubertad son los que imponen la madurez sexual, intensificando en consecuencia todos los procesos psicobiológicos propios de la adolescencia. La desarrollo de la sexualidad en la adolescencia se manifiesta en la mayoría de los casos primero a través del autoerotismo y, más tarde, a través de investigaciones que se comparten con personas del mismo sexo para corroborar juntos los crecimientos. Después comienzan la exploración de sensaciones y los acercamientos en pareja, que evolucionarán, más avanzada la adolescencia, hacia la concreción de una relación genital completa. Sin embargo, este acto sexual tiene más un carácter exploratorio y preparatorio, de aprendizaje de la genitalidad, que de búsqueda o descubrimiento del goce. En cualquier caso, paralelamente a ir aceptando y conectándose con su genitalidad, el adolescente inicia la búsqueda de una pareja, eventual o más permanente.

El autoerotismo

El primer signo de pubertad en un adolescente y que marca de algún modo su despertar sexual suele ser la primera polución, que se produce por lo general alrededor de los 12 años. El episodio a menudo sorprende al chico, que muchas veces no ha sido informado de que algo así pudiera ocurrirle, ni alcanza tampoco a comprender por qué se desencadena.

La masturbación tiene finalidad exploratoria, de aprendizaje, de conocimiento de las sensaciones propias como preparación para la futura genitalidad, y es un fenómeno normal de la adolescencia.

Así es considerada hoy en la mayoría de los ámbitos, por lo que ha perdido el carácter demoníaco y culpabilizador que tenía antaño, si bien esto no impide que el chico sienta a veces algo de vergüenza.

En las chicas, las prácticas masturbatorias suelen ser menos habituales y constantes. Al igual que en el adolescente varón, son para las jóvenes un modo de explorarse y conocer el placer que pueden alcanzar.

La primera vez

Más tarde o más temprano, chicas y chicos se enfrentarán con su primera relación sexual, que bien puede darse con alguien amado o sólo deseado. Y la pérdida de la virginidad, esta primera vez, suscita en ambos géneros temores y tensión. Para algunas jóvenes, esto significará «perder una virtud» y para otras «romper una barrera», pero a todas, sin duda, les marcará un antes y un después. Para los varones también es un momento clave, quizás más vinculado con demostrar la virilidad y con cumplir el mandato de «hacerse hombres».

De todos modos casi siempre esa primera vez es una mezcla de emoción, alegría y cierto orgullo de haber atravesado esa barrera, y también de lo contrario: angustia, tristeza y a veces desilusión porque las fantasías y expectativas que se tenían superan casi siempre lo que realmente ocurre.

La sexualidad de tu hijo y la posibilidad de que tenga una primera experiencia no del todo satisfactoria o incluso traumática puede preocuparte. Quizás en verdad la primera relación sexual no fue buena. La persona elegida no ha tenido la delicadeza suficiente o el encuentro fue algo brusco. La pregunta que seguramente te harás es: *¿Cómo marcará esto su vida futura?*

En principio y si no fue un encuentro forzado, tu hijo o hija hizo lo que quería hacer. O lo que pudo hacer. De algún modo, aunque a ti te disguste la opción tomada, eligió. La trascendencia de ese acto no pasa entonces solamente por lo bien o lo mal que eligió al compañero de su primera relación sexual, sino por cómo él o ella pueden reflexionar y aprender de esa experiencia.

¿Qué puedes aportar como padre o madre? En primer lugar, tu respeto a su intimidad. Esto no significa suprimir las conversaciones sobre sexualidad, pero sí aceptar los límites que tu hijo o hija plantee respecto de lo que desea contar y compartir. Esto supone estar disponible para hablar pero sin invadir.

En segundo lugar, a partir de tu propia experiencia, señalarle la importancia de que él o ella se respete en los tiempos y modos en que desea iniciar su vida sexual para no prestarse a hacer nada que no quiera hacer realmente. Conversar sobre las inseguridades, temores o deseos que puede estar sintiendo en este momento le permitirá a tu hijo comprender que esas inquietudes son naturales, que tú también has pasado por ellas. En suma: que no hay nada malo ni anormal en sus sensaciones o sentimientos.

Una primera vez no demasiado feliz no suele ser tan traumática como los padres imaginan. Pero si cuando tu hijo te lo cuenta, percibe que te angustias demasiado, pueden pasar dos cosas: que, a partir de esa preocupación que demostraste, la experiencia se vuelva traumática también para él, o que tu hijo resuelva no hablar contigo más sobre sus siguientes experiencias para no lastimarte.

Es lógico y absolutamente normal que te preocupes: ningún padre, ninguna madre, desea ver sufrir a su hijo. Pero si puedes de algún modo vivirlo como algo no tan trascendente y definitorio, si puedes recordar tu propia adolescencia y entender que el sufrimiento fue parte de tu crecimiento, ayudarás a tu hijo a liberarse de sus propias angustias y a transitar esas vivencias como un desafío para su desarrollo. Todos atravesamos situaciones frustrantes o que no entendemos o que nos hacen daño. Lo importante es, en definitiva, qué hacemos con eso.

La identidad sexual: dudas y exploración

Es normal que en la adolescencia aparezcan períodos de predominio de aspectos femeninos en el varón y masculinos en la mujer. Y también que en la búsqueda de una definición genital, chicos y chicas atraviesen una etapa de indeterminación, que puede aparecer como de cierta homosexualidad. Esto no debe alarmarte: la sexualidad del adolescente, inicialmente y por estar en un momento de definición y ajustes, oscila entre conductas de cariz homosexual y heterosexual.

Para tu hijo o hija, el aprendizaje de quién es y cómo es requiere de diferentes exploraciones y pruebas. Las conversaciones sobre sexo, como los juegos que implican tocarse –aunque sea a golpes–, son formas de aproximación y descubrimiento. Entre los varones esto se manifiesta más en forma de juegos de manos o luchas. Mientras que las mujeres, por tener menos censurada la posibilidad de tocarse, suelen compartir situaciones íntimas como vestirse, bañarse e incluso dormir juntas. Y también por eso, son ellas quienes en ocasiones llegan incluso a tener experiencias transitorias de relaciones homosexuales, que no necesariamente implican una definición como lesbianas. En general estas experiencias están más relacionadas con una búsqueda de apoyo de tipo maternal, o con un franco temor a salir al mundo –desconocido aún– de las relaciones heterosexuales.

De todos modos, la atracción amorosa por una amiga o un compañero del mismo sexo suele inquietar, angustiar y llenar de culpa a los adolescentes, que en este caso sería importante que pudiesen contar con alguien que los alivie y les diga algo así como: *«Esta atracción que sientes no quiere decir que seas homosexual»*. Son situaciones que forman parte de la transición y un medio de conocer las propias sensaciones con alguien igual a sí mismo. En general se trata de relaciones epidérmicas, simples rozamientos que pocas veces llegan a ser un encuentro verdadero.

Como padre o madre, es importante que sepas que estas conductas pueden presentarse como parte natural del proceso de construcción de la identidad sexual de tu hijo adolescente. Para él o ella estos sentimientos son tan nuevos y desconocidos como muchos otros que está descubriendo. Está en ti como adulto otorgarles y ayudarlo a otorgarles la justa trascendencia que puedan tener.

«Soy gay/Soy lesbiana»

Respecto de la homosexualidad como una elección que comienza a asumirse en la adolescencia, sería bueno que como padre o madre tuvieras presente que se trata de la identidad sexual de tu hijo, que bien puede no coincidir con la que tú hubieses deseado para él, pero es la suya. Cotidianamente, la adolescencia te exige reubicarte en una relación respecto de un hijo que, abandonando la niñez, está a las puertas de convertirse en un adulto. El respeto, el afecto y tu capacidad de escucharlo son las herramientas más valiosas con las que puedes ayudarlo en este aspecto.

Hay chicos y chicas que efectivamente en esta etapa descubrirán indicios más o menos claros de una tendencia homosexual. Y es con el tiempo que se va haciendo necesaria la definición como gay o como lesbiana, según el caso. Asumir en nuestra sociedad esa identidad sexual, no es fácil ni para los jóvenes ni para sus padres.

Es importante que recuerdes que la identidad sexual es una de las tareas de la adolescencia. Durante esta etapa, cada chico puede recorrer diversos caminos para construirla –exploración, dudas, desafíos– e incluso pueden presentarse situaciones o conductas que responden simplemente a su necesidad de experimentar la sexualidad y como padre o madre no deberías anticiparte ni interpretarlas erróneamente.

Muchos chicos dejan «rastros», huellas de la exploración que están realizando y que es importante interpretar y, sobre todo, responder como lo que son: llamados de atención o pedidos de ayuda.

> Una noche, como otras noches, me senté ante el ordenador. Fede había estado navegando y lo dejó encendido. Al mover el ratón, aparecieron ante mí imágenes pornográficas, de gays. El corazón se me detuvo. ¿Es que alguien te prepara para ello? ¿Mi chaval era un marica? De sólo pensarlo, comenzó a faltarme el aire. Me dije a mí mismo "¡Llévalo de putas y muéstrale lo que es una buena maja!". Estaba desesperado. Ni siquiera sabía cómo contarle a Loli, mi mujer. Pero al fin se lo dije. ¡Lloramos como niños! Resolvimos ir a la consulta con un terapeuta de adolescentes. Recuerdo que rogué que le «curara», que le quitara esas tonterías de la cabeza. Pero al cabo comprendí que lo mejor para todos sería enfrentar el problema... si es que para Fede era un problema. Es que éste es un asunto tan espeso para un padre, que no sabíamos siquiera cómo abordar el tema con nuestro hijo (Gustavo, 44 años).

Frente a una situación como la que narra Gustavo, es importante, en primer lugar, superar el miedo a lo desconocido, sabiendo que tras ese miedo, se ocultan otros miedos: miedo al sufrimiento y al rechazo que un padre presupone deberá enfrentar su hijo o su hija en caso de definirse como homosexual. Se tiende a creer que ignorando la dificultad, no enfrentándola, por la magia de la negación, va a desaparecer la dificultad. Pero eso nunca funciona: los silencios no contribuyen más que a encapsular el miedo y el dolor que el miedo ha generado. La posibilidad de hablar y compartir la dificultad implica empezar a dejar de sufrir. Estar cerca del hijo es darle la posibilidad de poder sentir y pensar sin censurarlo, ayudándolo de ese modo a que descubra su identidad sexual. Ignorar el tema no sirve, genera un sufrimiento mayor en padres e hijos. Tampoco sirve abusar del tema, invadiendo la intimidad de tu hijo e intentando influir sobre una definición que es absolutamente personal e individual: también en este caso, lo ideal será que acompañes a tu hijo, que vayas siguiéndolo en sus pasos, sin adelantarse a ellos.

Anticoncepción y sida

Gracias a la tecnología y a la ciencia, hoy en día hay métodos seguros de anticoncepción que ofrecen a adolescentes y adultos una nueva posibilidad de conocerse íntimamente sin correr riesgos de un embarazo no deseado o de contraer una enfermedad. Pero ¿cómo adquieren los chicos la información sexual en lo que se refiere a cuidados anticonceptivos y prevención del sida?

Habitualmente, a los once años los niños ya saben qué es una relación sexual y también están al corriente del sida. Con sus amigos, maestros o sus padres, es probable que se haya hablado del tema y que hayan podido recabar cierta información también a través de los medios.

Esta información debería ser ampliada alrededor de los trece años por ti, para que tu hijo pueda contar con una explicación más exhaustiva acerca de cómo cuidar y cuidarse. Y también, por qué no, debería incluir no sólo un listado de métodos anticonceptivos, sino además el poder hablar de la nobleza y el compromiso que significa hacer el amor, la procreación y el traer vida. Si tu hijo o hija pueden conectar las relaciones sexuales con los cuidados y la responsabilidad que significa estar vivo, será más fácil que entienda que un descuido a este nivel justamente puede poner en riesgo su vida.

Quizás hayas confiado en su médico o pediatra para que se ocupe del tema y hable con tu hijo de estos asuntos. Ésta es una buena idea, aunque deberías tener la precaución de elegir el médico especialista en adolescentes y del sexo que a tu hijo o hija le facilite la comunicación. Y no suponer que los médicos o los maestros o profesores pueden reemplazarte en esta tarea. Esas charlas son complementarias de las que tú puedes mantener. Además de dar información, tu hijo se sentirá cuidado, conocerá cuáles son los valores que deseas transmitirle y significarán un reconocimiento de que el tema de la sexualidad existe y es bueno conversar sobre ello.

En ocasiones los adultos suponemos que los jóvenes saben «lo que hay que saber», y sin embargo éstos en ocasiones ignoran lo que es considerada información básica. Resulta imprescindible entonces que abordes periódicamente estos temas con tus hijos, en primer lugar para que no pongan en peligro su salud, pero también para evitar embarazos en esta etapa. Precisamente porque tú sabes de los riesgos que puede correr tu hijo y de las marcas que pueden dejar estas experiencias, es preciso que continúes ocupándote, una vez enterado de que tu hijo mantiene relaciones sexuales, de que sea constante en el uso de preservativos, único método además que los mantiene a salvo del sida.

Se sabe que los chicos suelen cuidarse en las primeras veces en que están juntos, aunque no siempre siguen haciéndolo después de un tiempo de relación. Que puedan incorporar el preservativo a sus prácticas sexuales es casi una cuestión generacional. Ellos han nacido en la era del sida, por lo que esta enfermedad es un peligro que todos tienen presente.

Sin embargo, no estará de más que insistas sobre este asunto, que hables todas las veces que lo consideres necesario, aun enfrentándote con un hijo o hija reticente a escucharte. Éste será además otro claro mensaje de que como padre o madre te haces cargo de que su sexualidad es un hecho que existe, que la aceptas y no sólo eso, sino que también lo acompañas, permitiéndole experimentar y, a la vez, cuidándolo.

El abuso sexual

A mi viejo le gustaba sacar fotos y desde chiquita me hacía posar para él. Hace poco encontré una que me tomó cuando yo tendría alrededor de cuatro años. No recuerdo la situación, pero deduzco que fue en unas vacaciones en Pinamar, ya que esa foto formaba parte de una serie de fotografías increíblemente eróticas que sí recuerdo muy bien. Las más comprometedoras las rompí. En algunas aparecía bajándome un poco la mallita; en otras, directamente sacándomela, mostrando la cola y adoptando diversas posiciones en las cuales me habría visto muy sexy si hubiese tenido veinte años y no cuatro. Del momento que las tomó no guardo recuerdo alguno sino a través de las fotos. En cambio, sí recuerdo esa sensación de que él me admiraba, de que yo le gustaba, de ser el único centro de atención.

Cuando más atención me prestaba era cuando me bañaba. El baño fue desde siempre un momento de dedicación exclusiva de mi padre hacia mí. Se encargó de bañarme desde que nací y aunque no logro determinar exactamente de cuándo datan mis primeros recuerdos, tengo imágenes muy nítidas de él bañándome y sé que era en ese momento, más que en ningún otro, cuando él me sentía como su reina, su princesita adorada. Nunca dejó de elogiarme ni de tratarme como una divina, ni siquiera cuando alrededor de los seis años, empezó a masturbarme y a meterme los dedos.

A pesar de la relación enferma que mi padre estableció conmigo y del daño que me hizo, él nunca fue manifiestamente violento, sino más bien todo lo contrario. Jamás me penetró y si bien aprovechaba el momento del baño para tocarme y abusar de mí, siempre planteaba una suerte de juego erótico previo y posterior, en el cual él se ponía en el lugar del enamorado y no del violador. Todo transcurría en un contexto de mucha seducción, donde yo era siempre la reina divina a quien él adoraba. Nunca intentó vapulearme ni me hizo sentir una mierda, denigrada y usada, como sé que ocurre en otra clase de abusos.

En ese momento yo todavía no me daba cuenta de que lo que pasaba entre mi papá y yo no era normal. Sabía que me hacía sufrir por alguna razón que no podía explicar, pero no era consciente de que no era algo normal. Y creo que por eso nunca se lo conté a nadie, a pesar de que él nunca me pidió que no lo contara. Simplemente no hablábamos sobre eso (Ana, hoy 39 años).

Cuando se habla de abuso sexual, no se hace referencia exclusivamente la violación. Hay muchas formas diferentes y no tan evidentes de abusar de un menor que no tiene herramientas para comprender lo que pasa y mucho menos para defenderse.

Los relatos de jóvenes y niños que han sido víctimas de esta forma de abuso van desde las caricias un tanto excesivas que provienen de un padre, padrastro, abuelo o vecino, hasta toqueteos de los genitales, o en los pechos cuando se trata de púberes.

Estos abusos pueden haber ocurrido una única vez o en forma reiterada durante largo tiempo, con conocimiento de los adultos cercanos que supieron cortar con la situación, o que no se hicieron cargo de la «denuncia» dejando al menor librado a su propia suerte. A veces incluso llegando a acusar de mentirosa o fantasioso a la chica o el chico que pedía auxilio.

> Cuando pienso en el abuso de mi tío Luis, el hermano de mi madre hacia mí, pierdo las ganas de estar con hombres: deseo que nunca más nadie piense en el sexo, que nadie ponga nunca más ni un poco de libido en un solo gesto o movimiento. Me da asco el silencio de mi familia, de mi padre y de mi madre, que sabiendo quién es mi tío y lo que me hizo, lo siguen recibiendo en su casa porque dicen que mi abuela está vieja y que tienen que cuidarla entre todos, que Luis es una ayuda. Me enferma, me perturba, me hace sentir incómoda, mentirosa y sucia que me digan que Luis es una ayuda (Alicia, hoy 21 años).

En las víctimas de abuso sexual, a veces la culpa que genera la experiencia vivida queda grabada como algo que ha vuelto al cuerpo «feo», detestable, rechazable, y a la misma víctima como alguien no querible. En algún nivel de la conciencia esa experiencia queda activa aunque no siempre se la recuerde. Pero en la adolescencia se vuelve ineludible tomar contacto nuevamente con el cuerpo que crece y se desarrolla, y entonces la joven o el joven lo ve feo y empieza a manipular con el peso para modificar algo que es una sensación más profunda. O resuelve inconscientemente «hacerlo feo» para que no se vuelva deseable y quedar expuesta/o nuevamente al peligro de un contacto físico, y entonces comienza a subir de peso.

En ocasiones es después de un fracaso en las primeras relaciones sexuales que surge el recuerdo de lo vivido, y la imposibilidad de acceder al contacto corporal lo que reactiva la experiencia insoportable.

Hay muchas películas que relatan estas situaciones, mostrando las diversas secuelas que quedan a partir de padecer una situación de abuso sexual, que van desde la imposibilidad de relacionarse con una pareja, el desánimo y el aislamiento social, hasta la depresión y el suicidio.

Lo cierto es que el abuso sexual deja marca –más o menos indeleble, según cada persona–, pero en todos los casos es aconsejable hablar de ello, «liberarlo», y poder incluirlo en el proceso terapéutico que, en estos casos, se torna una instancia imprescindible para apoyar a quien ha sufrido un episodio del tal grado de violencia.

5. Amigos, modelos e ideales

Adolescencia y *grupo* constituyen una dupla inseparable, ya que el grupo es el elemento natural dentro del cual se mueven los jóvenes, el espacio social donde pueden empezar a cotejar y descubrir ideas, creencias, criterios y formas de vivir distintas, que de algún modo relativizan las propias. Es parte del proceso de diferenciación que se inició en la pubertad y que viene a poner de manifiesto la necesidad del adolescente de confrontar los modelos familiares y de armar el suyo propio con los aportes de adentro y de afuera de su casa.

> Guille y sus amigos parecen uniformados: todos con la misma camiseta negra, las mismas zapatillas andrajosas, el mismo jean gastado... ¡Es un horror cómo se visten! Y cómo hablan... ¡sólo entre ellos se entienden! (Adriana, madre de Guillermo, 15 años).

Aunque tu hijo sigue contando contigo y su familia como un valor-refugio, él necesita del grupo de pares para trabajar en la construcción de su propia identidad. Por esta razón, lo verás tratando de integrarse al grupo de compañeros de escuela, de deportes o salidas, preocupándose por adecuar su forma de actuar a ellos. La banda, la barra o el grupo, es una oportunidad de ser alguien distinto, especial, y desempeñar un rol diferente del que desempeña en tu hogar.

Las actuaciones del grupo y de sus integrantes representan para tu hijo una posibilidad de rebelarse ante los mayores. De alguna manera, lo acompañan en este sentimiento de «los mayores no me comprenden», pues sus pares están atravesando el mismo tipo de conflicto.

Puede ocurrir que este proceso que atraviesa tu hijo de construcción de su propia identidad resulte también para ti bastante difícil de sobrellevar. De hecho, él está cuestionando lo aprendido en casa para empezar a decidir qué conservará como propio, qué desechará, qué transformará, qué rechazará. Y no siempre esto es sencillo para un padre ni para una madre que siente que has tratado de darle lo mejor.

> Cuando dije que no quería seguir con las lecciones de danzas, ¡menuda bronca montaron mis padres! Que "quién te comió el coco", que "seguro fue ese Gonzalo que tienes por novio", que "para lo que aportan tus amigas, más valdría que las mandaras a paseo"... Está visto que esta niña gilipollas —es decir, yo— no puede descubrir solita qué le apetece y qué no (Lucila, 14 años).

Puedes sentir que los amigos «le comen el coco» con ideas «raras», lo que en algunos casos, si lo piensas detenidamente, no es más que una forma de evitar tener que enfrentar que tu hijo con ideas diferentes a las tuyas. La rebelión contra los mayores es parte natural del proceso adolescente y los amigos de tu hijo son un buen marco de contención para él en este momento tan intenso y tan complejo.

Por eso sería importante que no descalificaras sus opiniones argumentando que se trata de ideas o creencias de sus amigos, pues esto equivaldría a decirle que es incapaz de una elaboración propia. Aunque como adulto comprendas que dice tal o cual cosa porque es la consigna del grupo, para apoyarlo en la tarea que lo ocupa —construir su identidad individual— a tu hijo no le ayudará que se lo digas, sino que lo invites a reflexionar sobre esto junto contigo, no ya como un niño sino como un individuo en tránsito hacia la adultez.

Si, por ejemplo, fueras la mamá de Lucila —la chica del testimonio anterior—, no sería aconsejable que le dijeras que todo es culpa de Gonzalo que «le llena la cabeza», aunque estuvieses segura de que quiere dejar la danza porque su novio se lo sugirió. Ella se sentiría agredida, creería que la consideras una tonta que se deja llevar por los demás y todo terminaría en una discusión. Si, en cambio, le preguntaras por qué no quiere continuar con las clases, tal vez entonces, a medida que ella fuera poniendo en palabras sus razones, también las clarificaría para sí misma y probablemente, al terminar la charla, consideraría meditar más tiempo esta decisión, en caso de que las razones no tuviesen que ver con si le gustan o no las clases de danza, sino con pasar más tiempo con su novio, lo cual podría hacer en otros horarios que ella luego debería pactar con él.

«¿Necesitan estar todo el día juntos?»

La reunión de distintos chicos que coinciden en determinadas prácticas sociales o intereses hace que se armen bandas, pandillas, equipos deportivos o tribus. Los chicos adquieren un *look* y lo hacen propio porque esto los identifica con el grupo al que pertenecen. Pasan así a ser *punks, rockers, hippies, darkies*, hinchas de un determinado equipo de fútbol, miembros de un Club de Fans o, simplemente, alumnos de una determinada escuela. *El grupo marca una suerte de zona de transición necesaria para lograr la individuación adulta, atravesada la cual tu hijo podrá empezar a separarse de la barra y asumir su identidad.*

La uniformidad que propone cualquier banda le brinda a tu hijo seguridad y sirve para reafirmar su autoestima. Dentro del grupo él será «alguien», tendrá un rol: será «el loco», «el estudioso», «el fanático de la música», «la poetisa», «la zarpada», «el habilidoso». Todo grupo tiene un espíritu y reglas propias, dos ideas que suelen fascinar a los adolescentes. La dinámica que se da entre sus miembros es tan intensa que la separación de los individuos respecto del grupo resulta casi imposible; por eso, tu hijo parece pertenecer más a su banda de amigos que a su familia. No puede apartarse de la barra ni de sus caprichos o tendencias, y acepta los dictados de ésta en cuanto a vestimenta, costumbres y preferencias de distinto tipo, como si se tratase de una religión.

Este apego al grupo vale tanto para cosas obviamente rechazables como puede ser drogarse, como también para asuntos menores pero que no por eso suponen menor presión, como son las reglas de la moda imperante en relación con la ropa que hay que usar o la figura corporal que hay que tener.

Para tu hijo, poder tener una postura diferente a la del grupo, tener la libertad de no sumarse a algo que no quiere, o adherir con matices propios, no resultará sencillo durante esta etapa de la vida. ¿Qué herramientas puedes darle como padre o madre para encarar estas disyuntivas? En primer lugar, *favorecer la consciencia de que to-*

do lo que hacemos es producto de una decisión personal. Lo que equivale a ser consciente de que, aunque antes de decidir intercambiemos ideas con otros o que nuestras decisiones coincidan con las de otros, esto no nos exime de pensar y decidir cómo actuar frente a determinada situación, ya que seremos responsables por esos actos.

> Me sentí fatal y me lo tengo merecido. Los chavales querían jugarle aquella broma a la profe y por fin todos aceptamos colaborar. Me avergüenza no haber tenido los cojones para decir «yo no quiero». Pero no quería que me tuvieran por capullo… (Ezequiel, 20 años).

¿Cómo ayudar a tu hijo para que llegue a esta etapa de su vida con herramientas que le permitan participar del grupo sin perder su independencia de criterio y decisión? En primer lugar, recordándole que somos responsables individualmente de nuestros actos porque es como individuos que decidimos realizarlos. En segundo lugar, haciéndole sentir que valoras que sea capaz de tomar sus propias decisiones, aun cuando éstas no coincidan con la opinión de la mayoría.

En suma: el grupo representa un marco de referencia útil para tu hijo en este momento del proceso de construcción de su identidad individual. Tú puedes ayudarlo a que capitalice lo bueno que esta experiencia le pueda brindar y también a que sepa dejarla atrás cuando lo que de constructivo había en ella se haya agotado. En eso consiste tu tarea de padre: en transmitirle la confianza y el apoyo necesarios para descubrir su identidad en el grupo y «defenderla» del grupo haciéndose responsable de sus elecciones personales.

Las «malas compañías»

En ocasiones los chicos buscan adoptar una identidad negativa. Se suman a grupos de marginales o de conductas peligrosas, porque prefieren ser indeseables a no ser nada, a no pertenecer a ninguna banda. La falta de proyectos laborales, de futuro, no es ajena a la realidad social de la mayoría de los chicos de hoy, lo que los lleva en ocasiones a tener actitudes desafiantes y provocadoras.

Esta provocación se advierte a veces en el lenguaje que utilizan, como si fuera el de un planeta propio: no se entiende lo que dicen y de ese modo inventan una marcación que los identifique como grupo o tribu. Se marcan a través de la palabra, como también lo hacen cuando recurren a los tatuajes o al *piercing*.

> No podía con nada: la escuela era un desastre y tenía veinte kilos de sobrepeso. Sentía que mis compañeros me rechazaban porque no era linda, ni inteligente, ni interesante. Pero en vez de tratar de resolver algo de esto, busqué gente que también fuera rechazada como yo. Y así empecé a empeorar… (Jessica, 19 años).

En cualquier caso, entre tanto desencanto que muchas veces puede manifestar tu hijo respecto de la sociedad, entre tantas conductas grupales difíciles de comprender para ti, es importante que rescates su potencial creativo. Aun en los difíciles tiempos que les toca vivir, los jóvenes son capaces de conductas solidarias cuando se los convoca y se les brindan oportunidades de participación. Será positivo para tu hijo sentirse necesario y que tiene algo para aportar.

> Vamos, que nunca fui lo que se dice un estudiante brillante. Pero un profe del bachillerato (un tío estupendo) nos invitó a ayudar con sus tareas a los niños de unas familias muy pobres. No sólo descubrí que las matemáticas no se me daban tan mal sino que me placía sobremanera esto de hacer algo por los demás (Ramón, 16 años).

El mejor amigo: tenerlo y no tenerlo

Un amigo, en el sentido más propio de la palabra, es con quien se comparten los códigos de solidaridad, fidelidad y afecto de una manera particular. Para los adolescentes de todos los tiempos, la amistad ocupa en sus vidas un lugar especial. Si bien este sentimiento existe ya en la infancia, es más fuerte en la adolescencia, cuando se lo vive como una especie de afecto apasionado en el que la confianza y la lealtad se ponen permanentemente a prueba.

> Cuando empecé a salir con Fernando dejé muchas cosas. Dejé de usar pantalones porque él los odiaba; dejé de ir a la disco porque a él le aburría; dejé de salir con

mis compañeros del club porque a él no le gustaba la cosa deportiva. Pero cuando quiso alejarme de Sofía dije «¡basta!»: jamás podría separarme de mi mejor amiga (Violeta, 17 años).

La confianza en la amistad durante la adolescencia es algo incluso más sagrado que el amor sexual por un chico o una chica. Por eso cuando los adolescentes no consiguen tener un mejor amigo o «pierden» a uno muy querido –porque se produjo un alejamiento o una pelea, por ejemplo–, sienten muchas veces que no tienen nada.

La amistad les hace la vida más amable, ayudándolos a soportar parte de las dificultades, frustraciones y dolores que también trae este momento. Los chicos que no logran tener la sensación de ser elegidos como «mejor amigo» por ninguno de sus compañeros, aunque los amigos les aseguren que lo quieren o la consideran muy especial, experimentan un gran sentimiento de soledad que, a su vez, los distancia de los posibles amigos.

Yo sé que esto de la adolescencia no es sencillo para nadie. Pero siento que a Nacho le cuesta más. ¡Lo veo tan solito sin un amigo de verdad que lo acompañe! (Teresa, madre de Ignacio, 14 años).

Si tu hijo ha logrado establecer un vínculo de amistad, será importante que lo respetes y valores. Y si no lo ha logrado, puedes ayudarlo a comprender por qué cree él o ella que no es buscado por otros para entablar una verdadera amistad. Compartir con él tus propias experiencias en la amistad posiblemente le facilite encontrar los recursos de acercamiento que le permitan concretar este vínculo. Tú sabes que los amigos de edades parecidas, en esta etapa de la vida, son de una importancia capital como apoyo para poder abandonar de algún modo la familia e internarse en ese territorio desconocido que significa el afuera.

Es cierto que muchos adolescentes disfrutan de estar solos, pero esto no debería impedirles compartir con sus pares, al menos con uno en especial, otros momentos. En caso contrario, esta soledad elegida se va volviendo ineludible y el desasosiego no tardará en hacerse sentir. Tener con quien escuchar música, conversar, salir, es fundamental para poder cotejar experiencias, hacer pruebas y armar un nuevo sistema de creencias.

Incluso cuando pueden comprender por qué son «traicionados» por un amigo al que quieren, pierden de algún modo la confianza en sí mismos. En ocasiones son ellos los que traicionan dejando de lado a su amigo para acercarse a un nuevo compañero de camino que sienten en ese momento más afín, o para estar con quien tiene más éxito o es más popular. Actitud propia, por lo general, de los chicos más inseguros y lábiles, que buscan mimetizarse y adoptar sucesivamente las cualidades de cada nuevo líder.

«Mi hijo se junta con gente rara»

En ocasiones son los padres quienes, sin mala intención y debido a sus propios temores o prejuicios, coartan la posibilidad de que los hijos tengan amigos, ya sea porque se niegan a aceptar a alguno de ellos por su aspecto o su clase social, o porque restringen excesivamente las salidas. El chico comienza entonces a mentir, a ocultar que sale con sus amigos, no los trae a su casa y no cuenta nada de su vida social.

Es propio del adolescente relacionarse con un mundo parecido al propio y con otro, lejano y opuesto al que conoció hasta entonces. Son formas de ir construyendo la nueva identidad social, tomando de un lado y de otro los elementos que van a constituir su nueva forma de estar en el mundo.

> ¡Nadie me saca de la cabeza que todo empezó por culpa de Lucas! No sé de qué hogar viene ese chico, ¡pero en casa no lo quiero ver más! (Stella, madre de Nahuel, 15 años).

¿Cómo reaccionar cuando tu hijo o hija llega a casa con alguien que definirías genéricamente como «raro»? No resultaría extraño que se tratase de un compañero de escuela que, al igual que tu hijo, está probando identidades. Sería conveniente que no le cerraras la puerta, ya que si lo hicieras, muy probablemente tu hijo de todas formas se encontraría con él. Y, además, terminarás negándote toda posibilidad de conocer y compartir su mundo adolescente.

Si, en cambio, las puertas de tu hogar permanecen abiertas y tu hijo puede reunirse allí con todos sus amigos, no importa cuán «raros» te parezcan, podrás escucharlos en sus intercambios y entonces comprobar si realmente esas compañías constituyen o no un peligro real para él. Y si confirmaras que en verdad es así, tendrás argumentos reales y objetivos para aconsejarle que se distancie de ellos.

> No me gustaba que Aldana se juntara con chicas de esa escuela (gente de mucho dinero, muy engreídos). Sin embargo, Florencia, Milagros, Ayelén… ¡son tan sencillas! Me parece que me dejé llevar por mis propios prejuicios… (Roxana, madre de Aldana, 16 años).

Por supuesto, antes de juzgar duramente una relación de amistad, será importante que te preguntes si tu temor o desconfianza frente a esta persona nueva no se origina en una mala experiencia tuya en torno a la amistad. Y que si ese es el caso, lograras que ese mal recuerdo no te impulse a desalentar a tu hijo en la búsqueda de nuevas y buenas amistades.

Para mantener la proximidad, es importante conocer a los amigos de tu hijo e intentar no juzgarlos. Puede ocurrir que veas a tu hijo más frágil de lo que en realidad es, que creas que cualquiera puede destruirlo o lastimarlo. Sin embargo, aun si el adolescente está con alguien verdaderamente peligroso para él, en la medida en que tenga un sistema de valores familiares que lo sostenga, podrá poner límites y acercarse sin volverse idéntico al otro.

Ten confianza en ti mismo y en la buena influencia que has sido y eres para tu hijo. Hace catorce o dieciséis años que estás sembrando, por lo que la vida del chico no va a comenzar en ese momento, cuando se encuentra cerca de alguien distinto, ni tampoco sus criterios van a ser totalmente diferentes de los que ha ido aprendiendo en casa desde pequeño.

Si la adolescencia es la etapa de maduración para la vida adulta, seguramente tu objetivo como padre o madre es educarlo para la autonomía. Ésta requiere aceptar las diferencias e integrarlas. La necesidad de tu hijo de hacer algo distinto de lo que se espera de él para así poder diferenciarse, es lo propio de esta etapa: aun cuando te resulte difícil tolerarlo, es normal que tu hijo quiera apartarse, teñirse el pelo de violeta, usar todos los días la misma camiseta negra o, simplemente, cerrar la puerta de su cuarto y permanecer largo tiempo solo.

Intimidad, secretos, el espacio personal

Los adolescentes necesitan estar solos, tener intimidad, cerrar la puerta y gozar de un espacio o un tiempo propio. También necesitan momentos de silencio y la libertad de no sentirse presionados a comentar lo que piensan o sienten sino poder guardarlo para sí mismos. Aceptar y descubrir cómo acompañar esos períodos en los que se encierran en sus cuartos, se aíslan y se retraen, resulta prioritario para no transformar el hogar en un campo de batalla.

Desarrollar la capacidad de estar solo es un recurso muy valioso para la vida futura y un signo de madurez, pero eso se logra cuando se ha podido tolerar la angustia que genera. El repliegue en sí mismo, en su mundo interior, le permite a tu hijo hacer una especie de reajuste emocional y le da tiempo para pensar en lo que le pasa y lo que sucede a su alrededor.

Que tu hijo o hija cuente con un espacio propio es fundamental. Quizás no puedas darle un cuarto para él solo, pero deberías procurarle aunque sólo sea el cajón de un ropero o del escritorio para que pueda cerrarlo con llave y sepa que nadie se entrometerá. Esto es bueno para él no sólo porque le permite constatar que lo reconoces como persona y lo respetas, sino porque él mismo debe ejercitarse en esto de «delimitarse» a sí mismo, en sostener una intimidad, en decir «yo soy» aun a través de actos pequeños pero significativos.

> Nunca pensé que verlo a Julián tocar con su grupo fuera una experiencia tan conmocionante para mí. Aunque muchas veces lo había escuchado tocar en casa, descubrí que tenía una soltura sobre el escenario que jamás hubiera imaginado. Fue como ver a alguien nuevo, diferente, que me hacía sentir muy orgullosa (Elena, madre de Julián, 20 años).

En la búsqueda de un espacio todavía más personal o como consecuencia de sus reflexiones, puede ocurrir que tu hijo o hija decida escribir un diario íntimo, versos, cuentos y novelas, y a manifestarse a través de distintas expresiones artísticas. Larga es la lista de reconocidas personalidades del arte y la cultura que comenzaron a manifestar estas inquietudes en su adolescencia. Lo característico de la adolescencia es la eclosión de recursos y capacidades propias de todo tipo. Sería excelente que en esta etapa tu hijo encuentre en ti el respeto y el estímulo para desarrollarlos.

Los ideales de un mundo mejor

Cuando se señalan los aspectos difíciles de la adolescencia, se olvida por lo general la felicidad, la generosidad, la valentía, el compromiso, el idealismo y la creatividad plenas que caracterizan también este momento de la vida.

Preocuparse y cuestionar los principios éticos, filosóficos y sociales que rigen la existencia humana, es algo propio de esta etapa. Esto incluso impulsa en ocasiones al adolescente a formularse un plan de vida muy distinto del que tenía hasta ese momento, y también lo lleva a teorizar acerca de las grandes reformas que deberían producirse en el mundo, a pergeñar ideas respecto de cómo participar en movimientos políticos y a tener genuinos deseos de salvar a la humanidad. *Desigualdad social, marginados, enfermos, polución ambiental y la destrucción del planeta* son algunos de los temas que concitan hoy el interés de los jóvenes de casi todo el mundo.

> La verdad es que me importa más o menos poco si Matías se apasiona con la conservación de las ballenas, la lucha contra el sida o la colecta para los niños pobres. Lo que me emociona inmensamente es ver que tiene la capacidad de apasionarse por lo que considera bueno y justo (Juan Carlos, padre de Matías, 18 años).

En ocasiones, los adultos sonríen frente a formulaciones más o menos grandilocuentes respecto de problemas trascendentales. Esta es una manera de subestimar a los jóvenes que poco les aporta a ellos y a nosotros como adultos. Porque este ejercicio teórico que realiza el adolescente le permite pensar y diseñar alternativas de acción respecto de asuntos a los que se verá enfrentado en un futuro próximo o lejano: el amor, la libertad, el matrimonio, la paternidad, la educación, la política y la religión. Por eso, en rigor, estamos asistiendo al nacimiento de nuevos ideales y a la adquisición de la capacidad de lucha para conseguirlos; tal vez, los frutos más valiosos y duraderos de la adolescencia.

Amigos, modelos e ideales

En esta etapa, resultan fundamentales para tu hijo tanto tu estímulo como el de su entorno. En la medida en que lo alientes a reflexionar sobre sus convicciones y sus acciones, el podrá encarar sus creencias cada vez con mayor responsabilidad y compromiso: si, en cambio, subestimas sus intenciones, perderá la confianza en sí mismo y, con ella, la capacidad de hacerse cargo de sus decisiones.

Es muy probable que sus posiciones ideológicas sean confusas y/o contradictorias, ya que en esta etapa el adolescente suele saber más lo que no quiere que lo que quiere ser y hacer de sí mismo. No obstante, es valiosísimo ayudarlo a que pueda profundizar en este ejercicio de toma de partido reflexiva y de actuar de forma coherente con la misma.

La tendencia mística y las crisis religiosas

Las preocupaciones metafísicas que a veces tiene el adolescente lo llevan en ocasiones a vivir crisis religiosas que no son un mero reflejo caprichoso de lo místico, como suelen parecer a los ojos de los adultos, sino intentos de encontrar respuestas a temas como la muerte o el sentido de la vida, que se le revelan a esta edad con mucho más realismo.

> Hasta ahora cumplí con un montón de ritos religiosos... el Barmitzva, ir al templo los viernes... son costumbres, pero nunca nadie me habló de lo que significan estas fechas, ni se me ocurre con quién hablarlo... (Daniel, 14 años).

> ¡Difícil vivir en este sitio sin oler incienso desde que estás en la cuna! Que el bautizo, que las misas, que las pascuas y las navidades... Me gustaría decirles a todos "si sois tan piadosos, ¿por qué os comportáis como lo hacéis? (Marcos, 14 años).

Tu hijo se pregunta quién es, qué es, para qué está en este mundo, para luego intentar una respuesta más o menos adecuada a estas preguntas e interrogarse acerca de qué hacer con él y con lo que se supone que es. Duda, cavila. Más que el tomar una decisión, le interesa la búsqueda.

La figura de una divinidad de cualquier tipo de religión puede representar para él una salida mágica a sus preocupaciones. También puede significar encontrar el sentido de la vida, aunque sea provisoriamente. Es común observar que un mismo chico pasa por períodos místicos o por períodos de un ateísmo absoluto, como situaciones extremas. Por supuesto que, entre ellas, hay una gran variedad de posiciones religiosas y cambios muy frecuentes. Esto concuerda con toda la situación fluctuante de su mundo interno, al cual nos estamos refiriendo.

Lo cierto es que en esta etapa aparece la necesidad de encontrar respuestas a las preguntas acerca de la trascendencia del ser humano. Es probable que todos los cuestionamientos que se haga y las resoluciones que encuentre sean provisorias, pero le servirán de todos modos para revisar las ideas que le han sido transmitidas y luego poder adoptar, como en todos los campos, posiciones más personales.

Educar para la libertad

Sería conveniente que, como padre o madre, pusieras el énfasis suficiente en educar a tu hijo para ser libre. Esto implica transmitirle que muchas veces se vuelve inevitable oponerse a la mayoría para respetar la propia individualidad y los propios valores; y también que es importante no vivir pendiente únicamente de la imagen externa, del «qué dirán».

> Cuando empezaron a ofrecernos porros la cosa se me puso difícil. Me daba miedo que me tomaran por cobarde, por «nena de mamá», que mis amigos me dejaran de lado, que mis viejos se enteraran, que me hiciera adicta, que me perdiera de vivir algo «alucinante»... Había mil razones para el «sí» y mil razones para el «no». Y la verdad es que todavía no tengo claro si hice lo que hice porque así lo deseaba o por alguno de estos miedos (Macarena, 17 años).

Quizás sea ésta la herramienta más importante que puedas transmitirle a tu hijo para encarar su proceso adolescente y constituirse en un adulto responsable: *valorar su independencia de criterio y estimularlo para que elabore reflexivamente opiniones propias*. Esto se vincula profundamente con el tema de las relaciones grupales y la típica rebeldía adolescente, pues educarlo y trasmitirle el valor de sostener opiniones independientes probablemente sea la forma más segura de prevenir que tu hijo incurra en conductas que consideras equivocadas o peligrosas.

Por supuesto, el proceso puede no ser fácil para ti, ya que implica que tú también debas aceptar el disenso de tu hijo respecto de tus propias ideas y creencias. Pero debes confiar en que el diálogo y el intercambio entre tú y tu hijo siempre redundará en el enriquecimiento y consolidación del vínculo entre ustedes dos.

Líderes y modelos

En el fenómeno grupal el adolescente suele buscar un líder al cual seguir, o erigirse él mismo en líder. En ocasiones puede tratarse de un líder que lo politiza y que de algún modo reemplaza a las figuras paternas de las que está buscando separarse.

Como parte del mismo proceso, también suele elegir a determinados personajes o personas como modelos, o se adhiere a un ideal para confrontar sus teorías políticas y sociales, embanderándose y defendiendo sus creencias, lo que explica y da al fenómeno de la militancia juvenil.

Los ideales con los que tu hijo se identifica suelen ser comunes a su grupo de amigos. Las personas elegidas como modelos probablemente sean más valoradas por lo que representan que por lo que realmente son. Varones y mujeres de edades similares suelen decidir en conjunto la ideología a la cuál se adherirán o quién es la persona con la que se identificarán, al menos, por un tiempo. Por supuesto, esto también es convenientemente explotado por las empresas de la moda o del mundo artístico, que con el fin de vender sus productos, ofrecen una imagen seductora de cantantes, modelos, grupos de rock, actores y deportistas.

> Pocas cosas hablan más de un adolescente que las paredes de su cuarto: allí está el «santuario» de sus dioses (Esteban, docente de escuela secundaria).

Estos ídolos de masas han sucedido a los héroes de ayer. Así, héroes e ídolos constituyen sus compañeros en el juego de roles e identidades en que está envuelto tu hijo o hija, donde lo imaginario desplaza a la realidad. También puede ocurrir que tu hijo busque estos modelos en personas más cercanas como profesores, compañeros mayores y amigos íntimos.

Los modelos de hoy suelen ser cuestionados por los adultos, que acusan a los jóvenes de carecer de entusiasmo e ideales, de mostrarse indiferentes y de no tomar posición en temas políticos. Consideramos que este cuestionamiento no deja de ser, en ocasiones, paradójico: ¡cuánto escepticismo, decepción o indiferencia encontramos frecuentemente en las opiniones de los adultos! Quizás una buena pregunta para que te formules a ti mismo es qué expectativas e inquietudes transmites a tu hijo.

Con relación a este tema, los adolescentes de hoy parecen encarar su adhesión a los modelos de una forma muy interesante: a menudo parecen manifestar con sus elecciones que pueden comprar los discos de sus ídolos o aplaudir a sus estrellas del deporte, sin por eso estar de acuerdo con ellos en todo. No los elevan a la categoría de dioses o maestros, sino que los admiran por lo que representan. ¿No crees que es una forma inteligente de valorar?

La magia de la noche

La noche fascina a los jóvenes. Apropiarse de ella, quedarse leyendo, escuchando la radio, hablando o escribiendo hasta altas horas de la madrugada, o caminar por las calles o bailar en una discoteca hasta que el sol asoma, son actividades que despiertan el interés de casi todos los chicos. La noche supone secretos. Secretos que sólo pueden ser compartidos entre ellos, mientras los adultos «se pierden la vida» durmiendo.

Quizás te angusties por estas conductas, ya que a veces comprometen el rendimiento escolar y cuando son puertas afuera suponen un nivel de riesgo: el de que tu hijo circule cuando está oscuro exponiéndose a toda clase de peligros, que beba de más, que pierda el control. Qué hay de atractivo en «la noche» es algo que tal vez preguntes frecuentemente a tu hijo, aunque su repuesta probablemente no te satisfaga. Pero para sentir que puedes de algún modo tener controlada la situación, tendrás que fijar reglas y límites, que impliquen consecuencias en caso de no ser respetados. Y ser –valga la redundancia– tú también absolutamente consecuente con el cumplimiento de esas consecuencias que tú mismo has fijado.

> Papá me hincha cada vez que salgo de noche. Está bien que quiera cuidarme, pero tendría que confiar un poco más en mi criterio para saber dónde meterme y dónde no (Juan, 17 años).

> Cada vez que salgo por la noche, mi madre me la monta pesada. Que "telefonéame", que "mira dónde entras", que "fíjate lo que bebes" y así. Que lo diga una vez, vale; pero mil… ¿No comprende que, cuando más cargante se pone, menos le escucho? (Elisa, 16 años).

En cuanto a normas de seguridad, desplazamientos y horarios, sabrás qué puedes conceder y qué no, de qué modo te sientes tranquilo o crees al menos que puedes maniobrar con la situación. Ante la pregunta indignada de tu hijo sobre qué tiene de malo salir a las dos de la madrugada, resulta ineficaz tu prohibición; pero no los límites. Permanecer inerme o resignado, no parece ser la actitud más adecuada cuando hay que fijar criterios. ¿Qué pasa cuando tú dices «No» y no hay acuerdo con tu hijo? Habrá que intentar negociar, buscar recursos, y ponerse muy firme si es necesario.

> ¿Qué les impide bailar, pasear o ir a una fiesta en un horario más razonable? Mientras Adela sea menor de edad no pienso ceder en esto de las salidas nocturnas (Roberto, padre de Adela, 17 años).

También sería conveniente que te asomaras a esa noche a la que acude tu hijo –cuando se trata de discotecas o bares– para poder ver qué sucede realmente en esos ámbitos y no alimentar fantasías.

La adolescencia puede ser un período muy rico si se deja asumir al joven sus responsabilidades, sin coartar su desarrollo. Pero no coartarlo no quiere decir que apruebes todo lo que tu hijo propone. Hay cosas que a ti pueden disgustarte, pero que si no suponen un riesgo para tu hijo, sería deseable que las permitieses. Porque en una relación de confianza, el disenso sigue siendo un derecho de ambas partes.

Para eso tu hijo debería tener en claro que la confianza y los permisos se van ganando con tiempo, con pruebas, con esfuerzo. Tendrá que hablar contigo, explicar qué quiere, por qué lo quiere y negociar cuando se pueda. Y tú también tendrás que hacerlo siempre que resulte necesario para la seguridad y el crecimiento de ambos.

El mapa social

Hace tres o cuatro décadas atrás, el mundo estaba signado por fuertes convicciones, por la idea de futuro y de progreso, mientras que el signo del cambio de milenio pareciera ser el escepticismo, la incertidumbre, la pérdida de referentes y utopías, y también el desinterés por lo político y lo comunitario.

A diferencia de los jóvenes de los años sesenta y setenta que vivían en una sociedad industrial, en la que el desempleo no era una amenaza y había una movilidad social ascendente, propiciada especialmente por la educación, los chicos de hoy viven la tensión entre la promesa de integración consumista y la carrera por el éxito, por un lado, y la realidad de la exclusión social, por el otro. ¿Cómo esperar que no sean escépticos?

El proceso de la adolescencia no depende sólo de tu propio hijo; está muy vinculado con lo que pasa en tu familia, como primera expresión de la sociedad, y con la sociedad misma. Porque toda adolescencia lleva, además del sello individual, el sello del medio cultural, socioeconómico e histórico en el cual se desarrolla.

El joven, con su energía, desea por lo general –aunque a veces sólo en el plano de las ideas– modificar la sociedad en la que vive. Sin embargo, en sociedades industrializadas como las nuestras el chico se encuentra con la dura evidencia de que, a pesar de que teóricamente las posibilidades para el ser humano son enormes, casi todo les está negado a los jóvenes, a quienes se les dificulta el acceder a una ocupación remunerada o tener una participación social útil a la comunidad. A esto se suma una sociedad difícil e inexorable también para los adultos, que viven presos de la inquietud y la inestabilidad, lo que torna poco atractiva la idea de crecer.

Al evaluar las aspiraciones o metas de vida de los jóvenes se pone de manifiesto, por ejemplo, que ellos perciben que la sociedad prioriza para valorar a las personas tanto el poder económico como el poder social. Esto es: el dinero, el poder, el estatus, las apariencias, la fama. En cambio, lo que los jóvenes dicen valorar más en una persona es la solidaridad, la inteligencia y la capacidad. Es por eso que manifiestan un marcado desacuerdo con que la única manera de medir el éxito sea el dinero. Desgraciadamente hoy los adultos muestran a los jóvenes con mucha frecuencia valores sólo materialistas, y no valores que afirman cierto ideal en el trabajo, altruismo o solidaridad.

> Termina el bachillerato y mis padres me dan la lata con que elija la universidad, como si una profesión te asegurara la pasta. Que se lo cuenten a mi tío: ¡médico y sin una pela! (Gabriel, 17 años).

¿Qué le dices cotidianamente a tu hijo sobre este mundo? Recuerda que, como padre o madre, tú le hablas a tu hijo todos los días, no sólo con palabras sino también con tus acciones y que, probablemente, éstas últimas sean mucho más elocuentes para él que mil discursos. Sería valioso que examinaras si lo que dices es coherente con lo que haces, y si tanto tus dichos como tus acciones expresan lo que realmente deseas transmitir como mensaje de valor a tu hijo. Y también, por supuesto, que estuvieras a su lado, para acompañarlo y apoyarlo, cuando las circunstancias sociales que le toquen vivir pudieran desalentarlo.

6. La escuela, la vocación, el trabajo: el futuro

En la actualidad hablar de *futuro* equivale a hablar de falta de certezas, de movilidad, de cambios. Cambios que no siempre son deseados y que muchas veces, por la velocidad a la que se suceden, dejan a muchas personas desconcertadas, presentando serias dificultades para adaptarse o en los márgenes del sistema.

Pensar en el futuro debería suponer para un chico imaginarse terminando el colegio y encarando una carrera universitaria para luego trabajar, o directamente ingresando en el mundo del trabajo. Sin embargo, aquello que hace algunas décadas era natural, hoy ya no lo es tanto. Habrá quienes sí puedan cumplir este destino, mientras que otros posiblemente se desvíen ante problemas escolares, o padezcan dificultades y frustraciones a la hora de conseguir un empleo.

A las nuevas condiciones socioeconómicas que rigen el mundo, a la falta de alternativas laborales, a la consabida escasez de modelos que funcionen como ejemplos a emular, se suma un sistema educativo acusado de deficiente, de no preparar para el mundo del trabajo, de enseñar cosas inútiles y aburridas, y que pareciera no ser capaz de retener y brindar oportunidades a los jóvenes.

Sin duda, el problema es altamente complejo y más allá de las diferentes posturas respecto de las transformaciones que deberían producirse, resultaría conveniente que reflexionaras sobre los recursos disponibles (esta escuela, esta universidad, este mercado laboral) e intentaras poner al alcance de tu hijo aquellas herramientas que percibas útiles para su desarrollo futuro.

«La escuela le está costando mucho...»

> En el cole estoy fatal, pero no me importa. Me tienen sin cuidado las calificaciones, los profes y toda la lata. Aborrezco que mis padres se pongan cargantes, me echen el sermón o me amenacen con sus castigos. Si fuera el niño estudioso que ellos soñaron, de seguro me soltarían el rollo por alguna otra cosa; así que prefiero vivir a mi aire... (Fabio, 16 años).

Lo que ha sido llamado por diversos autores «fracaso escolar» describe a los adolescentes que no han completado el ciclo básico, aunque también entran en este grupo los repetidores, que año tras año se llevan materias y repiten varios cursos hasta que, finalmente, abandonan la escuela.

Si bien los índices de escolarización en los países industrializados han aumentado, también han aumentado los índices de jóvenes que fracasan o se encuentran marginados antes de haber terminado su escolaridad obligatoria. En efecto, un porcentaje notable de adolescentes, generalmente perteneciente a las clases sociales más desfavorecidas, no continúa sus estudios más allá del ciclo básico, o los abandona sin haber alcanzado ninguna calificación.

Los estudiosos del tema coinciden actualmente en sostener que el fracaso escolar obedece a tres clases de factores: sociológico, psicológico y pedagógico. Es habitual que estos factores se entrecrucen, por lo que para comprender las causas de los fracasos escolares hay que atender su interacción y sus efectos independientes.

Como *causas sociológicas* se designan aquellas vinculadas con la pobreza: malas condiciones de vida que hacen que los chicos de clases sociales inferiores sean más susceptibles de tener problemas escolares y que estén en desventaja para el desarrollo de sus aptitudes intelectuales. También la actitud de los padres hacia la escuela y el interés que evidencien por la educación resultan importantes en el desempeño de los hijos.

Los *factores psicológicos* se relacionan con la seguridad del adolescente, la estabilidad de su familia, sus aptitudes mentales, su capacidad de atención y concentración, el estímulo a su desempeño y los límites a sus conductas negativas. Muchas veces los problemas escolares aparecen como emergente de dificultades personales o familiares.

La tercera cuestión está ligada *al sistema educativo en general y la escuela en particular.* Desde cómo se califica en el colegio, cuál es la organización de las tareas, qué relaciones se establecen entre docentes y alumnos, hasta aspectos disciplinarios y curriculares.

Lo que hasta aquí hemos reseñado son los factores que estadísticamente más influyen en el rendimiento escolar. Es importante que como madre o padre de un adolescente puedas valerte de esta información para encarar las dificultades escolares; pero no debes olvidar que el peso específico de cada uno de estos factores sólo podrá evaluarse teniendo en cuenta la situación particular de tu hijo.

También es conveniente que recuerdes que en ocasiones las dificultades con el estudio, como otras crisis propias del proceso adolescente, no necesariamente marcan un problema que signará irremediablemente el futuro de tu hijo. Muchas veces se trata de épocas difíciles para él, que con ayuda y tiempo se irán revirtiendo. En este sentido sería conveniente que pudieras recuperar de tu propia experiencia o de la de tus contemporáneos el recuerdo de momentos difíciles que, una vez superados, no fueron obstáculo para un desempeño académico satisfactorio.

¿Para qué estudiar?

> Yo al colegio voy porque me obligan, pero ahora empecé a darme cuenta de que tengo que hacerlo por mí y no por mis padres (Ernesto, 17 años).

> Hay que independizar el ir al colegio de los estados de ánimo, de lo que le pasa al cuerpo... Estudiar e ir al colegio tienen que funcionar en automático (Bettina, 16 años).

> El bachillerato es una lata, pero le echo para adelante pues me apetecería ser arquitecta (Elvira, 17 años).

Muchos chicos van a la escuela porque hay que ir, porque los mandan, sin ninguna motivación personal. Quieren estar con sus compañeros mientras esperan que todo pase lo más rápidamente posible, haciendo el mínimo esfuerzo por permanecer allí. Otros estudian y se esmeran, disfrutan de algunas materias, aunque suelen sentir que eso que aprenden no les servirá para nada, que no tiene el nivel de actualización suficiente como para ser aplicado posteriormente. Y hay quienes fracasan en el intento y, después de un tiempo, abandonan la escuela o quedan fuera de ella.

Estas tres actitudes revelan en todos los casos desesperanza y ausencia de objetivos. El colegio es visto como una obligación inútil, un tránsito que hay que pasar, o un compás de espera ante un afuera hostil. Sin embargo, casi todos los adolescentes entienden que tienen que estudiar para tener alguna posibilidad de vivir en el mundo, de acuerdo con los actuales parámetros, aunque al mismo tiempo les cuesta aceptarlo y llevarlo a la práctica porque no están seguros de querer incorporarse al mundo tal como está.

Desde tu lugar de padre, seguramente esperas que la escuela motive a tu hijo, que lo entusiasme y estimule para el aprendizaje. Pero aun cuando esto funcione, no libera a los adolescentes de la angustia o las dificultades al no saber bien por qué o para qué estudian lo que estudian. No se trata sólo de las materias en sí, de los programas, que también son cuestionados, sino del modo en que se transmiten esos conocimientos y su vinculación con los proyectos personales de los jóvenes.

Independientemente de las estrategias que pongan en práctica los docentes, sería conveniente que reflexionaras sobre cuáles son tus expectativas y cuáles son los mensajes explícitos o implícitos que transmites a tu hijo.

No es poco frecuente que los padres presenten a la escuela frente a sus hijos como el equivalente de un empleo para los adultos. Y si lo que percibe tu hijo es una vivencia del trabajo como actividad meramente *cansadora*, como una suerte de «castigo bíblico», será más o menos natural que él aborde su vida escolar de manera similar.

Es preciso recordar que los adolescentes no sólo aprenden de lo que se les dice sino también de lo que se hace frente a ellos. Destacar qué encuentras de placentero en tu propio empleo (sensación de ser útil, realización vocacional, lugar de intercambio social, etc.) también podrá ayudarlo a revalorizar su relación con la escuela.

Entendemos que es muy difícil sostener hoy el discurso que recibieron las generaciones pasadas, a quienes se nos «vendió» la escuela como una suerte de pasaporte seguro hacia la promoción social. En tiempos donde la falta de certezas, el cambio constante y la rápida obsolescencia del conocimiento parecen ser la nota característica, sólo nos resta afirmar que es el estudio el que aumenta las probabilidades de una exitosa inserción laboral acorde con las inclinaciones vocacionales. Transmitir con convicción el valor de esta apuesta es, quizás, uno de los desafíos más importantes que, como padre o madre, debes enfrentar hoy.

¿Qué esperar de la escuela?

Una de las acepciones de la palabra *educación* tiene que ver con «sacar de adentro», «hacer surgir», despertar, provocar, favorecer la autonomía del pensamiento. Pero se necesita de una persona experta para incentivar el desarrollo de este potencial. El profesor a cargo de la clase tendría que ser un «maestro», un guía cuya participación no debería restringirse a dar la materia sino también a ayudar a los alumnos a abrir puertas, a ampliar sus horizontes y a poder dialogar con la incertidumbre, que finalmente es el gran tema cuando se trata de aprender a conocer y pensar.

En cuanto a qué debe enseñar la escuela, es necesario tener en cuenta que para muchos chicos ésta será posiblemente la única oportunidad que tendrán de acercarse a temas como historia, música, filosofía o literatura, lo que les permitirá descubrir cosas de sí mismos y del mundo en el que viven, todo lo cual ya reviste en sí mismo una importancia capital.

Sin embargo, es corriente que muchas asignaturas escolares sean cuestionadas porque «no sirven» a ningún propósito en particular. Esta visión utilitaria de la educación minimiza el hecho de que el desarrollo del intelecto humano depende de numerosos factores, no siempre obvios. La creatividad o la capacidad de resolución de problemas, por poner sólo algunos ejemplos, son muchas veces el resultado de una multiplicidad de aprendizajes diversos que sin duda preparan para enfrentarse al mundo del trabajo.

En la actualidad se le pide también a la escuela que sea una puerta abierta para las nuevas tecnologías y que la computación se implemente en todas las materias. Muchos interpretan el interés de los jóvenes frente a la computadora como señal de que es el modo indicado para que accedan al conocimiento. Sin embargo, pasear por la realidad virtual no necesariamente implica aprovechar lo que ésta puede dar. Un adolescente puede pasar horas navegando en Internet, explorando sitios de cómics o videojuegos, ignorando por completo las enciclopedias virtuales, los sitios de literatura o los foros de algún tema interesante. ¿Quién va a conseguir, entonces, que ese chico se interese por la literatura o la física? No la computadora, por cierto, sino un trabajo docente cuidadoso.

Pensar que la tecnología resolverá los problemas de la educación es en principio arriesgado. Claro que todos los chicos deberían saber manejar una computadora, pero como herramienta polifuncional, no pensando que la máquina resultará motivadora por sí misma. La motivación, el interés, la necesidad de aprender deben estar primero.

Para los especialistas, es más difícil enseñar y aprender a leer bien que enseñar y aprender a usar un programa de juegos de computación. Comparativamente, respecto de los buenos resultados, resulta irrelevante la cantidad de computadoras que hay en una escuela, al tiempo que sí resulta esencial la abundancia de buenos maestros.

Es frecuente que los jóvenes se quejen de que el colegio es aburrido, de que estudiar es aburrido. Hay una suerte de imperativo social de que la escuela debe divertir, entretener. Trabajar todos los días, en horas prefijadas, no resulta divertido aunque por momentos pueda serlo. Levantarse todas las mañanas y cumplir una rutina de lavado de dientes, baño, vestirse, no es divertido. La diversión no es ni tiene por qué ser el centro de la vida de las personas. La escuela tiene otros objetivos, más profundos, que los de «pasar el rato».

Respuestas al fracaso escolar

Un importante porcentaje de adolescentes sale de la escuela sin una preparación específica, y muchos de ellos abandonan la escolaridad obligatoria con la sensación de no haber tenido ningún éxito. Para intentar revertir esa tendencia, es preciso tomar medidas, tanto del orden social, como psicológico y pedagógico.

A *nivel social*, los especialistas tienen claro que hay que ayudar a aquellos jóvenes que, como consecuencia de su origen y de las condiciones socioeconómicas en que viven, tienen imposibilitado el acceso a la escolaridad media o presentan dificultades de integración.

En cuanto al *aspecto psicológico,* se ha comprobado que las problemáticas escolares merman cuando el adolescente cuenta con apoyo personal y afectivo de parte de los adultos. En este sentido, tu rol de padre o madre exige que te involucres en la solución de la problemática e, incluso, busques en la escuela el apoyo profesional de profesores, preceptores o psicopedagogos.

> Con las notas que tengo, lo más probable es que este año me lleve todas las materias y que repita. Mis viejos se enojan pero no hacen nada. En la escuela tampoco hacen nada. En realidad, a nadie le importa si me va bien o mal (Federico, 15 años).

> Estoy desesperada. No sé cómo ayudar a Fede. Cuando trajo el último boletín, el promedio general no llegaba a 3. Fui al colegio, pero me dicen que lo único que pueden hacer es hablar informalmente con él, ya que el gabinete psicopedagógico funciona sólo para los chicos de primero y segundo año. Consulté con profesionales que atienden de manera privada pero no tengo dinero para costear el tratamiento. ¿No se dan cuenta de que él está en crisis y que necesita no sólo nuestro apoyo sino también el de la escuela? (Liliana, mamá de Federico).

En muchos colegios secundarios funcionan gabinetes de profesionales que brindan asesoramiento y orientación a los adolescentes que tienen problemas y a sus padres, una práctica que debería extenderse. Una orientación adecuada a tiempo o el tener con quién conversar puede ayudar a tu hijo a enfrentar el conflicto y comenzar a funcionar de manera diferente.

Como padre o madre, valorar los éxitos, las aptitudes, las habilidades, las buenas respuestas, en lugar de centrarte en los fracasos y las malas conductas, ayudará a fortalecer la autoestima de tu hijo. Pensar que un chico que es brillante en música y en biología pero que no destaca en lengua e historia, tiene problemas escolares es tan errado como pensar que una escolaridad exitosa está representada por un chico que alcanza notas altas en todas las disciplinas.

Puede que en el primer caso el chico sepa lo que le gusta y ponga en eso toda su dedicación, mientras que en el segundo tal vez se trate de méritos propios y una buena capacidad, o la consecuencia de una alta exigencia, más allá de lo que le guste hacer.

Orientarlo para que encuentre sus intereses y proveerlo de algunos conocimientos prácticos para encarar la vida diaria deberían ser metas de la escuela, así como enseñarles que siempre se puede cambiar, que siempre hay posibilidades de modificar el rumbo. Si se estimula a los chicos a cumplir con determinados objetivos dejando que hagan su aporte, que busquen sus recursos, que sean creativos y encuentren su modo particular de hacerlo, es probable que hagan un voto de confianza y transformen cualquier tarea en un desafío personal. La motivación para seguir adelante y aprender debería tener otro asidero que el temor a no aprobar un examen.

En definitiva, se trata de pensar la educación de una manera global, ya que es una experiencia social, de relación con los otros, y también el descubrimiento de habilidades, aptitudes y limitaciones individuales.

La búsqueda de la vocación

Cuando mis viejos me hinchan para que estudie algo, yo pienso... ¿para qué? ¿Para ser como ellos, que estudiaron como locos y ahora se pasan todo el día trabajando y corriendo para tapar agujeros? ¿De qué les sirvió estudiar tanto si, con lo que ganan, ni siquiera les alcanza para tomarse vacaciones? (Anita, 17 años).

Nada me place más en la vida que dibujar. Mi madre siempre me alentó; incluso se las arregló para que pudiera tomar lecciones con un buen maestro. Pero pronto terminaré el bachillerato y no decido qué hacer. Desde el divorcio, mi padre no le ha dado ni un duro a mi madre para mantener a mis hermanitos y a mí. No tengo dudas de que el arte es lo que me apetece; pero ¿podré ganarme la vida como artista? Mamá dice que la pasta no lo es todo, pero yo no sé qué hacer (Violeta, 16 años).

Uno de los aspectos más difíciles en la vida del adolescente es encontrar y decidir qué le gusta, qué quiere estudiar, qué quiere hacer. En ocasiones, si bien saben lo que les gusta, se encuentran con la desconfianza de los padres que encuentran «improductiva» o «riesgosa» la carrera que al chico le interesa.

Oficios vinculados al arte, aún hoy, en el nuevo milenio, generan reservas entre los adultos, sobre todo cuando los piensan solamente como actividades lucrativas. Lo mismo sucede con profesiones como la de productor musical, vestuarista, o diseñador de páginas web, por dar algunos ejemplos de ocupaciones «modernas» y difíciles de comprender para los padres.

A estas dificultades se suma la falta de referentes sociales, de personalidades admiradas. Para encontrar tu vocación, ya sea una profesión o un oficio, seguramente miraste a alguien; quisiste parecerte a ese veterinario del barrio, a ese periodista de la radio, o te bastó con admirar a tus propios padres. El reemplazo de esos modelos, de esa gente apasionada por su tarea o de esos trabajadores que gracias a su esfuerzo cotidiano habían conseguido tener lo que tenían, son hoy los futbolistas, modelos, cantantes y personajes de la televisión, que habitualmente accedieron al dinero y a la fama en forma meteórica.

¿Cómo explicar entonces a tu hijo el valor del trabajo? ¿Cómo alentarlo a seguir una carrera o esforzarse en su tarea cuando no hay ninguna certeza de que pueda alcanzar sus objetivos?

En principio, acompañándolo en un reordenamiento de los valores. Ponerse como metas alcanzar notoriedad y ganancias económicas con facilidad, midiendo los resultados sólo con esos parámetros, aleja a tu hijo de la necesaria utopía de buscar lo que de verdad le gusta.

Alentarlo en la búsqueda y el encuentro con una pasión, con un interés, con un proyecto, resulta entonces prioritario. Tu hijo ya sabe que esto quizás no le asegurará un porvenir a la usanza de sus abuelos, pero sí le servirá como anclaje con la vida, para darle un sentido a su existencia y sentirse conforme consigo mismo. Y además, seguramente lo llevará a destacarse en lo que haya elegido porque se convertirá en un camino donde podrá poner el corazón.

Se estima que alguien que hoy obtiene un título universitario cambiará de carrera seis veces durante su vida profesional, por lo que también habría que ayudar a los jóvenes a ser flexibles y a imaginar su adaptación al nuevo escenario. El desarrollo de habilidades, de oficios, y no sólo de carreras, es algo que habría que alentar para diversificar sus posibilidades de insertarse en el mundo del trabajo.

Sin embargo, más allá de tus aspiraciones personales respecto de un buen futuro para tu hijo, sería importante que tuvieras presente que pocas veces es posible sostener el esfuerzo que significa estudiar una carrera universitaria si no existe en el estudiante una verdadera vocación por lo elegido. No alcanzan ni el deseo, ni el entusiasmo ni la convicción paterna sobre la conveniencia de la elección.

Revisa tu propia experiencia, no sólo laboral sino también vocacional, y probablemente descubrirás que, tan importante como escuchar lo que tu hijo o hija desea, es ayudarlo a escucharse a sí mismo: tal vez sea éste el aporte más valioso que, como padre o madre, puedas hacer al crecimiento de tu hijo adolescente.

¿Qué buscan las empresas?

Los requerimientos de las empresas respecto de los niveles de educación de sus empleados han sufrido importantes modificaciones. La mayoría de las compañías ha hecho una reestructuración interna que dejó fuera a mucha gente que no tenía estudios. En la actualidad casi ninguna empresa incorpora trabajadores que no tengan terminados sus estudios secundarios, y sólo mantienen al personal con estudios primarios que haya ingresado con anterioridad. De ahí que quienes tienen educación secundaria completa alcancen una tasa de actividad sensiblemente mayor y una de desocupación muy inferior a la de aquellos otros que no han completado ese nivel educativo.

Queda claro, en consecuencia, que en el mercado del trabajo no todos los jóvenes tienen las mismas oportunidades. Los más desfavorecidos son los socialmente postergados, los que no tienen formación y que cuando logran ocupar un puesto es para una tarea no calificada y por lo mismo mal pagada, que los mantiene en una situación de vulnerabilidad que se agrava paso a paso.

En cuanto a los que tienen estudios secundarios, podría decirse que para las empresas es fundamental que el joven aspirante sepa manejar una computadora y tener conocimientos básicos de inglés.

A los que son estudiantes universitarios o ya están graduados y que se postulan para puestos de más jerarquía, se les exige que estas nociones sean más que básicas, además de conocimientos específicos en alguna área en particular, experiencia, y sobre todo aptitudes que tienen que ver con lo actitudinal y que no dependen exclusivamente de lo aprendido en la universidad, como por ejemplo: capacidad de adaptación a los cambios, flexibilidad, tener una visión global del «negocio» o la empresa, mantener una interrelación con otros sectores, ser sociable y poder discernir lo que es relevante de lo que no lo es.

Escuela y trabajo: prepararse para trabajar

En la actualidad, «trabajo» es cada día más sinónimo de «creación de conocimiento». El trabajo equivale a aprender, a transmitir y producir conocimiento. Y también es asimilable a «cambio», ya que hoy los procesos productivos se modifican a diario y prácticamente no existen los puestos de por vida: se calcula que hoy un chico que sale de la universidad va a tener no menos de siete empleos durante toda su existencia.

Esta nueva naturaleza del trabajo, sumada a la incorporación de nuevas tecnologías que vuelven obsoleta la mano de obra, pone de manifiesto la necesidad de que el sistema educativo ofrezca al adolescente todas las herramientas para acceder a un empleo y también que se modernice, de modo que el proceso de capacitación sea permanente. Requiere nuevos programas de educación y reeducación laboral.

Sin embargo y pese a que el problema central de los jóvenes es el empleo (la tasa de desocupación en la franja de personas que tienen entre 15 y 29 años es en promedio superior a la tasa media de desempleo si se toma la población económicamente activa en su conjunto), ya hemos dicho que no puede pensarse en educarlos teniendo en cuenta sólo el trabajo y en darles conocimientos que les sirvan exclusivamente para ese fin. Poner a la educación en términos de rendimiento económico, de enseñarles sólo lo práctico o «necesario», en vez de ampliar sus posibilidades, las reduce. Mencionamos antes la importancia de la diversidad de conocimientos, de ser flexibles a los cambios, y esto puede darse entre quienes saben mucho o bastante de algo, y un poco de todo.

«¿Para qué le sirve a un chico que quiere estudiar administración de empresas conocer la obra de Picasso o saber ubicar los ríos de Canadá?», se preguntan algunos adultos. Aun pensando esta pregunta exclusivamente desde los requerimientos del mercado de trabajo, podríamos decir que es difícil entrenar en la curiosidad, en la inquietud y en la innovación a quien se acostumbró a interesarse sólo por aquello que, de antemano, sabe probadamente que «sirve». Ser curioso, innovador, inquieto, no es algo que se despierte y desarrolle en el vacío, sino experimentando con saberes variados. Más allá entonces del placer estético, del enriquecimiento personal de conocer algo nuevo (todo lo cual ya es valioso en sí mismo), en un mundo globalizado como el que vivimos se vuelve imprescindible saber, conocer, y también capacitarse. La escuela tiene que ofrecer en consecuencia un saber variado: artístico, técnico, científico y humanístico, y la posibilidad de usarlo con sentido.

En cuanto a la preparación específica para el trabajo, tal vez un modo eficaz de darles a los chicos un entrenamiento práctico debería incluir cómo manejarse en una entrevista laboral, cómo armar un currículum o cómo interpretar los avisos de búsqueda de personal.

Y destacar en este punto otra vez que es importante tener disciplina y desarrollar la tolerancia a la rutina y el respeto por las normas. Esto es tan necesario para poder integrarse al mundo del trabajo como la experiencia y los estudios. Pensar en el trabajo como un ámbito sólo de creación y variedad es ficticio, incluso cuando se piensa en disciplinas vinculadas al arte, el cine o la literatura.

La educación es la línea de corte que verdaderamente divide al planeta. Y hay que pensarla como la oportunidad de ampliar horizontes, porque esa capacidad de ver «más allá», esa visión global antes mencionada es y será muy requerida en el futuro. A tal punto es así que en la actualidad las elecciones de las empresas internacionales para puestos directivos no están orientadas solamente a graduados en ingeniería o en administración de empresas, sino también a aquellos que tienen formación humanística y una mayor capacidad de comprender e interpretar los fenómenos de cambio que se están produciendo en las sociedades.

7. Trastornos psicológicos graves: depresión, ideas de muerte y suicidio

Cualquier persona que haya vivido y no sólo «pasado» por la adolescencia, sabe de los terremotos internos que se producen en este tiempo de re-creación. Por lo mismo, es muy frecuente que esta etapa esté signada por los cambios repentinos de humor, entre extremos de euforia y desaliento, y que abunden las sensaciones de un poder infinito para realizar los proyectos, sucedidas por períodos de una gran inseguridad en los recursos que se poseen.

En este contexto cambiante e intenso, se torna imprescindible aprender a distinguir cuándo el estado anímico del adolescente está reflejando el trabajo de ajuste propio de los desafíos que le impone el momento, y cuándo se trata de un trastorno psicológico grave, cuya causa es preciso determinar, y que requerirá de ayuda profesional para ser superado.

Cómo distinguir la tristeza de la depresión

¿Cuántas veces escuchamos a alguien decir «*Estoy deprimido*», para referirse a la sensación de tristeza o desazón que padece? La palabra «depresión» se ha incorporado al lenguaje cotidiano con mucha naturalidad, en general como sinónimo de tristeza, aunque desde el punto de vista médico-psiquiátrico de ninguna manera significa lo mismo. Un estado transitorio de tristeza no equivale a una depresión, y además, la tristeza no es la única forma de expresar una depresión.

Tristeza y *desazón* suelen ser sentimientos habituales en la adolescencia. Esto hace que tampoco para los profesionales resulte sencillo en ocasiones hacer un diagnóstico diferencial entre un adolescente triste y un adolescente deprimido. Para comenzar a detectar las diferencias se impone entonces explicar qué se entiende por *depresión*.

Según los manuales de psiquiatría, los síntomas de la depresión son:

- sentimientos sobrecogedores de tristeza, sentir que se «está en el pozo»;
- pérdida de interés en casi todo lo que antes resultaba placentero;
- sentimientos de culpa e impotencia;
- desesperanza hacia el futuro;
- aislamiento social e introversión, aun en personas que han sido sociables y extravertidas hasta entonces;
- ideas recurrentes de autoagresión, ideas de suicidio o desaparición;
- nivel de energía disminuido; fatiga desproporcionada en relación al ejercicio que se realiza;
- imposibilidad de concentrarse, disminución de la capacidad de pensar;
- dificultades para conciliar el sueño.

Cómo afecta la depresión al adolescente

La depresión afecta negativamente diversas áreas de la personalidad. Influye en lo que las personas sienten, en lo que piensan sobre sí mismas y sobre los otros, y en su manera de actuar. Los sentimientos de tristeza invaden la vida cotidiana.

A diferencia de los adultos, la depresión en los adolescentes con frecuencia se manifiesta como irritabilidad. De ahí que se vuelva importante diferenciar las explosiones o bruscos cambios de humor transitorios, habituales en esta etapa, de la irritabilidad persistente e intensa que forma parte del proceso depresivo.

> Me aburren. Me aburre la escuela: dime algo que valga y que se enseñe allí. Me aburre mi familia, siempre tratando de comerte el coco con las responsabilidades, el orden y otras gilipolladas. Me aburren mis amigos: esos tíos siempre están ha-

blando de las mismas ñoñerías. Quisiera estar en otro sitio, pero no sé cuál ni me viene en gana pensármelo (Emiliano, 16 años).

La tarea de distinguir entre la inestabilidad natural del adolescente y la verdadera depresión no es sencilla. Las señales que da un chico que está deprimido se manifiestan en una serie de conductas y actitudes diferentes de las habituales, premisa que resulta fundamental para poder hacer un diagnóstico.

Por lo general, deja de hacer cosas que hacía habitualmente. Se muestra sin ganas de cumplir con sus obligaciones, apático, alternando esta actitud con explosiones de violencia. Aparece irritado, indiferente frente a lo que antes le interesaba y respondiendo con fastidio a cualquier pregunta. Sale menos con sus amigos, puede pasar mucho tiempo encerrado en su cuarto escuchando música o aislado con el *walkman*. Expresa con más frecuencia ideas negativas sobre sí mismo, sobre el mundo y puede escuchársele decir a menudo: «nadie me quiere, no sirvo para nada». Se queja de sentirse cansado y su rendimiento escolar disminuye notablemente. Suele hablar de su angustia, que se expresa como «un nudo en la garganta» o «una opresión en el pecho», o mostrarse muy inquieto, constantemente en movimiento.

Otro síntoma corriente de la depresión se evidencia en la dificultad para sentir placer. El adolescente deprimido, cuando sale con sus amigos, no lo disfruta, está abstraído, aislado, en su mundo. Es habitual que los chicos en esta etapa se comporten de formas muy diferentes dentro y fuera de su casa. Por eso, es importante que los padres o los adultos a cargo del adolescente puedan averiguar cómo es su comportamiento social. Saber, por ejemplo, si los amigos también perciben un cambio en su conducta, si notan que llama menos, que rehusa encontrarse con ellos, o si manifiesta también con ellos esa sensación de angustia o pesimismo.

> Desconecté de la vida... me sentía mal por todo, no me podía concentrar en el estudio, no tenía ganas de ver a nadie. Mi casa era un caos. Tenía la misma sensación que en esas películas de Vietnam, donde ves a los hombres cercados, sin salida. Yo estaba igual (Mariano, 17 años).

Dormir, dormir, dormir...

Las alteraciones del sueño son un síntoma habitual de la depresión tanto en los adultos como en los adolescentes. El adolescente manifiesta estas alteraciones de diversas maneras:

- duerme más de lo habitual sin un motivo identificable;
- tiene dificultades para conciliar el sueño;
- se despierta durante la noche;
- no se despierta a la hora preestablecida;
- se despierta antes de lo planeado.

Los adolescentes, por lo general, tienden a dormir muchas horas. La mayoría de las veces porque se acuestan tarde o porque están cansados por el exceso de actividad, aunque también es normal que lo necesiten como tiempo de recuperación de todo ese desgaste interno que viven. Cuando la cantidad de horas destinadas al sueño está dentro de los parámetros esperables, al estar despierto el joven suele estar muy activo.

Pero si el chico atraviesa largos períodos en los que está todo el día recostado en la cama, durmiendo, mirando la televisión, o escuchando música encerrado, ya no debe considerarse que es sólo parte normal de su proceso, sobre todo si este «no hacer nada» se combina con otros cambios de conducta igualmente preocupantes (aislamiento de sus amigos, apatía general, etc.).

> Verdad es que el Tomi casi no se estaba en casa: que el cole, que los chavales del futbol, que los críos con los que tocaba su música... Pero ahora vive encerrado en su cuarto, le ha dado por no querer ver a nadie ni contestar al teléfono. No me explico qué le habrá pasado... (Padre de Tomi, 16 años).

Las causas de la depresión

No sería correcto buscar una causa única a los estados depresivos. Lo que las investigaciones psicológicas nos enseñan es que existe una policausalidad que dispara estos estados. Factores químicos, características hereditarias y conductas aprendidas en las relaciones con otras personas intervienen en el origen de un cuadro depresivo.

Si bien suele ser cuestionado por algunas corrientes de la psicología, podría considerarse que existe una predisposición a la depresión o una mayor vulnerabilidad a la enfermedad en personas cuyos familiares directos (padres, abuelos, tíos) han sufrido dicha enfermedad. Esto hablaría del factor hereditario de la depresión. Por lo tanto, podría decirse que así como heredamos un color de ojos, existen factores de tipo biológico que son heredables y que generarían una mayor predisposición a sufrir este trastorno emocional.

Cuando se investigan casos de chicos que están deprimidos, se descubre en un número importante de ellos una historia familiar de depresión: un padre, una madre, algún abuelo o tío directo con antecedentes depresivos, que pasaba por períodos en los que no dormía o se instalaba mucho tiempo en la cama, o pasaba días encerrado o sentado mirando la televisión; que no salía a trabajar o se negaba a hablar a pesar de cumplir con todas las obligaciones casi como un robot. Y también casos de alta irritabilidad, alcoholismo o violencia.

Sin embargo, también es lícito considerar que la depresión de los padres o de adultos de la familia a veces ha funcionado como un modelo de resolución de problemas, lo que en psicología se denomina *la incidencia de lo aprendido en la predisposición a la depresión*. Si el joven ha crecido en una familia donde las situaciones conflictivas llevan a los mayores a «deprimirse» en cualquiera de sus formas (permaneciendo en la cama, encerrándose, bebiendo alcohol compulsivamente y en exceso, o generando situaciones de violencia) es probable que el chico también haya incorporado este modo de responder al mundo, de enfrentarse a los conflictos. Porque este aprendizaje lo lleva a pensar que las dificultades no tienen solución o que la depresión es la única solución.

También encontramos chicos que se deprimen a raíz de una problemática familiar, y en estos casos la depresión puede estar funcionando como un modo de denunciar algo que no está bien en casa, o como un modo de intentar evitar que sucedan cosas peores. En ocasiones, un joven que se deprime logra mediante este mecanismo «distraer» a sus padres de un conflicto serio entre ellos, logrando que la atención de éstos se concentre en él y obligándolos a posponer la discusión o la resolución de sus diferencias.

En suma, no todos los cuadros depresivos son producto de la misma y única causa. En cada caso será necesario indagar en los antecedentes y en el entorno del adolescente para poder construir un diagnóstico correcto que permita implementar estrategias para su mejoría.

Una de las dificultades más frecuentes frente a una persona que manifiesta síntomas de depresión es que esta enfermedad suele confundirse con una «actitud negativa» («es un tipo tan pesimista»), una decisión consciente del paciente («se hace el enfermo porque no quiere ir a trabajar»), o cosas por el estilo. Esto lleva al entorno de la persona afectada a responsabilizarla por su conducta, como si fuera un acto voluntario de su parte.

En ocasiones los padres se involucran en peleas inconducentes o en castigos y reprimendas interminables. Sin embargo, cuando un adolescente se deprime (en sentido estricto, no cuando está simplemente triste o rebelde, etc.) necesitará de la ayuda de sus padres y de ayuda profesional para superar este cuadro. De allí la utilidad de saber sobre las manifestaciones más corrientes de la depresión para estar atentos a la consulta profesional cuando los padres lo consideren oportuno.

Qué hacer frente a un cuadro depresivo

Es bastante frecuente escuchar que a una persona deprimida le insisten con frases del tipo: «*No estés tan deprimido*», «*Debes poner voluntad*», «*Hazte el propósito de salir*», etcétera. Pero la depresión no se elige ni obedece a alguien que dice: «*Me voy a hacer el enfermo*». La persona afectada sufre y realmente se siente mal en su depresión, que resulta además ser un modo de afrontamiento de los conflictos bastante ineficaz y con un alto costo emocional. La persona afectada no cuenta con su voluntad sino que necesita del apoyo de otros recursos como la psicoterapia y eventualmente la medicación.

La depresión, como toda situación de crisis, brinda una oportunidad para el cambio porque los síntomas que aparecen evidencian que existe un malestar y motiva a preguntarse acerca del problema que lo provoca. En los casos en que la crisis no logra resolverse, la consulta permite reconstruir y entender la historia que precede a los síntomas, para darles un sentido diferente y comprensible que abra el camino para nuevas conductas y nuevas formas de relación. De allí que resulte de una gran ayuda la inclusión de los familiares y otras personas significativas en el tratamiento. Por ejemplo, en situaciones en las que la depresión funciona como re-estabilizadora del equilibrio familiar, se hace imprescindible un trabajo conjunto con todo el grupo para ayudar a la persona a recuperarse.

¿Duelo o depresión?

Cuando alguien pierde a un ser querido, es absolutamente normal y necesario atravesar por un período que llamamos «de duelo». Casi todas las culturas tienen sus rituales para elaborar esa pérdida, algunas de ellas, incluso, construyen el monumento recordatorio de la persona que partió recién al año de su muerte, pues consideran que necesariamente debe transcurrir un ciclo de fechas y situaciones hasta que uno pueda desprenderse.

La pérdida de su padre o su madre o de algún adulto con quién hayan establecido una relación muy próxima (abuelos, tíos) son para los chicos situaciones muy traumáticas. Lo normal es que, tras esa pérdida, sobrevenga un período de mucho malestar y dolor, de mucha inseguridad para el joven, por la falta de respaldo que eso significa en un momento en que se vuelve tan importante contar con los adultos, aun para criticarlos, discutir con ellos y reafirmar su personalidad.

Cuando el duelo sigue un proceso normal, si bien la herida le dejará una cicatriz indeleble, lentamente el chico volverá a conectarse con la vida, las actividades y las personas, lo que dará la pauta de que él y sus seres queridos pudieron implementar recursos para de algún modo suplir esa pérdida. También puede suceder que el duelo no pueda ser procesado normalmente, ya sea porque no hubo quién acompañase al adolescente, o porque por su personalidad se le hace más difícil salir de esas situaciones.

Frente a un caso como éste, sería sumamente importante que prestaras atención a la conducta de tu hijo ya que, si el duelo se prolongara en exceso, podría llegar a convertirse en una depresión, lo cual sucede sólo en un bajo porcentaje de los que han pasado por estas vivencias. Esto hace que el adolescente, a partir de ese duelo, se quede estancado en su crecimiento, más conectado con lo que no pudo tener, con lo que le falta, que con lo que tiene por delante.

En nuestra cultura exitista, de la alegría externa como una máscara, del «está todo bien» –y si no, mejor no mencionarlo–, no sólo hay que evitar conectarse con la muerte sino también con las cosas que duelen o angustian. Así lo viven las personas deprimidas que pasan a sentirse inadecuadas, y también la mayoría de los adolescentes que, con sus sentimientos intensos y sus estados anímicos cambiantes, reciben de la sociedad el mensaje de que en vez de conectarse y aprender del dolor y la tristeza, deben ocultarlos o simular que no existen.

Tantos esfuerzos por negar el dolor hacen que se vuelva habitual que cuando una persona de la familia muere, no se comparta el duelo, no se hable de la tristeza, de lo que siente cada uno, e incluso tampoco del ser querido que falleció, con la idea de que no es bueno, que no hace bien. Hay chicos a quienes se les ha muerto uno de los padres cuando eran pequeños y en la familia nunca se volvió a hablar del tema, no sólo de lo que siente al respecto cada uno, sino ni siquiera de cómo fueron los acontecimientos.

Con esta actitud seguramente se intenta proteger a los chicos del dolor, pero en general se logra lo contrario ya que los niños suplen con fantasía lo que desconocen y, por lo general, terminan sintiendo que ellos han tenido alguna culpa de lo sucedido.

La historia necesita ser hablada para ser comprendida, y estas historias familiares más aún, por lo que es aconsejable compartir el dolor para que ese sentimiento pueda ir encontrando un lugar dentro de cada uno.

La idea del suicidio en la adolescencia

Las ideas de muerte suelen ser muy recurrentes en la adolescencia. No sólo las de la propia muerte, sino también la de los padres y la de las personas a quienes el chico quiere. Están ligadas a la intensidad y la complejidad de sus sentimientos en ese momento, pero obedecen además a que la muerte ejerce una suerte de fascinación en el adolescente, que hace que incluso algunos jóvenes se permitan acercarse peligrosamente a ella.

La falta de valor que se le da a la vida en la cultura occidental, en parte está propiciada por la pertinaz negación y el silencio sobre el tema de la muerte, que deja un vacío que se llena de otros significados. Y también por la forma en que se caricaturiza a la muerte en la televisión, en el cine, en los dibujos animados, presentándola de forma tal que parece posible revivir cuantas veces uno quiera. No resulta raro entonces que los chicos tengan la fantasía de que es posible disponer de la propia vida o de la vida de otros, como si esto no tuviera consecuencias definitivas.

Las ideas de suicidio también son frecuentes en adolescentes no deprimidos, en general como un producto de ese pensamiento «todo o nada» típico de la edad frente a una situación frustrante o intolerable que los lleva a fantasear con la muerte como medio para «resolver el problema».

Es muy difícil, sin embargo, que un chico sin antecedentes familiares de conductas negativas recurrentes o conflictos contextuales importantes, intente concretar estas ideas y entre en riesgo de suicidio sólo por pasar por una situación frustrante que no sabe cómo encarar. No obstante, *las ideas de suicidio deben tomarse siempre en serio* y ser evaluadas cuidadosamente para determinar el nivel de riesgo real y tomar las medidas necesarias.

Siempre hay que preocuparse y ocuparse de un chico que manifiesta ideas o conductas suicidas. No sirve pensar: «es un juego», «es un modo de llamar la atención», o tranquilizarse suponiendo que se trata sólo de una amenaza o un intento de manipular a los padres. En todos los casos, es preciso tomar estos comportamientos muy en serio, darles muchísima importancia y recurrir a profesionales adecuados que acompañen en la búsqueda de una solución.

De ningún modo hay que desafiar a un adolescente que manifiesta estas ideas, porque es muy probable que el chico suba la apuesta para dejar claro con qué seriedad lo está planteando. Si el profesional, el padre o la madre desestiman lo que el joven plantea, lo están poniendo a prueba, y no hay que olvidar que los adolescentes son naturalmente desafiantes, les gusta probar y enfrentarse para demostrar lo que piensan. La idea de «si alguien dice que se va a suicidar, no lo hace» es un mito. Los estudios sobre el tema muestran que es alto el porcentaje de personas que en la semana o los días previos a suicidarse dieron indicios o señales o lo comentaron con alguien.

> Yo me di cuenta de lo mal que me había puesto cuando llegué al punto de que quería matarme. Nunca antes lo había ni pensado y de pronto se me convirtió en una obsesión: desaparecer del mundo... (Barbi, 23 años).

Hablar de la muerte, hablar de la vida

Poder integrar el tema de la muerte como parte de la realidad del hombre, sin duda nos ayudaría a todos. Es difícil en nuestra sociedad occidental, donde nos ingeniamos para desconocerla, donde todo está armando para no tomar contacto con ella. No hace falta más que ver de qué modo se aísla en un sanatorio a alguien que se está yendo de esta vida y cómo el sistema de terapia intensiva desconecta a la persona de sus seres queridos en un momento tan crucial, cuando tal vez lo más importante sería permanecer juntos en la despedida.

En ocasiones, a raíz de la muerte de un padre, abuelo, o de un amigo, el adolescente percibe tal vez por primera vez que la vida es finita, y eso es parte de lo que le genera la urgencia de vivir a fondo, sensación que se entrecruza con el pesimismo y las ganas de morirse que por momentos siente. Y es que el joven generalmente no está en condiciones de dimensionar esa finitud, de ser consciente de que es posible que él también, aunque sea joven, corra riesgo de morir si no se cuida.

Por eso ayuda mucho hablar del tema explícitamente, evaluar las situaciones que pueden ponerlo en peligro, que en esta etapa se multiplican, y sobre todo, enseñarle a cuidarse y a no adherirse sin más a un grupo que lo coloque en situaciones de riesgo.

Otro motivo por el que es importante hablar sobre todo esto, es para que el chico sepa que puede pedir ayuda cuando sienta que una situación lo desborda, un estado anímico lo lleva a querer «borrarse de este mundo» o directamente, matarse. Ya hemos dicho que el número de adolescentes deprimidos que quieren morirse es más considerable de lo que se piensa, pero como «de eso no se habla», no tienen ocasión de decirlo. «*¿Cómo le voy a decir a alguien que estoy pensando en morirme?*», piensan y esto genera mayor silencio e introversión, mientras siguen alimentando sus fantasías. Contar lo que les pasa les trae alivio, y si además se sienten comprendidos por su interlocutor, dejan de percibirse como absolutamente solos en el mundo y culpables por tener esos pensamientos.

En los grupos terapéuticos, el solo hecho de abordar el tema de la muerte o las ideas acerca de ella, desestresa a los chicos, estén deprimidos o no, lo que constituye una respuesta en sí misma a la necesidad que tienen los jóvenes de hablar acerca de estas fantasías y sensaciones. Cuando se callan y se guardan estos pensamientos, crece el riesgo de que actúen de forma impulsiva llevados por la angustia.

Hablar sobre los miedos y sentimientos sobre la muerte, no importa la edad que se tenga, nos permite pensar en nosotros mismos como los seres finitos que somos, para poder disfrutar más de esta vida.

Qué puedes hacer como padre

A veces es complicado saber cuándo un adolescente está irritable o muy triste como parte normal de su proceso de ajuste y crecimiento, o si le está pasando algo más grave. No siempre es posible para los adultos que están en contacto con los chicos distinguir la delgada línea que separa lo que puede ser esperable o parte de una adolescencia más o menos conflictiva, de una situación que requiere ayuda específica. A los padres sobre todo, por lo involucrados que están en la problemática de sus hijos, es muchas veces a quienes más les cuesta discriminarlo.

De allí que, ante la duda, consultar a un profesional de confianza siempre sea una alternativa valiosa. Principalmente porque alguien de afuera, especialmente preparado para la tarea, estará en mejores condiciones de diagnosticar la situación, y eso siempre trae tranquilidad. Pero también porque la misma decisión de consultar constituye, de por sí, un gesto de preocupación por parte de los padres, que al adolescente lo hace sentirse cuidado.

Muchas veces los jóvenes que están mal se sienten solos, incomprendidos y creen que a nadie le interesa lo que les pasa. En ese sentido una intervención de los padres es una señal de querer cambiar la situación, y a veces esa decisión por sí sola ya comienza a producir un cambio y permite que el chico pueda abrirse, decir lo que necesita o pedir ayuda.

De vez en cuando hay que hacer
una pausa

contemplarse a sí mismo
sin la fruición cotidiana

examinar el pasado
rubro por rubro
etapa por etapa
baldosa por baldosa

y no llorarse las mentiras
sino cantarse las verdades.

Mario Benedetti, *Pausa*

8. Conductas de riesgo: drogas, alcohol, violencia

El abuso de drogas era hasta hace algunos años una conducta propia de un mundo oscuro y ligado a la delincuencia, de individuos que compraban y consumían sustancias tóxicas clandestinamente. En la actualidad, debido a que en los países industrializados esta práctica se ha extendido a sectores numéricamente significativos de la población y que afecta especialmente a los adolescentes, el problema ha salido a la luz y es considerado ya un mal social, sin duda, uno de los males sociales más difíciles de encarar, comprender y resolver para las sociedades modernas.

Encontrar cifras representativas e información confiable sobre el consumo de drogas entre los adolescentes no es algo sencillo debido a que esta práctica está penada por la ley, lo que inhibe la sinceridad de los entrevistados. Según una encuesta de UNICEF, los mayores porcentajes de adolescentes que consumen drogas se dan entre los jóvenes de 18 a 21 años, siendo la marihuana la más difundida.

Pese a estos índices, la mayoría de los jóvenes rechaza el consumo de drogas: el 80 por ciento de los encuestados manifestó no estar de acuerdo con la legalización del consumo. Esto revela que, si bien existe lo que en sentido amplio podría llamarse una subcultura que acepta y/o practica la drogadicción, ese núcleo es minoritario y sobre él cae la mirada reprobatoria de la mayoría. Y es probablemente debido a ese rechazo y a la penalización de la utilización de drogas que algunos de los chicos encuestados pueden haber negado que las consumen cuando en realidad sí lo hacen.

Es que la droga está asociada para la mayoría de los jóvenes con un proceso autodestructivo, y esa visión no es sólo producto de las campañas de prevención, sino de las ideas que los chicos tienen ante un problema que conocen de cerca. El número de consumidores es lo suficientemente alto como para que casi todos los adolescentes hayan tenido contacto más o menos directo con jóvenes adictos o, por lo menos, consumidores.

Según información de la Secretaría para la Prevención de la Drogadicción y Lucha contra el Narcotráfico, en 1994 se estimaba que en la Argentina había ya alrededor de 250.000 jóvenes drogadictos. Un estudio de la Secretaría de Prevención y Asistencia de las Adicciones de la provincia de Buenos Aires realizado en el año 1995, sostenía que uno de cada cuatro estudiantes secundarios contestó en una encuesta que le habían ofrecido drogas y que sabía dónde conseguirlas, y uno de cada diez había consumido.

«¿Mi hijo podría estar consumiendo?»

Comprender por qué utilizan drogas los adolescentes supone determinar las causas, las modalidades de uso y los grados de consumo, para luego encarar acciones de prevención y recuperación. El aspecto legal del problema, que tiende a penalizar al consumidor, no aparece como un arma eficaz para resolverlo. Además lo desplaza del área de la salud, que es donde debe ser inicialmente considerado. *La drogadicción es una enfermedad y como tal requiere tanto medidas sanitarias orientadas a la prevención, como tratamientos específicos una vez que ya está instalada.*

Por lo tanto, es preciso ir más allá del síntoma y buscar las causas que empujan a un joven a drogarse. Para ello es preciso comprender y luego modificar las características del contexto social, cultural y familiar en que está inmerso el adolescente que consume. Se sabe ya que las perspectivas parciales que enfocan sólo un aspecto sin considerar el conjunto de factores que determinan este mal, llevan habitualmente al fracaso.

El joven que hoy en día recurre a las drogas ya no es un caso aislado ni tampoco un «mal elemento» que debe ser separado y condenado por la sociedad. Su conducta tiene un sentido que debe intentar desentrañarse y su desesperación conlleva un pedido que necesita ser entendido y atendido para que el chico no se transforme en un marginado.

Este es un tema especialmente ríspido para los padres, quienes en ocasiones y sin proponérselo tienden a evadirlo o simplemente considerarlo como algo que a sus hijos nunca podría ocurrirles. Sin embargo, la gravedad del problema no se resuelve negando su existencia o a través de la represión, sino que debe ser enfrentado y comprendido en sus diversas dimensiones: la de las relaciones familiares y la de su utilización en un nivel social.

Como padre o madre, poder ver y escuchar este problema, no cerrar la puerta al diálogo por doloroso que te resulte admitirlo, es el mejor camino para comenzar a ayudar a que el hijo se encamine hacia una solución.

Usuarios, abusadores, adictos

Existen diferentes modalidades de consumo de drogas y distintas fases en el proceso de adicción:

- **Usuario o consumidor social** es aquel que consume ocasional y esporádicamente, motivado por la curiosidad, el desafío, el interés, la presión de sus pares, la búsqueda de placer, el deslumbramiento por la droga. Su riesgo es menor, salvo en caso de un consumo ocasional excesivo.

- **Abusador** es aquel que consume en forma regular, frecuentemente y de modo continuo, motivado por la búsqueda de una identidad, el acompañamiento que brinda la droga y su componente social. Estas personas padecen dependencia psicológica y una situación de riesgo creciente.

- **Dependiente o adicto** es quien consume sin períodos de interrupción, que es incapaz tanto de abstenerse como de detenerse e intenta suprimir los efectos de la privación de la droga mediante el consumo sostenido. El adicto padece dependencia física y psicológica (síntomas de abstinencia), así como un alto riesgo y posibilidades de anomalía social.

En cada una de estas fases es difícil determinar cuál es la droga característicamente utilizada: las llamadas *drogas blandas* (marihuana, hashish) o las *drogas duras* (cocaína, heroína, ácido lisérgico, éxtasis y psicofármacos).

Se sabe que entre las chicas, es más frecuente el uso de medicamentos psicotrópicos, es decir sedantes y tranquilizantes; mientras que los varones se orientan más a drogas estimulantes y al consumo de alcohol, que los llevan en muchos casos a comportamientos violentos o agresivos.

Estudios diversos muestran el crecimiento del consumo de tabaco y alcohol entre los jóvenes. Éstas también son conductas toxicomaníacas, al igual que el uso de drogas blandas como la marihuana, debido a que se va aumentando la dosis hasta consumir dosis fuertes.

¿Por qué las drogas seducen a los adolescentes?

La adolescencia es una etapa de la vida particularmente «fértil» para la experimentación con drogas. Los estados de ánimo cambiantes, la búsqueda de una identidad, la incomodidad física y psíquica propia de esta edad, el aspecto ritual y mágico de las drogas, la presión social de los grupos de amigos y compañeros, son todos factores que contribuyen a incitar al joven a probarlas.

En el origen de esta conducta se entrecruzan también las características individuales de cada chico y su historia familiar. Asimismo, el contexto social, económico y cultural de nuestras sociedades tiene una incidencia creciente en el consumo de drogas entre los jóvenes.

Para confrontarse con la realidad, para lograr que las dudas y cuestionamientos que lo acechan no se vuelvan demasiado angustiantes, algunos jóvenes necesitan encontrar un medio que los prepare y ayude a soportar la crisis que están atravesando.

Durante esta etapa de la vida son frecuentes los conflictos dentro y fuera de la casa, y a los jóvenes por lo general no les resulta fácil abrirse y compartir su angustia. Para un adolescente de carácter lábil, que carece de los recursos internos adecuados para enfrentarse mejor con los hechos y frustraciones de la vida, las drogas aparecen como soluciones mágicas. A los chicos que responden a estas características les resulta muy difícil el enfrentamiento con las dificultades; no sólo debido a los problemas objetivos que inevitablemente se les presentan en este período, sino también a raíz de una cierta incapacidad para aprovechar de forma adecuada sus vivencias, convirtiéndolas en recursos útiles para relacionarse con la realidad.

¿Cómo apoyar a un hijo adolescente frente al problema de las drogas? Recurrir a las drogas es siempre un síntoma de otras dificultades personales que el adolescente no encuentra cómo resolver. Es importante que hables con él específicamente sobre las consecuencias negativas de las adicciones. Pero también es fundamental que tu hijo encuentre en casa un ambiente que, sin resultar hostil, tampoco sea exageradamente permisivo o inconsistente frente a sus propuestas e impulsos todavía desordenados. El adolescente necesita del equilibrio de su medio social y familiar, algo que no siempre se da espontáneamente.

Una herramienta eficaz de prevención de la drogadicción consiste en ayudar y estimular al joven para que pueda tolerar la frustración o el límite frente a una situación conflictiva de cualquier tipo. Su inseguridad, la falta de proyectos, trabas, las dificultades para comunicarse dentro o fuera de la familia, la sucesión de fracasos escolares, la ausencia de logros, las carencias afectivas, la dificultad para establecer vínculos, etcétera, serán probablemente las verdaderas causas que lo impulsan a iniciarse en las drogas. De allí la importancia de dialogar y atender estos temas, pues seguramente en ellos reside la clave para la prevención y el tratamiento.

Drogas: el paraíso prometido

La utilización de drogas no es sin embargo un recurso «moderno». Distintas culturas primitivas atribuyeron al acto de fumar, por ejemplo, una serie de sentidos simbólicos (como un método figurativo a través del cual se incorporaba el espíritu de Dios, o se adquirían poderes especiales para enfrentar a los adversarios, etc.).

Algo de este pensamiento mágico sobrevive en quienes utilizan la marihuana y otros tóxicos para la satisfacción y la fuga. El joven que no encuentra en sí mismo los recursos para resolver las contradicciones que padece, sintiéndose incapaz de tolerar las frustraciones que lo acechan por todos lados, puede recurrir a la droga como quien recurre al sueño. Sueño que, imagina, le permitirá realizar sus deseos, negar todo lo que hay de inconveniente y doloroso en la realidad, y alejar y controlar los peligros y las amenazas. Drogarse, con su carga de ilusión y su pretensión de disolución de conflictos, responde al deseo no explícito del adolescente de encontrar un paraíso inexistente.

De todos modos, antes de continuar es necesario distinguir entre los adolescentes que se drogan por curiosidad y cuya práctica es sólo eventual, de aquellos que utilizan las drogas de manera cotidiana sin poder prescindir de ellas. Estos últimos, que suelen consumir drogas duras, corren riesgos de que su utilización conduzca al abandono escolar, a la pérdida de la salud y en los peores casos a la delincuencia, a la violencia y a la muerte, la mayoría de las veces para obtener el dinero para comprar sustancias.

Mientras que los «usuarios o consumidores sociales», que utilizan drogas blandas, piensan que pueden mantenerse a salvo de tanta autodestrucción, aunque la frontera entre estas sustancias y fases adictivas no es tan clara como muchas veces ellos creen. Se sabe por experiencia que entre estos distintos niveles de consumo hay un paso. Si el chico queda preso del engranaje y comienza a frecuentar sólo a consumidores o adictos dejando de lado otras compañías, tarde o temprano le resultará difícil escapar.

Son muchos los jóvenes que aseguran ser capaces de no atravesar esta frontera, ser capaces de poder detener a voluntad la utilización de drogas. Señalan como ejemplo el alcoholismo mundano, el beber por placer que no necesariamente lleva a una adicción. Son chicos que aducen que no sólo consumen marihuana en los momentos de decepción o de fracaso, sino para divertirse, para distraerse después de las obligaciones, como lo hacen los adultos estresados que se toman una copa al regresar a casa después de una jornada laboral.

Estos adolescentes que se orientan hacia las llamadas *drogas blandas* y que acusan un consumo eventual tienden, como los demás, a huir refugiándose en la fantasía. Drogas como la marihuana los vuelven mucho más pasivos frente a los obstáculos, alimentando la apatía y la indiferencia por su entorno inmediato y por el mundo en general. Y esta es una de las diferencias con el tabaquismo y el consumo moderado de alcohol, ya que en ningún caso estos dos consumos en dosis controladas funcionan como anestésicos ni impiden verdaderamente el poder actuar.

Consideramos importante que dispongas de esta información (tipos de drogas, efectos, clases de consumidores, etc.). Es difícil ayudar a alguien, por mucha que sea nuestra voluntad, si no disponemos de algún conocimiento sobre el tema. Conversar con tu hijo sobre este tema (como sobre tantos otros) requiere crear un clima de confianza para que él pueda preguntar y dialogar contigo al respecto.

Es importante para tu hijo que expreses una posición personal clara y firme sobre el consumo de drogas; pero también es importante que él sienta que no rechazas escucharlo, conversar, intercambiar ideas, reflexiones y experiencias sobre este tema. Si tu hijo percibe que para ti este es un tema sobre el que no se puede hablar, que se convierte como en una suerte de tabú entre ustedes, estarás clausurando peligrosamente tus posibilidades de prevenirlo y ayudarlo.

«¿Qué hicimos para que esté ocurriendo esto?»

«¿Por qué mi hijo bebe descontroladamente?, ¿Por qué toma drogas?». Son muchos los padres que se formulan estas preguntas y sólo encuentran respuestas culposas. La reacción más frecuente ante el descubrimiento es la autoacusación, la segregación del chico o el castigo. Y también, en el peor de los casos, la indiferencia.

Si descubrieras que tu hijo consume drogas, no deberías sumar más angustia a la que ya sientes ni culparte por lo que está pasando. Hacerte cargo de lo que sucede, buscar ayuda, y también revisar tus actitudes y las contradicciones en las que posiblemente incurres a diario, son caminos mucho más productivos y eficaces.

Muchas veces los hijos observan que sus padres no hacen lo que les recomiendan a ellos. Y lo cierto es que los chicos aprenden fundamentalmente de lo que observan y no de los consejos que les dan. Y aunque no existe un patrón común del consumidor de drogas, las vivencias de agresividad, violencia o abandono experimentadas pueden tener una influencia decisiva en la configuración de la personalidad adictiva.

En un principio, los caminos capaces de conducir al adolescente a la drogadicción pueden parecer casuales. En efecto, el consumo de drogas suele comenzar, muchas veces, de manera trivial. La más frecuente de ellas es la ingestión de anfetaminas u otros estimulantes, a los que recurren los adolescentes para poder estudiar o bajar de peso. A veces son los propios padres quienes les proporcionan estos psicofármacos a sus hijos para que logren resistir una noche de trabajo intelectual o llevan a sus hijas a dietistas que las recetan. Y es así como, sin advertirlo, pasan a desempeñar un papel inductor en la relación que los jóvenes establecen con las drogas.

También es frecuente que, en sus propios hogares, los adolescentes estén habituados a ver a sus padres fumando, no pocas veces de manera compulsiva, y consumiendo bebidas alcohólicas o ingiriendo toda clase de pastillas: las que les permiten dormir, las que los ayudan a adelgazar, las que estimulan su predisposición al trabajo.

Estos son todos modelos de conducta que pueden llegar a desempeñar una función condicionante en el interés del joven y en su forma de soportar los malestares y dificultades. Inconscientemente, él aprende que mediante cierto tipo de píldoras o a través del alcohol o el tabaco, es posible «superar» ciertas tensiones o disminuir la intensidad de algunos problemas. Son éstas, entonces, las primeras conductas que deben ser revisadas en el seno de la familia.

De la misma manera que deseas que tu hijo sienta confianza en ti como fuente de ayuda y consejo, es bueno que puedas reconocer tu propia necesidad de ayuda frente a un tema tan delicado como el de las drogas. Muchas veces, recurrir a un profesional permite revisar las formas de funcionar, la calidad de los vínculos, la comunicación y otros aspectos que hacen a la convivencia y que merecen ser atendidos. Si los padres y su red natural no logran encontrar soluciones que puedan conducir a restablecer la normalidad dentro del grupo familiar, será necesario buscar una ayuda profesional que permita ahorrar a todos los involucrados sufrimientos y fracasos inútiles.

Alcoholismo y drogadicción: una responsabilidad social

Actualmente es habitual que muchos adolescentes beban cerveza u otras bebidas alcohólicas hasta la ebriedad todos los viernes o sábados por la noche. Y también que muchos de ellos no sean siquiera adolescentes sino púberes de apenas 12 o 13 años. Más allá de la consternación inicial, es preciso comprender primero qué significa esa avidez de bebida, esa necesidad de intoxicarse.

Todos los medios artificiales de placer y la satisfacción material de las necesidades han sido creados y facilitados por la civilización y la tecnología. Pero esta facilidad ha provocado que la gente, en especial los jóvenes, ya no sepan qué hacer con sus ganas de concretar proyectos, de actuar y de sentir. Los adolescentes caen muchas veces en el consumo de cantidades indiscriminadas de cerveza o de marihuana para superar este malestar general, para salir del tedio, para sentir y tener algo propio.

Para que esta tendencia pueda ser revertida, la sociedad y los adultos tendríamos que preguntarnos, entre otras cosas: *¿qué se les propone a los chicos para sus momentos de ocio?* Lo mismo que en sus estudios: la competencia. La competencia en los deportes y los juegos que están excesivamente institucionalizados. La competencia en el consumo: quién tiene y quién no, quién pertenece y quién está afuera. Ya no se trata de divertirse: hay que tener, hay que demostrar, hay que ganar. Y no todos tienen, no todos ganan, no todos pertenecen, y si lo hacen, nunca es suficiente.

Especialmente para los chicos más sensibles o vulnerables, el mundo se ha vuelto demasiado ajeno y exigente. El difícil deber de la sociedad consiste en luchar para impedir que los chicos asuman el papel de chivos expiatorios de un medio enfermo, con los valores tergiversados, y que cada día parece más dispuesto a dejar afuera a los que no están a la altura de las circunstancias y no saben del éxito.

Como padre o madre, reflexionar con tu hijo sobre estas *consignas sociales*, discutirlas, revisar los mensajes que con palabras o actos le transmites cotidianamente, es una de las formas en que puedes ayudarlo a enfrentar el mundo en el que le ha tocado vivir.

¿Éxito o exitismo?

Respecto del futuro del adolescente, los padres y la sociedad le reclaman al chico una definición y la adopción de un rumbo para su vida. Él tiene que elegir, lo que no es nada fácil en medio de tantas ofertas, promesas y pseudoposibilidades.

Hasta no hace mucho tiempo era frecuente que el hijo de un médico fuera también médico y el de un albañil, albañil. Las profesiones y los caminos a seguir eran prácticamente heredados. Hoy el joven recibe un bombardeo de ofertas que lo incitan a adoptar modelos y a tener expectativas que no siempre se condicen con sus necesidades y posibilidades. Entre ellas, la búsqueda de renombre, de fama, y la obtención del dinero fácil, son algunas de las más estimuladas por la sociedad actual.

Teniendo que medirse con semejante realidad, en la inminencia de tener que decidir quién es y qué hará de su vida, el adolescente se descubre aislado y temeroso. El alcohol y la droga se convierten entonces para algunos chicos en el último recurso del que creen disponer para enfrentar –o no enfrentar– un mundo que se les vuelve cada vez más exigente y ante el cual se sienten indefensos. Si, como padre o madre, encaras el problema de las drogas como un problema en sí mismo y no como un síntoma de otras dificultades que tu hijo no logra resolver, es posible que fracases en tus esfuerzos por alejarlo de ellas. Escuchar a tu hijo, demostrarle tu afecto y preocupación, incluso pedir ayuda si sientes que la situación te excede, son los mejores caminos para comenzar a construir una salida. Un chico que se inicia en las drogas es un joven que tiene dificultades para crear su propio proyecto de futuro. Recuerda lo complejo que resultó también –y quizás, todavía resulta– para ti construir un proyecto con vistas al futuro. Acompáñalo en ese desafío.

Del consumo a la adicción

Se considera que los jóvenes están más expuestos al influjo de las drogas entre los doce y veinte años. La iniciación suele ocurrir con la marihuana, a la que muchos se aficionan en el erróneo concepto de que es más inofensiva que el alcohol y que además les da paz. Es habitual que en una fiesta de adolescentes, alguien ofrezca un *porro* y muchos chicos acepten fumar.

Tras probar la marihuana, por curiosidad o por presiones del grupo, por inducción de un habituado o para ser aceptados, algunos de ellos son capaces de abandonar esta droga sin más consecuencias. Harán su experiencia y más allá del resultado que obtengan, no volverán a probar la droga o lo harán sólo ocasionalmente.

Sin embargo, un grupo, cuyo número va en vertiginoso aumento, quedará prendido en el hábito, que al principio no representa sólo una dependencia de la droga, sino también una dependencia del grupo y de sus patrones de comportamiento.

Poco a poco la situación cambia y el chico comienza a mezclar la marihuana con otras drogas (incluido el alcohol) y con cualquier fármaco o sustancia que otros cuentan que da más vigor a la experiencia (generalmente anfetaminas, barbitúricos, LSD y otros medicamentos estimulantes). Ya en este período es frecuente que el adolescente haya bajado su rendimiento escolar y que empiece a tener serios conflictos con sus padres por sus constantes cambios de humor, su irritabilidad y/o sus conductas pasivas o agresivas. Finalmente, suele abandonar el estudio y cualquier otro esfuerzo continuado (como una preparación deportiva), y al tiempo son muchos los que hacen girar todas sus actividades en torno a la adquisición de drogas y la experimentación con ellas.

El chico, ya vuelto un adicto, comienza entonces a no poder prescindir del tóxico: sin él la realidad no le ofrece perspectivas interesantes ni tolerables. El estado psicológico previo del adolescente condicionará las características y la intensidad de ese proceso.

Cuando comienza a usar drogas, el adolescente cree estar dando pruebas de su autonomía y autosuficiencia. Se imagina dueño de sí mismo, superior a los «no iniciados», desafiante y poderoso, capaz de alcanzar cualquier cosa que se proponga. Intentando negar su fragilidad, acepta una nueva forma de sumisión, un vínculo de dependencia que no sólo es psicológico sino que después de un tiempo es también físico.

El consumo de drogas al que el joven se lanza impulsado por la incapacidad para solucionar sus problemas, pasa sin embargo a generarle otros nuevos y a volverse contra él. Porque después de un tiempo, entre otras cosas, las drogas le producen una sensación de fatiga crónica. Los consumidores se quejan de que su sueño no es bastante reparador. Además, sufren de falta de energía y de apatía debido a que las drogas neutralizan la capacidad de acción.

Si bien al principio las sensaciones pueden ser de euforia y de una explosión de creatividad, instalado el hábito esa «luz», esa potencia, se apaga. Así, poco a poco van perdiendo capacidades y habilidades para enfrentarse a los obstáculos de la vida. Sin el auxilio y el estímulo de la droga ya no pueden, por lo que van volviéndose personas incapaces de defenderse y de defender lo que quieren. Un debilitamiento ante la realidad, ante las dificultades, ante el esfuerzo, que los vuelve aún más vulnerables.

«¿Cómo hablar con mi hijo sobre las drogas?»

Más allá de las creencias de los padres acerca de la relación de sus hijos con las drogas, hablar de este tema con los adolescentes es una tarea que forma parte de la educación. En todos los casos es mejor comenzar averiguando qué es lo que tu hijo sabe, ya que por lo general los jóvenes sorprenden a los adultos con sus conocimientos acerca de quiénes las venden cerca de ellos, cuánto cuestan y de qué calidad son, cuáles son los efectos de cada una, quiénes son sus compañeros que se drogan, quiénes consiguieron probar y salir; es decir: saben del tema, en general mucho más que sus padres. *De lo que suelen carecer es de conocimientos acerca de cómo dejar de consumir drogas.*

Para que el diálogo sea provechoso, sería importante que busques información y dejes de lado tus prejuicios. Hacer como que el tema no existe o considerar que no pasa nada porque tu hijo no da señales de estar interesado, es no entender que los chicos no siempre manifiestan abiertamente sus inquietudes e impide a los jóvenes saber qué hacer cuando les ofrecen consumir.

Sería bueno entonces que puedas conversar acerca de las drogas y explicarle cuáles son los grados de sometimiento que producen, intentando que tu hijo permanezca del lado de quienes no precisan drogas para sentirse bien, del lado de los que pueden sentirse mal y soportarlo o de los que solicitan otra clase de ayuda. Lo que pareciera no dar resultados es intentar asustarlos y tratarlos como si fuesen pequeños que no entienden.

«Mi hijo se droga»

Cuando los padres sospechan o descubren que su hijo toma drogas, con frecuencia hacen lo posible para desestimar las señales, o las consideran parte de una etapa. *«Ya se le pasará»*, se repiten buscando tranquilizarse. Por supuesto que no reaccionan de este modo intencionalmente, sino que es la propia desesperación la que los lleva a restarle importancia a los hechos. También en este caso lo primero que habría que hacer es intentar hablar. Intentar mantener un diálogo franco con el hijo y más que «aleccionar», escuchar. Si como padre o madre te resulta con frecuencia difícil encarar y sostener una conversación profunda sobre el tema con tu hijo porque no está «enganchado», más compleja se vuelve la situación cuando te das cuenta de que no sabes qué hacer con un hijo que consume drogas. Una posición autoritaria de tu parte sólo hará que el dialogo se interrumpa y que las puertas vuelvan a cerrarse, con el agravante de que habrás perdido una oportunidad de intercambiar ideas con franqueza y saber lo que tu hijo siente.

Frases como: *«¡No sabes lo que haces! La frontera entre probar y volverse drogadicto está abierta y puedes caer. Los que venden drogas intentarán transformarte en un adicto»*, repetidas por los padres, son consideradas por los adolescentes como moralizadoras y falsas. Seguramente será más útil, aunque cueste, intentar escuchar y comprender a tu hijo, para después brindarle y buscar la ayuda que sin duda está necesitando.

«Apagar incendios» o prevenirlos: un problema de todos

En los países desarrollados, las medidas tomadas por las autoridades gubernamentales buscan tanto prevenir como reducir los efectos negativos del uso de las drogas. Ante todo informando a los jóvenes objetivamente acerca de los peligros del consumo, introduciendo en los programas escolares clases específicas sobre el abuso y las características de las diferentes drogas; luego, luchando contra la disponibilidad de la droga, y finalmente, intentando mejorar las condiciones de vida de los adolescentes, de modo de incitarlos a participar en actividades que les permitan desarrollar su creatividad.

En los países subdesarrollados, entre los aspectos que contribuyen a agravar el problema pueden señalarse la defectuosa capacitación universitaria sobre el tema en todas las facultades relacionadas con el tema (medicina, psicología, derecho, farmacia), el deficitario sistema de control de la producción, distribución y el consumo de medicamentos, la falta de políticas de participación juvenil y las carencias del sistema educativo y sanitario.

La policausalidad del origen de las adicciones, tal como lo definen los documentos de los organismos internacionales, reclama una respuesta múltiple, que complemente las acciones en el ámbito escolar –foco principal de la prevención– con participación de las instituciones sanitarias y las redes sociales.

La experiencia de diversos países permite determinar que las campañas que tienden a evitar el consumo de drogas basándose en advertencias sobre las consecuencias dramáticas del abuso tienen baja efectividad. La mejor forma de prevenir el abuso de drogas es no ocuparse de la droga en sí, sino de todo lo demás: el conflicto individual y el malestar social que permite que la droga se instale señalando con su presencia otras carencias. Esto es lo que deseamos enfatizar cuando proponemos que como padre o madre no encares la cuestión en torno a las drogas como un problema en sí mismo, aislado del resto de las preocupaciones e inquietudes de tu hijo.

Este desplazamiento desde la droga hacia lo que origina el consumo en el adolescente y su grupo social es el punto de partida de la prevención. Es desde donde se debe encarar si se quiere instalar la mirada no sólo en el síntoma sino en el organismo social dañado, en el entrecruzamiento de factores que ubican a la droga como artífice de la falsa resolución de problemas.

Tratamientos: cómo ayudar a la recuperación

La adolescencia es la etapa que genera el mayor número de consultas que buscan orientación y tratamiento para el abuso de drogas. Cuando pareciera que más que en ningún otro momento de la vida el futuro de un chico está en juego, el descubrimiento por parte de los padres de hábitos adictivos en los hijos suele preocuparlos sobremanera. Angustiados, buscan tranquilidad, orientación y salida. Para ayudarlos, habrá que bucear en lo particular de cada caso para determinar las causas y tratar de ubicar el problema en una perspectiva más amplia.

La eficacia de cualquier tratamiento de adicciones que se encare se medirá en las posibilidades que le brinde al joven de reinsertarse socialmente. Porque la cura no está limitada al abandono del consumo sino a una modificación personal que le permita al chico tener actitudes diferentes frente a un contexto social que continuará estimulándolo a consumir. Debe producirse un cambio de los valores, expectativas, comportamientos y actitudes del adolescente afectado, para lo cual debe modificarse también el medio familiar y/o social en que está inserto.

Por su parte, la evaluación de la gravedad del consumo debe ser realizada por personas con experiencia, que no tengan una posición supuestamente liberal, como puede ser la de los padres que enseñan a sus hijos a consumir, ni tampoco que consideren que un joven que ha fumado marihuana ocasionalmente debe ser internado. Se trata de dos posiciones que, por extremas, son equivocadas.

La consulta con participación de la familia debe centrarse en las dificultades y padecimientos del chico que motiva la consulta, y en las causas que se combinaron para dar por resultado un consumo excesivo. Porque será necesario relacionar el problema adictivo con el marco que lo rodea: los modelos familiares de relación, de convivencia, de compartir experiencias, y el apoyo que se ha brindado a los proyectos individuales. El objetivo es evitar que la familia aísle al adolescente y repita un modelo de segregación que pueda conducir nuevamente al consumo como ilusión de pertenencia. Además, la socialización de los problemas y el replanteo de la forma de relación del grupo les permitirá implementar con mayor facilidad las indicaciones u orientaciones terapéuticas.

En consecuencia, al iniciar un tratamiento la familia deberá comprometerse a trabajar en conjunto para modificar lo que llevó a la adicción o al consumo a uno de sus integrantes. Es preciso aclarar que será necesario deshacer una complicada madeja de situaciones que se han ido sumando, y luego encontrar un sistema de cuidado y de recuperación del chico que le permita recobrar intereses, relaciones y proyectos, así como modificar la conducta impulsiva que se ha vuelto destructiva.

Los tratamientos ambulatorios, menos des-socializantes, no afectarán las actividades diarias del joven y pueden aplicarse en casos menos graves. Requieren sí de un mayor compromiso del adolescente y de su grupo familiar para el mantenimiento de la abstinencia, la regularización de las actividades y el apoyo de las normas fijadas.

Los internamientos, en cambio, sólo deben elegirse cuando la gravedad del cuadro sea confirmada, o cuando no se cuente con posibilidades de apoyo familiar o social. Muchas veces se sobrevalora el recurso del internamiento como si fuera la única respuesta válida para las adicciones, y no lo es. Porque hay que tener en cuenta que el internamiento si bien aleja del mundo de la droga al chico afectado, también crea un aislamiento con respecto a lo social y lo familiar. Se trata de un recurso a implementar en última instancia y por un período lo más acotado posible, cuando otros recursos han fracasado.

En todos los casos y también en los de internamiento, se seguirá atendiendo a la familia y no sólo al chico, porque no se la considera observadora pasiva de una cura sino partícipe fundamental cuya situación y cuya interacción es vital modificar.

La propuesta es transitar juntos la recuperación de todos, y rescatar lo que el grupo familiar puede aportar para renacer especialmente a uno de sus miembros, alentar capacidades y plantear el futuro. Al final del camino, cada uno podrá definir mejor su lugar, su proyecto y sus necesidades.

«Todavía me tiemblan las manos. Después de años, pude sentarme y charlar con mi sobrina Laura. Tiene 19 años, es una muñeca rubia de ojos medio azules, medio grises, blanca como una porcelana (aunque hoy está tostadita después de unos días en la playa). Estuvo muy gorda; hoy está mejor y trata de seguir bajando los kilos de más. Nos encontramos en un bar.

Laura está saliendo de la droga. Por primera vez charlamos francamente de eso. Ella necesitaba hablar y que yo la escuche. No es fácil en estas situaciones ofrecer oídos para que la hija de tu hermana, esa especie de "pedacito de uno" que son los sobrinos, te cuente lo que sufrió. Pero a Laura le hace bien y una quiere y debe ayudarla.

El relato de cómo empezó y cómo siguió su adicción fue una historia de terror. No importa contar acá exactamente ésta o aquella anécdota o alguna circunstancia particular. Lo que sí me sorprendió es que las cosas que ella dice que la tenían mal y que la movieron imperceptiblemente a entrar en el circuito de la adicción no diferían demasiado de las circunstancias por

esa historia de un día para el otro. No siento que ellos sean mis amigos; sí que hay algunos por los que tengo cariño, pero sé que no cuento para ellos. Y eso lo sé perfectamente, porque cuando estás adentro nadie cuenta para ti; eres tú y tus ganas de conseguir; nada más.

Sé que lo que estamos pasando (yo, mi familia, mis amigos) no es sencillo. A veces, no sé cómo pedir disculpas por todos los problemas que traje; y otras veces, ellos me piden disculpas por no haber sabido hacer más. Quizás no tenga sentido que yo o ellos nos culpemos, pero es lo que te nace. También siento que tuve muchísima, pero muchísima suerte porque pude encontrar las ganas para empezar a salir y para darme cuenta de que estaba mucho más rodeada de gente que me quería un montón de lo que yo me imaginaba.

Tampoco creas que ahora es todo color de rosa. A veces tengo líos en casa, a veces me enojo con alguien o alguien se enoja conmigo, a veces me pongo triste y tengo ganas de mandar todo al diablo. Pero cuando me doy cuenta de que puedo pelearme y volverme a amigar, que puedo aceptar que alguien no me quiera y que puedo disfrutar de la gente que quiere que me quiere, que puedo hacer algo aunque no tenga muchas ganas, que puedo equivocarme y que puedo tratar de remediarlo, que puedo sentirme orgullosa de cosas que hago —como lo del colegio—, que puedo ponerme triste y que después se me pase... qué sé yo, cuando puedo darme cuenta de que tengo de todo, cosas lindas y cosas feas, momentos en que todo me sale barbaro y momentos en que no acierto una, pero que, a pesar de todo, puedo seguir siendo yo, entera, y cuidarme, ahí es cuando empiezo a saber de qué se trata la felicidad».

(Laura, 19 años)

"juego" emprender el tratamiento. Empiezas a hablar de cosas que te duelen, de cosas que hiciste y te avergüenzan, de cosas de las que te arrepientes. Pero también es buenísimo darte cuenta de cuánto le interesas a los demás, de cuánto te quieren tus padres, tus hermanos, tus amigos. Y, sobre todo, cuántas cosas buenas tienes tú que valen la pena cuidar.

Uno de los primeros consejos que me dieron fue que tratara de preocuparme por mis cosas, comenzando aunque sea por algo pequeño. Yo empecé por mi cuarto: lo limpié, tiré un montón de cosas, lo puse lindo. Me compré algo de ropa —nada de otro mundo— pero empecé a elegir lo que me gustaba cómo me quedaba y lo que no. Empecé a prestar atención al colegio: ¡y este es el primer verano en años que no me la tengo que pasar estudiando!

Me reencontré con Sofía, mi amiga desde el jardín de infantes. ¿Sabes que todavía me quería? Es difícil que los demás sepan lo bien que me siento cuando me encuentro con alguien y no me da la espalda. En esos momentos pienso: "A pesar de lo que pasó, debo tener algo bueno para que me vuelvan a recibir".

Después de un tiempo, volví a ver a la gente con la que me drogaba. Cuando empecé el tratamiento dejé de verlos porque no estaba segura de poder decir "No". Es fuerte verlos "desde afuera". Nada les cambió, siguen igual. Algunos me rechazaron ("¿te crees mejor que nosotros?"); algunos no podían creer que estuviera haciendo un tratamiento para dejar la adicción ("¿esas clínicas no son algo así como una cárcel?"); algunos me felicitaron. Pero ninguno quiere salir. Me da pena; yo no me siento peor o mejor que ellos: simplemente siento que tuve la inmensa suerte de poder alejarme; mejor dicho, de estar alejándome, porque no te deshaces de

las que puede atravesar cualquier "chico normal", es decir, un chico con papá, mamá, hermanos, tíos, primos y amigos que lo quieren, que tiene una casa limpia y segura donde vivir, que va a la escuela, que come todos los días, que puede tener asistencia médica cuando se enferma y que cuenta con dinero para salir a pasear con sus amigos de vez en cuando.

Mientras Laura hablaba, yo pensaba en lo que había visto y vivido en estos años: Laura cada vez más abandonada, fracasando en la escuela, irascible, tramposa; mi hermana, al principio, diciendo que se trataba de "rebeldía adolescente" y, más tarde, llorando sin saber ya qué más decirle o qué hacer para que saliera de eso; el papá de Laura, fingiendo no enterarse o directamente enojándose cuando se hablaba del tema; yo misma, pensando en cómo decirle a mi hermana, sin lastimarla, que me parecía que su hija estaba en algo muy pesado; la hermana de Laura, gritándole por cualquier estupidez, gritos en los que se escuchaba una mezcla de odio e impotencia; los docentes de la escuela de Laura, tratando de "deshacerse" de ella porque "no era una chica"

dice que no lo hagas, explotas: en ese preciso momento, quisieras todavía muchísimo más. Eso es muy fuerte: no importa lo que te digan, no importa quién te lo diga, todo te importa nada y te inventas mil razones para convencerte de que lo que dicen los demás son estupideces. Es como si todo el tiempo te estuvieras preguntando "¿qué pasa si no hago lo que ellos me dicen?": tú sólo quieres probar.

Todo el tiempo eres consciente de estar en algo peligroso, que puedes ir preso, que puedes tener problemas serios. Pero todo eso significa pensar en el mañana y a ti sólo te preocupa el aquí y ahora: mañana no te importa, los demás no te importan, lo que pase contigo no importa.

Me doy cuenta de que en esa época mucha gente trató de acercarse a mí; gente que me quería y a la que yo le importaba. Pero para mí eran como imágenes que no hablaban sino que "hacían ruido", "ruidos molestos". No podía escuchar a nadie. Creo que ya no se trataba de que yo sentía que no les importaba a los demás: es que yo no me importaba a mí. Recién ahora me doy cuenta de lo importante que fue que esa gente que me quería no haya dejado de hablarme. No sé si hubiera podido salir sin ellos.

¿Cómo empecé a alejarme de la droga? Quizás suene raro, pero una de las millones de veces que mi mamá habló conmigo, mientras lloraba me dijo "¡Yo quiero algún día conocer a mis nietos!". Y, de repente, algo me hizo "clic" en la cabeza: no fueron las lágrimas de mamá, era la imagen de esos hijos que yo también soñaba con llegar a tener algún día. Me miré y me horroricé.

Con mamá buscamos un lugar donde pudieran ayudarme. No fue fácil, pero lo encontramos. Allí hay gente de todo tipo: jóvenes, mujeres, hombres, profesionales, vagos… de todo. No es

para ese colegio"… ¿A nadie le importaba Laura? A muchos sí, a otros, no. ¡Pero era tan difícil saber qué podía desbaratar ese infierno!

Recuerdo que muchas veces me pregunté si Laura no quería a nadie, si no se daba cuenta del daño que se hacía y que le hacía a los demás. Cuando sentadas en el bar me dijo "no me importaba nada, ni siquiera yo misma", sentí vértigo. No era "¡no me importa nada!" ese que a veces gritamos en un momento de ira o de enojo. Era una confesión serena, profunda, dolorosa. Lloramos.

Laura recuerda que hubo una vez en que su mamá le dijo algo que fue el punto de partida para salir de la droga. Mi hermana le dijo llorando "¡quiero algún día poder conocer a mis nietos!". Sé perfectamente que desde que la mamá de Laura se hizo consciente de lo que ocurría, apeló a todos los argumentos habidos y por haber: desde los más amorosos a las amenazas, desde la súplica a la orden, los probó todos. Pero para Laura, esas palabras y no otras fueron las que le despertaron el deseo de salir: los nietos de los que hablaba su mamá, sus hijos, la hicieron pensar en un

decirse que "está buenito": le pides y te convida, pero no por gentileza, sino porque siente que si no te da, le harás algo como denunciarlo o pegarle… Por eso se prefiere consumir adentro de una casa, para "perseguirte" menos.

Cuando el efecto de la coca comienza a disiparse, cuando empiezas a "bajar", necesitas fumar marihuana, es como si para pasar de ese estado de aceleración total precisaras algo que te permita aterrizar más despacio, que te evite "fantasmear", es decir, sentir que ves cosas que, aunque sabes que no existen, sientes que te amenazan.

Ahora recuerdo lo que sentía en esa época y me da… Me acuerdo que llegó un momento en que me despertaba pensando cómo podía conseguir plata para comprar, porque si ibas a hacer algo y sabías que no tenías cómo comprar, venía "el bajón". Me resulta difícil explicar cómo fueron sucediendo las cosas; sí puedo darme cuenta de que en algún momento dejé de tener "un grupo de amigos" y empecé a tener "una banda de conocidos", que te toman y los tomas "prestados": lo que miras cuando haces contacto con alguien nuevo es "¿qué oportunidad de conseguir me da este tipo?". Y no te preocupa ni que los demás también te traten así ni que tú trates así a los demás; ocurre que empieza a no importarte nada. Y cuando digo "nada" es nada. Te da lo mismo aprovecharte de tu madre o de un desconocido; nada está bien ni está mal: sólo piensas en lo que tú necesitas y punto. De allí a robar, prostituirte, hacer cualquiera cosa, drogarte con cualquier cosa, no hay ni un paso. Terminas por estar con "gente pesada" y por ser "gente pesada".

Con la cocaína no te preocupa trabajar, no tienes que responder ante nadie: sin responsabilidades, como si fueras un niño. Y si alguien te

mañana al que Laura quería llegar, que quería vivir.

Laura me dice, me enseña (sí, me enseña), que el camino de la recuperación es largo, difícil y posible. Que hay dolor y que hay alegría, que el desafío es inmenso y que necesita de la ayuda de todos; que para ella es invalorable cuando siente que alguien la busca porque la aprecia y la quiere. Ojalá estemos a la altura de la tarea.

Cuán sensible es cada uno de nosotros, cuán doloroso puede ser algo para nosotros, cuánta capacidad tendremos para afrontar los problemas, qué tan frágiles somos, es algo que no podemos precisar de antemano a ciencia cierta: sólo en la acción descubrimos de qué madera estamos hechos. Hay personas para las que ciertas cosas duelen o resultan mucho más difíciles que para otras. Existen adolescentes (y adultos) para los que atravesar ciertas circunstancias es más dificultoso que para otros; y hay adolescentes (y adultos) para quienes buscar un buen refugio o pedir ayuda no es igual de sencillo. De alguna manera, a Laura la vida se le había vuelto difícil, y buscando un camino, terminó en un callejón.

Me resulta inevitable escuchar a Laura y pensar qué hicimos los grandes que estábamos a su alrededor para ayudarla. Creo que cometimos muchas equivocaciones, que hicimos cosas que luego se demostró que no servían, que tal vez podríamos haber hecho más (o no, no sé). Pero si algo bueno hicimos, recién ahora lo comprendo, fue no dejar de estar, como podía cada uno, pero estar. Quizás recién hoy me doy cuenta de que, si algo te alienta a buscar el "camino de vuelta a casa", es saber que te están esperando. No puedo evitar que me emocione inmensamente recordar con qué fuerza, más que nadie, mi hermana, la mamá de Laura supo seguir esperándola aunque sé que tenía el corazón hecho jirones.

Una vez, una monja preguntó a sus alumnas "¿Cuánto valen sus almas?" y, ante el desconcierto general, ella misma respondió "Un montón". Me parece que todos valemos "un montón", somos frágiles "un montón" y podemos amar y ayudarnos "un montón". Por eso, ojalá no dejen nunca de esperarnos; y ojalá nunca dejemos de esperar a los que amamos».

(Patricia, tía de Laura)

«¿Quieres que te cuente? Es algo doloroso, pero me hace bien poder hablarlo.

Todo empezó cuando estaba en segundo año de la escuela. En mi curso se fueron formando dos grupos que, con el tiempo, cada vez se alejaban más entre sí. Yo tenía amigos en los dos, pero terminé por quedarme con los que decidieron probar.

¿Por qué probar? No sé, en ese momento no te preguntas mucho, sientes curiosidad. "¿qué pasará?", "¿qué se sentirá?". Recuerdo que sentía que yo no le importaba a nadie, que no me prestaban atención. Y hacer algo a lo que no todos se animan me hacía sentir rebelde, valiente, y que con eso les decía a todos "ustedes tampoco me importan nada".

Lo primero fue la marihuana. Es como divertido, no sé. Estás con gente, te convidan, te ríes con los demás. Por supuesto, todo el tiempo sientes "yo lo manejo", "yo puedo controlar esto". De hecho, hay gente que prueba y listo, no sigue. Pero ahora sé que cuando estás en esa situación, no puedes estar seguro de si verdaderamente lo podrás manejar o no.

En algún momento me ofrecieron cocaína. "¿Y por qué no?" La sensación no es... cómo decirlo... "linda". Pero te da ganas de más. Transpiras como enfermo, te cuesta hablar. Te da una sed espantosa, muchos deseos de fumar, de beber alcohol; ocurre que esas cosas te permiten aplacar la sensación más fuerte que produce la coca todo el tiempo: la paranoia. Todo el tiempo sientes que algo te acecha, por lo que tienes que mantenerte alerta. Por supuesto, lo más corriente es que te obsesiones con la policía, que te atraparán, que te meterán en la cárcel... Pero en realidad, cualquier cosa te resulta amenazante; por ejemplo, cuando un tipo está muy "duro", ha consumido bastante, suele

ideal, lo más sano, sería no transitar el camino de la droga ni de ninguna otra forma de violencia. Pero aun en el caso de que te desviaras hacia él, debes tener presente que siempre es posible estar mejor, siempre es posible curarse, siempre es posible regresar de donde sea que hayamos ido, especialmente cuando sabemos que las personas que nos quieren nos están esperando, dispuestas a darnos una mano, siempre y cuando hayamos tomado la decisión de volver, dispuestos a encontrarnos con nosotros mismos y nuestros miedos y a caminar en la dirección de un crecimiento personal.

De esta permanente posibilidad de recuperarse para uno y para los que nos aman, y del rol que la familia y los amigos juegan en este proceso, nos hablan los testimonios de Laura y de su tía, Patricia, con los cuales finaliza esta sección de la guía.

y otro, observados simultáneamente lucirán muy distintos, pero debe recordarse que el adicto alguna vez también fue consumidor social. ¿Qué garantiza que el que bebe o se droga eventualmente hoy, no será un dependiente en el futuro?

La curiosidad, las ganas de no sentir lo que se está sintiendo (temor, angustia, incertidumbre, tristeza), el deseo de estar «más animado», más divertido, más ocurrente, más suelto, etcétera, pueden inclinarte a probar. Pero la magnitud de lo que sientes como incómodo, desagradable o conflictivo es lo que puede conducirte a profundizar en el abuso de estas sustancias.

«¿Qué tan grande puede ser el problema que me lleve a ser adicto al alcohol o a las drogas?» Lo «grande» o lo «pequeño» es algo subjetivo, depende de cada persona. De la misma manera que no existe una «medida universal» del dolor físico (¿podrías especificar *cuánto* duele una muela enferma?), tampoco existe una para el dolor interior: la magnitud de ambos se relaciona con la sensibilidad de cada individuo. Y su capacidad para enfrentar aquello que lo afecta dependerá en buena medida de sus propios recursos psicológicos y de los afectos que lo rodeen.

La historia de Laura y su familia: un viaje de ida y vuelta

Y si la noche te abruma
Y el día termina
Y tu paso flaquea
Con las piedras del camino
Es sólo un momento
Ya pasará

U2, *Stuck in a moment you can´t get out of*

La drogadicción es una conducta autodestructiva, una forma de violencia dirigida hacia uno mismo. Con el propósito de alejar a los jóvenes de este camino de violencia, algunas campañas publicitarias se han basado en definir a la droga como «un viaje de ida», un camino sin retorno. Esta visión es parcial. Obviamente, lo mejor, lo

Violencia y conductas de riesgo

guna manera. Aunque es equivocado adjudicar este fenómeno a una única causa, podemos indicar que lo conflictivo del proceso adolescente hace de los jóvenes un grupo especialmente vulnerable a esta adicción.

Por supuesto, no todos los adolescentes necesariamente transitan por la experiencia de las drogas. Lo usual es que se trate de jóvenes a quienes las frustraciones o restricciones les resultan difíciles de aceptar; entonces se tornan impulsivos, toman decisiones sin comprometerse seriamente con ninguna, buscan constantemente algo que los satisfaga pero sin poder definir de antemano qué es o de qué se trata. En muchos casos, la falta de proyectos personales que posibiliten canalizar su energía creadora puede empujarte a buscar una salida mágica en las drogas.

Lo extendido o lo corriente del empleo de drogas no debe ocultar su seriedad. ¿Por qué? En primer lugar, porque la drogadicción compromete tu vida y tu salud presentes y futuras. Y en segundo lugar, porque está indicando que hay algo en tu vida personal que te resulta dificultoso encarar o resolver. La drogadicción es un problema que debe ser encarado tanto desde la perspectiva personal como desde la problemática social que la dispara. No debemos ver en quien se droga a un enfermo sino más bien a una persona que sufre y que no está pudiendo encontrar un camino que le permita resolver sus dificultades positivamente.

«Yo lo puedo manejar»

Yo sé que los padres exageran. Pero el otro día, mi viejo me la dejó "picando". Hablábamos de probar porro, por qué sí, por qué no. Yo dije que estaba seguro que con probar no perdía nada; que sólo si eres un tarado quedas "pegado". Papá me miró y me dijo, "¿te parezco un tarado?"; yo le dije que, obvio, no lo era. "Entonces, ¿cómo te explicas que no pueda abandonar el tabaco? No es tan fácil manejarla"... (Flavio, 17 años).

Es necesario distinguir entre los adolescentes que beben alcohol o se drogan por curiosidad y cuya práctica es sólo eventual, de aquellos que utilizan estas sustancias de manera más o menos cotidiana sin poder prescindir de ellas. Por supuesto, un tipo de consumidor

El abuso de alcohol y/o drogas era hasta hace algunos años una conducta relacionada más con un mundo marginal, clandestino y que estadísticamente no era especialmente significativo. En la actualidad, estas prácticas se han extendido a sectores numéricamente importantes de la población, afectando especialmente a los adolescentes.

El alcohol como recurso tiene algunas características que probablemente explican la difusión que alcanza hoy entre los jóvenes: es barato, se compra casi en cualquier lado, no es ilegal (salvo en el caso de los menores de edad, aunque los controles de estas ventas no son estrictos). Además, consumir alcohol es algo que muchos chicos ven cotidianamente en sus hogares; por ejemplo, muchos padres cenan tomando vino en presencia de sus hijos y ésta es una costumbre socialmente aceptada. Sin embargo, dos cuestiones son de destacar. En primer lugar, que la adolescencia es todavía una etapa del desarrollo de un organismo que aún no está maduro, entre otras cosas, para metabolizarlo adecuadamente. En segundo lugar, el alcohol crea rápidamente una dependencia física de la que no siempre el sujeto se hace consciente; por lo demás, deshacerse de esta adicción requiere de un proceso que de ningún modo es sencillo.

Si no te "colocás" un poquito, no disfrutás del concierto (Maia, 16 años).

En cuanto a las drogas, son más caras, más dificultosas de comprar y legalmente penalizadas. Es una (triste) realidad que, probablemente, cualquier adolescente de hoy sea más capaz que sus propios padres de percibir cuándo en un lugar se está fumando marihuana o quién está «colocado», o sepa quién la vende y cuánto cuesta, consuman ellos mismos o no. Actualmente, este problema ha salido a la luz y es considerado ya un mal social, uno de los más difíciles de encarar, comprender y resolver para las sociedades modernas.

¿Qué conduce a un número creciente de jóvenes hacia la droga? Como hábito o conducta eventual, las drogas están presentes en muchos de los símbolos de la cultura juvenil. Por lo general, aparece vinculada a la transgresión, a la libertad creativa, a la rebeldía, el desafío o como algo simplemente glamouroso. ¿Esto significa que los chicos se drogan sólo por imitar a su cantante favorito? De nin-

Violencia y conductas de riesgo

se y respetar, cuidando y cuidándose. Ejercer y exigir respeto y cuidado son derechos a los que no se debe renunciar y por los que se debe trabajar. Una vez más, no se trata de rechazar u ocultar lo que sientes sino de poder nombrar tus emociones, pensarlas y decidir qué hacer con ellas.

Por último, es necesario referirse a hechos y situaciones que encierran también violencias: la discriminación (ideológica, racial, sexual, económica, estética, etc.), la exclusión social que impide acceder a la salud y a la educación, el desempleo, etcétera. Por supuesto, puede parecerte que estos hechos están más allá de tus posibilidades de enfrentarlos o remediarlos. Sin embargo, cada persona, desde su propia posición dentro de la sociedad, puede trabajar en el sentido de contribuir a que estas cosas no sucedan. ¿Cómo?

Defendiendo tu derecho a la educación, colaborando en proyectos comunitarios con tu grupo de pares, rechazando la discriminación o la exclusión, etcétera. Estas violencias sólo podrán detenerse gracias al compromiso y al trabajo personal de cada individuo; los adolescentes también tienen su lugar en esta tarea que toda la sociedad debe asumir desde cada pequeño grupo que la constituye.

¿Por qué drogarse? ¿Por qué beber?

Los conflictos familiares, las dificultades para vincularse con amigos y compañeros, la curiosidad por experimentar nuevas sensaciones, la inseguridad ante una inminente iniciación sexual, la búsqueda mística, los problemas de rendimiento escolar, la atracción por las conductas desafiantes o transgresoras, etcétera, caracterizan la sensibilidad agudizada propia de los adolescentes. Ante lo inquietante y conflictivo, algunos jóvenes buscan un estado «fuera de sí» que los saque de esa situación o estado de ánimo. El alcohol y las drogas prometen esa «salida», esa evasión.

> Estuve a punto de no festejar mi cumpleaños. Todo venía bien, hasta que mi vieja dijo "alcohol, no". ¿Qué fiesta era esa? A mí la birra no me gusta demasiado; pero si les decía a mis amigos que no iba a haber, seguro que no vendrían (Guille, 16 años).

Tiempo de hijos

La violencia – Las violencias

Golpear. Herir. Ultrajar. Pegar. Lastimar. Dañar. Sin duda, éstas son sólo algunas de las formas de la violencia.

Por supuesto, la más patente es aquella que se vale de la fuerza física para ejecutarse. Algunos adolescentes son objeto de este tipo de agresión por parte de adultos más o menos cercanos, y también existen adolescentes que ejercen esta violencia sobre sus pares. Por lo general, recurrir a la violencia física es un síntoma de la imposibilidad de pensar y hablar de lo que molesta, inquieta o angustia. Es una conducta propia de personas que necesitan la fuerza para imponer sus puntos de vista, sentirse seguros o resolver un conflicto. Sin embargo, no está de más recordar que ganar una pelea de este tipo no demuestra la validez o la potencia de las propias opiniones: simplemente indica que alguien pega más fuerte.

> Me llevó mucho tiempo alejarme de esa gente. Es que sentía que me aceptaban... claro, al precio de que yo permitiera que me dijeran "gordo bolú", "nabo" y cosas por el estilo. Por miedo a quedarme solo, me comí que me tomaran de punto. Recién ahora caigo en la cuenta de cuánto me dolía todo eso (Juan Martín, 17 años).

Existen también otras formas de violencia, más sutiles pero no por eso menos hirientes o peligrosas. Hay una violencia que se vale de la palabra: las frases descalificadoras («no eres lo suficientemente inteligente/interesante/lindo…») y los insultos son los ejemplos más típicos. Uno de los problemas más graves con este tipo de violencia es que, en muchos casos, está casi socialmente aceptada: se admite que se digan cosas hirientes e, incluso, el destinatario de esas palabras las admite, como una forma de demostrar que «se la aguanta» o que es «fuerte». No obstante, es importante darse cuenta de que son formas de dañar gratuitas y que no se es más «duro» porque se las soporte.

¿Esto significa que no se puede discutir, disentir, cambiar opiniones, pensar diferente, expresar discrepancias? ¡Por supuesto que sí! Es más: las personas sólo se enriquecen cuando logran confrontar e intercambiar ideas; y, en este sentido, la adolescencia es un momento de gran actividad. Pero el «juego» de este intercambio requiere ajustarse a unas reglas tan sencillas como estrictas: respetar-

encubiertas, incluso contra los que se ama, reflejada en gestos indiferentes o en un trato descortés, duro o grosero.

Sería bueno tener en cuenta que cuando nos sintamos incomprendidos o angustiados, es en las personas por las que sentimos afecto (amigos, compañeros, familiares) donde hallaremos la fuerza, el apoyo y la compañía que necesitamos para transitar esos momentos difíciles. Esto significa que es preciso estrechar y fortalecer esos lazos, y no romperlos mediante diversas formas del maltrato.

> A veces escucho desde mi balcón a unos yonquis que se sientan en mi portal y matan las horas preparándose chinos. ¡Qué tedio! Que las maldades del "camello", que "el burro" que vendía no sé quién... Al oir de ese mundo, tan pequeño y tan pobre, me da pena hasta echarles (José Luis, 19 años).

Otros chicos encuentran en el alcohol o las drogas una manera de encarar la dificultad. Por lo general, esta reacción lejos de ayudarlos a resolver el conflicto simplemente posterga el trabajo de construir una salida. Lo agravante de estas prácticas es que implican riesgos específicos para tu salud.

También hay quienes no encuentran fuerzas o medios para establecer y trabajar por sus propios objetivos pero se resisten a aceptar como válido ese desafío impuesto desde afuera (esos modelos de éxito social que mencionábamos antes). Sobrellevar el conflicto de no poder hacer lo que se desea o de no poder descubrir lo que se quiere o sentirse presionado a hacer lo que otros desean que uno haga, es un camino duro y doloroso. La droga, el alcohol, la violencia o el aislamiento aparecen entonces como medios apropiados para quedar en suspenso: «ni hago lo que los demás esperan que haga ni descubro lo que yo quiero».

Todas las personas tienen el derecho y el deber de forjar su propio proyecto y de intentar concretarlo. Ante un medio hostil, se necesita encontrar lazos de afecto y amistad que puedan darte la fuerza para poder convertir la insatisfacción en energía creadora. La violencia, la droga y el alcohol son medios autodestructivos y peligrosos que sólo sirven para postergar este conflicto, no para resolverlo.

¿Qué hacer con el deseo, las ganas, la energía? La potencia adolescente, la capacidad de crear e inventar proyectos, la poderosa pasión que los jóvenes saben imprimir a sus acciones, necesitan hallar en qué depositarse constructivamente. El desafío es inmenso y también posible.

> Un asco. Si no tienes dinero, eres nadie. Si no eres un triunfador, eres nadie. Si no eres fuerte, eres nadie. Si no eres atlético, popular, lindo, eres nadie. Bueno: yo soy nadie (Maximiliano, 16 años).

La misma sociedad, que tantas veces juzga de manera cruel a los adolescentes (porque son «faltos de compromiso», «volubles», «poco afectos al esfuerzo», etc.), suele exigir a los jóvenes que compitan salvajemente, que sean «exitosos» en el sentido frívolo y banal de tener dinero o de poseer una belleza propia de modelos publicitarios. Efectivamente, el escenario por el que transitas tu adolescencia no es amable ni «amigable», como dicen los programas para computadoras. ¿Qué hacer?

> Lo de los ideales se lo reservo a los capullos. A mí sólo me apetece hacer pasta rápido. Vamos, como si cuidar de las ballenas te hiciera más listo... (Ramiro, 17 años).

Algunos chicos aceptan estos tristes «desafíos» que propone la sociedad; y así, en vez de preguntarse libremente qué desean ellos, se embarcan en el intento de alcanzar lo que otros han decidido que es bueno y deseable (como las chicas que buscan la aprobación siguiendo a modelos extremadamente flacas, o los chicos que se obsesionan con su físico y no pueden dejar de ir al gimnasio, etc.). Otros jóvenes buscan un lugar al margen de este «reto», ya sea porque les resulta excesivo, inalcanzable o simplemente violento. Son los jóvenes que intentan buscar caminos alternativos hacia otros objetivos: la creación artística, el trabajo solidario, el compromiso político, la realización de una vocación, etcétera.

Algunos adolescentes responden a ese mundo hostil buscando en la violencia una manera de mostrarse «fuertes». No hablamos sólo de la violencia explícita (como las de los grupos neonazis o similares); también nos referimos a formas de violencia más sutiles o

Violencia y conductas de riesgo

Son muchas las formas en que se manifiesta la violencia. En algunos casos, es explícita, física: armas de fuego, golpes, represión. En otros, es tal vez más silenciosa pero no por ello menos poderosa o eficaz: la exclusión social, las palabras insultantes, el rechazo (diplomático o no), el desempleo, el gesto irrespetuoso u obsceno.

Por supuesto, hay muchas cosas maravillosas en este mundo y otras tantas que aún son una tarea por concretar. Pero es importante reparar en que, seas consciente de ello o no, en ocasiones los adolescentes constituyen el blanco o son los ejecutores directos o indirectos de estas formas de violencia.

En esta guía se ha acentuado el concepto de la adolescencia como un tiempo de tránsito desde la niñez a la edad adulta en el que, más allá de las transformaciones físicas, se despliega un proceso de maduración personal que te prepara para ser el protagonista activo del mundo de hoy. La adolescencia es un tiempo de ensayo de conductas; algunas de ellas estarán vinculadas o motivadas por estos aspectos hostiles del mundo actual. Sería importante, entonces, que pudieras pensar y elegir cómo reaccionar frente a este contexto, cuidándote a ti mismo y contribuyendo positivamente a tu crecimiento personal.

«¿Qué hacer ante lo que me duele?»

No puedes vivir pensando en los hambrientos, los enfermos, los que sufren. A mí no me comen el coco con el cuento del amor y la solidaridad. Cada cual a su rollo y ya (Cristián, 17 años).

Impotencia. ¿Sabes cómo les rompería la cara a esos hijos de puta? (Alex, 15 años).

La sensibilidad adolescente es en extremo delicada. La mayoría de las vivencias y emociones por las que transitas son novedosas y careces aún de la experiencia necesaria para articular una respuesta calma y meditada. Lo placentero lo vives intensamente, pero de la misma manera padeces lo doloroso. Frente a estas nuevas situaciones e inquietudes, estás tratando de elaborar y probar reacciones que te permitan afrontarlas.

107

son maravillosos o nada tiene sentido. Poder ver los matices, las posibilidades y alternativas intermedias, es un trabajo que requerirá de tu reflexión y de tu empeño personal. La clave será, sin lugar a dudas, que puedas recorrer ese camino constructivamente, cuidándote y sin exponerte a peligros innecesarios.

Un mundo hostil

La televisión logra darme miedo. El planeta está contaminado, acá y allá siguen haciendo guerras, millones de personas son pobres y pasan hambre. ¡Me quiero ir de acá! (Lena, 15 años).

¿Conseguir trabajo? ¡Ese es un sueño imposible! (Josefina, 17 años).

El fundamentalismo se estrella contra las Torres Gemelas de Nueva York matando a miles de personas. La «justicia infinita» no se hace esperar e invade a sangre y fuego Afganistán, haciendo que el mundo aprenda a identificar a este país en cualquier mapa. Grupos de africanos intentan dejar atrás la miseria, el hambre y la enfermedad huyendo en precarias balsas a Europa; algunos serán devueltos por las autoridades migratorias a sus países de origen; otros lograrán establecerse como «ilegales» y quizás puedan aprovechar las sobras del bienestar del primer mundo.

Un pequeño comerciante se resiste a un asalto y es asesinado por monedas. Unos chicos sin escuela y sin trabajo toman algo en una esquina cualquiera. Su actitud es «sospechosa» y terminan por aparecer en las páginas de policiales *muertos en confuso incidente con la policía.*

Millones de niños mueren de desnutrición pues no pueden acceder ni siquiera a alguno de esos variados yogures con frutas, sin ellas, con más calcio, con menos azúcar, con copitos de maíz, con hierro, con crema, con dibujitos…

Alguien no puede entrar a determinada disco porque no da… «el *look».* Alguien no consigue empleo porque está sobrecalificado para el puesto; o tiene las calificaciones requeridas, pero es «demasiado viejo» o «demasiado joven». El director sugiere cambiar a Emilio de escuela porque decidió que a ese chico «no le da la cabeza».

7. Violencia y conductas de riesgo

Muchos cuestionan mi fe en los jóvenes, porque los consideran destructivos y apáticos. Es natural que en medio de la catástrofe haya quienes intenten evadirse entregándose vertiginosamente al consumo de drogas. Un problema que los imbéciles pretenden que sea una cuestión policial, cuando es el resultado de la profunda crisis espiritual de nuestro tiempo.

Ernesto Sábato, *Antes del fin.*

La adolescencia es una etapa en la cual la sensibilidad se agudiza. Y el mundo actual, es cierto, ofrece muchos aspectos preocupantes, angustiantes e intranquilizadores para cualquiera que preste un poco de atención a lo que ocurre.

Este clima de peligros, injusticia, incertidumbre o violencia afecta a los jóvenes que se interesan en estos asuntos y también a quienes se muestran indiferentes. Lo que probablemente distinga a unos y otros es la manera en que encaran y atraviesan esta angustia.

La droga, la militancia política, la participación en organizaciones no gubernamentales, el alcohol, la violencia, la indiferencia, la construcción de grupos solidarios, son formas diversas de reaccionar y «armarse» frente a este contexto amenazante. Sin embargo, ¿todas estas reacciones tienen las mismas perspectivas?

Es frecuente que, en la adolescencia, todo se perciba como «blanco o negro»: el mundo es genial o es un desastre; la vida y el futuro

❑ Si bien un título no pone a nadie a salvo del desempleo, siempre se es más feliz si se elige estudiar aquello que a uno le gusta. Además, sin duda desempeñarse en un trabajo que nos interesa nos lleva a desarrollarnos y a obtener mejores resultados, lo que puede traducirse en condiciones laborales más adecuadas. Trabajar en una tarea por la que no se siente ningún interés a la larga siempre es frustrante.

❑ No siempre uno está seguro de lo que quiere. En ocasiones es mejor continuar con una tarea hasta tener claro qué decisión tomar. Dejar la escuela secundaria, por ejemplo, suele ser determinante para el futuro, y por mucho que parezca aburrida, difícil o innecesaria, es sin duda imprescindible. Las consecuencias de no tener terminado ese ciclo son cada vez más obvias, pero a los 13 o 15 años no se las conoce. Suele ser más sencillo culminarla que enfrentarse a las responsabilidades y las exigencias del mundo del trabajo, y esto lo afirman los que no tuvieron más remedio que trabajar sin poder terminar sus estudios.

❑ Ante las dificultades para conseguir empleo, es importante mantenerse activo, perfeccionándose, estudiando idiomas o haciendo cursos de especialización. De este modo se está haciendo algo por conseguir aquello que se desea, sin dejarse ganar por la angustia.

La escuela, el trabajo, el futuro

lo general es en entrevistas verdaderas donde se forja esa experiencia.

Por eso, probablemente te resulten de utilidad algunos de estos consejos:

1. Es importante responder a las ofertas de empleo, aun a aquellas para las que sientes que no respondes exactamente a lo que se busca. Te servirá de experiencia la entrevista que mantengas.
2. Trata de comportarte de una manera adecuada al puesto que se desea cubrir. Si te presentas a una entrevista laboral con aspecto de estar camino al gimnasio, seguramente el entrevistador no te considerará demasiado interesado en el trabajo. Tu vestimenta, tus gestos, tu manera de sentarte «hablan» de ti: busca que todo ese lenguaje sea coherente con tu objetivo de conseguir el empleo.
3. Por lo general, es una mala estrategia mentir. Por ejemplo, decir que sabes hacer algo que desconoces, raras veces resulta creíble más allá de unos minutos. Es preferible que te sinceres pero al mismo tiempo que te muestres interesado y dispuesto para el aprendizaje.
4. Luego de la entrevista, repasa mentalmente cómo se desarrolló, qué respuestas tuyas consideras que fueron apropiadas y cuáles deberías reformular.

Por supuesto, no hay recetas infalibles para conseguir empleo y a veces es duro aceptar que se ha sido rechazado. Lo importante es que esas experiencias las capitalices como tales, que aprendas de tus errores, que te fortalezcas en tus puntos débiles y, sobre todo, que no te dejes desmoralizar. Tarde o temprano, el primer empleo llegará.

En síntesis, para conseguir un trabajo...

❑ Los estudios secundarios y un título universitario dan mayores oportunidades de conseguir un empleo. La falta de un título secundario a esta altura, ya deja irremediablemente fuera, aun para trabajos que aparentemente no lo requieren como colocar productos en las góndolas de un supermercado.

«¿Depende de mí conseguir un empleo?»

Los índices de desempleo entre los jóvenes son relativamente altos. Algunas de las causas son ajenas a lo que ellos hacen, a sus calificaciones laborales o a sus deseos. En estas condiciones, es casi natural que algunos chicos se desalienten al hacer su propia experiencia o viendo la de otros jóvenes algo mayores. Incluso, no son pocas las ocasiones en que los adultos transmiten su propia frustración o tristeza originada en su realidad laboral.

> Me ponen fatal esos tíos que, cuando les dices que estás estudiando, te sueltan "¿Y para qué, guapa? ¡Consíguete un buen marido que te mantenga!" ¿Es posible que todavía existan esos cretinos? (Consuelo, 19 años).

Sería importante que puedas discriminar lo que corre por tu cuenta y lo que no depende de ti. Formarte y educarte son asuntos de tu responsabilidad. Tener acceso a la escuela o a la universidad son oportunidades fantásticas que no debes desaprovechar.

Ninguna formación, ninguna carrera, ninguna profesión, es un pasaporte seguro hacia el empleo. Sí, indudablemente, es un pasaporte necesario para lograrlo. Pero, además, tu educación es de los pocos tesoros (junto con el afecto) que, una vez que lo has conquistado, nadie podrá quitarte ni impedirte que lo goces.

Cómo buscar trabajo

> No me imagino yendo sola a una entrevista. Me parece que hay que contar qué tan genial eres y eso me da vergüenza (Elisa, 18 años).

> La primera vez que fui a una entrevista me sentía disfrazado. Mi viejo había insistido con que tenía que llevar corbata y yo me sentía un payaso. ¿Esa es la traducción del «se necesita joven de buena presencia»? (Miguel, 18 años).

Cada una a su manera, pero todas las personas han sentido el vértigo, los nervios y la inseguridad de la primer entrevista laboral. Ésta, como muchas otras situaciones, requiere de una cierta práctica. A veces la escuela ofrece la posibilidad de ensayar; pero por

ampliación y enriquecimiento de tus conocimientos, la escuela es ese laboratorio donde deberás formar esas capacidades y cualidades que la empresa de hoy requiere a su personal.

«¿La escuela debe prepararme para el trabajo?»

Actualmente, «trabajar» consiste más en «producir conocimientos y aprender» que en repetir mecánicamente una rutina. Para lograr que un individuo adquiera estas posibilidades es necesario ofrecerle ricas y variadas experiencias, oportunidades de probar y equivocarse, de transferir lo aprendido en un ámbito a otro completamente diferente. La escuela es el espacio privilegiado para llevar adelante esta tarea.

> Yo no enviaría a mi hijo a la misma escuela que fui yo. Todo se concentraba en que supieras mucho de matemáticas, física, química y, por sobre todo, electricidad. Es cierto que me convirtieron en un excelente electricista, pero creo que zafé de una "formación con anteojeras" sólo porque mi vieja insistió con que siguiera el conservatorio de música. Ahí, además de música, me enseñaron bien un idioma, bastante historia e historia del arte (Lalo, 20 años).

Sin embargo, además de la formación para la inserción laboral, la escuela debe cumplir con un propósito tanto o más importante. Los estudios deben atender a la formación de individuos plenos. ¿Cuál sería el valor de formar a un experto en ciencias jurídicas si no se fomentara en él, al mismo tiempo, el apasionamiento por el valor de la justicia? ¿Cómo calificaríamos el trabajo docente que forma a un excelente maestro mayor de obra que carece de una educación estética? ¿Para un buen técnico químico es «innecesario» cultivarlo en la apreciación musical?

La escuela debe preparar y formar para el trabajo; pero no se debe olvidar que su tarea es más amplia y ambiciosa. No dejes de exigir, defender y sobre todo disfrutar la riqueza de esa educación.

siones estratégicas, plasticidad para la adaptación a condiciones cambiantes, etcétera.

Cuando las empresas buscan personas cada vez más educadas, es decir, con niveles de escolarización cada vez más avanzados, lo que están tratando de hallar es *gente entrenada en estas actitudes* más que un conocimiento específico en una disciplina o un tema. ¿Por qué? Porque cultivar y desarrollar ciertas actitudes y habilidades en las personas demanda más tiempo, esfuerzo, trabajo y dinero que darle a alguien que sabe relacionar, analizar, sintetizar, evaluar, etcétera, un conocimiento determinado sobre la composición de un producto o el funcionamiento de un servicio. La escuela y más tarde la universidad son los ámbitos en los que la mayoría de los individuos se capacitan y entrenan en estas habilidades.

Tomemos un ejemplo. ¿Qué es lo que aprende un joven que estudia la carrera de medicina? Indudablemente, adquiere una gran cantidad de información sobre anatomía, química, enfermedades, medicamentos, etcétera. Una buena parte de esta información, gracias a los avances científicos, será obsoleta en breve. Sin embargo, uno de los objetivos más importantes de los estudios de medicina es que el graduado haya adquirido una metodología de trabajo e investigación que le permita encontrar las fuentes de actualización y los recursos para incorporar los nuevos conocimientos. Por eso decíamos, más que un conocimiento específico, lo que la empresa busca es una habilidad (en el caso del médico, la habilidad para investigar y autoformarse).

¿Has leído últimamente los anuncios de empleos en los diarios? Fíjate que allí (además del requisito ya básico del dominio del inglés y la computación y cierto nivel de formación educativa) se pide como perfil del candidato cualidades tales como «visión global del negocio», «facilidad para las relaciones sociales», «adaptabilidad a entornos cambiantes», «criterios de decisión», etcétera.

¿Dónde se aprende todo esto? En la escuela y más tarde en la universidad. ¿Cuándo se aprende esto? Mientras intentas deducir cuál es el clima de la India a partir de lo que sabes sobre los sistemas de alta y baja presión de Asia; cuando te diriges al profesor de Historia e intentas negociar una nueva oportunidad para rendir tu examen; cuando buscas la manera de hacer nuevos amigos después de haber cambiado de escuela; etcétera. Además de la adquisición,

La escuela, el trabajo, el futuro

¿Qué buscan las empresas?

El anuncio pedía vendedores sin indicar ningún requisito de experiencia. Fui a la entrevista y me preguntaron a qué escuela había ido, cuál había sido el promedio de mis calificaciones, si vivía más o menos cerca de esa empresa. Hasta ahí, todo parecía normal. Después me preguntaron si practicaba algún deporte. Yo pensé: «me deben ver nervioso y quieren cambiarme de tema para que me calme». Conté que desde chico jugaba al *basketball* y que hacía un año ya me desempeñaba como ayudante del entrenador de los chicos más chicos del club. Al entrevistador le brillaron los ojos y empezó a pedirme detalles. Creí que estaba un poco loco... ¿qué tenía que ver eso con salir a vender? Pero después de un rato, me dijo: «para nosotros es importante que tengas cualidades para apoyar a los técnicos que dan capacitación a los vendedores. De hecho, el *basket* te debe haber enseñado a trabajar en equipo y lo que haces ahora con el entrenador nos viene de maravillas...». ¡Jamás me hubiera imaginado que conseguiría mi primer empleo gracias a mi deporte favorito! (Damián, 19 años).

Las transformaciones operadas en los últimos años han cambiado, entre otras cosas, los requerimientos de las empresas a la hora de tomar nuevo personal.

Una de las cuestiones más importantes para acceder a un puesto de trabajo es el nivel de estudios del candidato. Las estadísticas muestran que prácticamente no existe demanda de trabajadores que sólo cuenten con estudios primarios; y esta escasa demanda está destinada a cubrir las posiciones peor remuneradas y que probablemente en breve dejen de existir.

Así, los estudios secundarios completos se convierten en un requisito indispensable para acceder a un empleo, aun cuando la tarea a realizar no requiera específicamente de una calificación. En cuanto a los profesionales universitarios, la demanda de éstos es creciente.

¿Por qué las empresas ponen tanto énfasis en el nivel educativo de su personal? Porque como consecuencia de las innovaciones tecnológicas, las tareas más rutinarias, menos creativas y más mecánicas son automatizadas, es decir, son cubiertas o realizadas por algún tipo de artefacto. ¿Cuáles son, entonces, las tareas que no pueden ser realizadas por máquinas? Aquellas que signifiquen la aplicación de criterios, interpretación de situaciones, toma de deci-

«¿Y después...? No sé»

«¿Qué profesiones se necesitarán?»

«¿Será necesario ser profesional para tener empleo?»

«¿Qué seguridad tengo de conseguir un éxito similar al de él si me dedico a la misma actividad que papá?»

«¿Podré trabajar de manera independiente o tendré que hacerlo para una empresa por el resto de mi vida?»

«¿Mi vocación tendrá futuro?»

Para comenzar a buscar respuestas a estas preguntas, necesitas poder imaginarte cómo será el mañana. ¡Qué desafío!

En las últimas décadas, el mundo ha sufrido profundas transformaciones. Desde luego, las más obvias son las producidas en el ámbito de la tecnología. Mientras que para ti los discos de vinilo son «una pieza de museo», para tus padres ese CD que tan naturalmente escuchas sigue luciendo, como algo novedoso.

Hace aproximadamente doce años, los ordenadores personales (los PC) eran artefactos de consumo casi exclusivamente para las empresas (y sólo las que tenían cierta envergadura). ¿Cuántos ordenadores te rodean hoy en tu vida cotidiana?

Estos cambios tecnológicos no sólo transformaron las maquinarias de las que nos valemos para trabajar. También en los últimos años se han operado profundas y vertiginosas transformaciones en la manera de organizar el trabajo; incluso, algunas ocupaciones simplemente han desaparecido.

Algunos trabajadores lograron adaptarse y sostener el ritmo de estos cambios. Otros, desconcertados, «perdieron el tren» y se hallan actualmente en dificultades. En este contexto de cambios profundos y rápidos, ¿cómo planificar hoy lo que harás en los próximos cinco, diez, quince años? Indudablemente, la tarea es tan difícil como inevitable.

Paradójicamente, lo único cierto es la falta de certezas. Sin embargo, es importante que esta incertidumbre no te paralice, no te impida buscar información y diseñar alternativas que te permitan iniciar la construcción de tu futuro.

La escuela, el trabajo, el futuro

sino todo lo contrario: es la natural inquietud que se presenta a quien toma una decisión de manera consciente.

Por supuesto, el proceso de escucharte a ti mismo para descubrir lo que deseas hacer siempre se da con una cierta «música de fondo»; preguntas como «¿qué dirán mis padres?», «¿podré vivir de esto?», «¿me gustará tanto como me imagino o terminaré por decepcionarme?» suelen estar presentes en este momento.

¿Hacer lo que te gusta o lo que te conviene? Es difícil dar una respuesta terminante a esta pregunta. No obstante, hay algunas cuestiones que sería bueno que tuvieras en cuenta:

1. No existe carrera que garantice inequívocamente de antemano tu éxito o fracaso económico y profesional. Indudablemente, para algunas vocaciones, la inserción laboral es más probable y para otras es más dificultosa según el contexto, la ciudad o el país donde vivas. Pero en ningún caso, «la apuesta estará ganada antes de comenzar la partida».
2. Son escasísimas las ocasiones en que alguien logra terminar una carrera y ejercer su profesión por el sólo hecho de «darle el gusto a alguien» (llámese la ilusión de papá, el sueño de la abuela, etc.). Una carrera profesional exige un importante compromiso personal del estudiante; y si en ti no está vivo el deseo propio de llevarla adelante, de poco servirán las ganas de los demás.
3. En estos tiempos, seguir una carrera ya no es considerado necesariamente como una decisión laboral «para toda la vida». Los investigadores del mercado laboral estiman que los jóvenes profesionales de hoy probablemente cambien unas seis veces (¡seis veces!) su carrera profesional.

Para algunos jóvenes, encontrar su vocación es más o menos sencillo; para otros, no tanto; algunos se deciden por algo y más tarde descubren que estaban errados y reencaminan sus esfuerzos. Lo importante es que trabajes en el sentido de encontrar aquello que personal e íntimamente te apasione, con independencia de si es la mejor opción desde el punto de vista lucrativo. Trabajar en aquello con lo cual te sientas realmente a gusto, quizás no te haga la persona más rica pero seguramente serás bueno en lo que hagas y probablemente un ser humano feliz. Y esta es la mayor de las fortunas.

Es cierto. La escuela no es siempre divertida. Pero eso no implica que no puedas encontrar en ella otras formas del placer como el despertar de intereses nuevos, la adquisición de conocimientos, la comprensión de fenómenos hasta ahora misteriosos o el descubrimiento de tu vocación.

En busca de la vocación

Me acuerdo que cuando era chico, siempre aparecía algún grande que me preguntaba qué iba a ser cuando sea grande. Reconozco que pasé por varias «profesiones», todas relacionadas con el «negocio de las golosinas»: vendedor de palomitas de maíz, kioskero, heladero... ¡Me encantaría tenerla ahora tan clara como en aquella época! (Guillermo, 17 años).

La escuela también es la etapa en que los chicos comienzan a preguntarse qué les gusta. Indudablemente no es sencillo responder a esto.

Algunos chicos creen identificar su vocación con aquello para lo que sienten tener un talento o facilidad natural. «Soy bueno en física. ¿Qué tal si estudio Ingeniería?» Otros desestiman esta facilidad en función de lo que les gusta. «Sé que puedo estudiar materias humanísticas sin esfuerzo; pero aunque me cueste más, tengo ganas de hacer una carrera científica.» Algunos jóvenes priorizan evaluar las posibilidades laborales de una carrera. «Me gusta la música, pero no quiero ser un muerto de hambre.» ¿Cuál de todas éstas será la manera adecuada de encaminar una vocación?

A veces pienso que debería ser notario, como mi padre. Se la pasa de maravillas, hace buena pasta, la gente le respeta. ¡Vamos, que hasta le podría «heredar» los clientes y forrarme en un santiamén! Pero ¿me apetece el rollo de pasarme la vida encerrado en el bufete...? (Lucio, 16 años).

Hablar de vocación implica comprometerse con algo personal e íntimo. Tiene que ver con preguntarse profundamente qué se quiere y tomar una decisión que atienda o no a ese deseo. Y decidir supone abandonar, postergar o desechar otras opciones posibles, que seguramente generan en ti tristeza o temor. No se trata de inmadurez

La escuela, el trabajo, el futuro

¿Divertirse en la escuela?

Prefiero ir a la escuela durante la mañana; no porque me guste madrugar sino porque a la mañana estoy «dormida»; entonces, en vez de perder mis horas despierta, voy al colegio y sigo durmiendo ahí (Adriana, 17 años).

El laboratorio de física es copado. Hay aparatos y así es más fácil entender de qué habla el profesor. Porque cuando el tipo da clases comunes en el aula, todo lo que dice parece chino: ni siquiera logro imaginar de qué está hablando (Manuel 16 años).

Para algunos chicos, la escuela es sinónimo de aburrimiento. Para algunas escuelas, lo importante de su tarea es que los chicos se diviertan. ¿Será un asunto importante el lugar que ocupe la diversión en el ámbito escolar?

Probablemente la mayor diversión que te brinde la escuela no provenga de sus enseñanzas sino de tus compañeros y, en todo caso, de las travesuras, chistes y ocurrencias que la escuela inspira. Eso está muy bien, pues la mejor manera de generar un buen clima de trabajo (en la escuela, en la empresa o en casa) es lograr que la alegría y el humor circulen entre quienes se acompañan en una tarea.

Pero no todas las tareas encierran en sí mismas «diversión». El esfuerzo, el empeño, la búsqueda de caminos para resolver o superar dificultades suelen ser condiciones para concretar con éxito un trabajo; y la escuela, de un modo especial, también es un trabajo. ¿Esto significa que trabajo y estudio no tienen que ver con el placer? De ninguna manera.

Imaginemos a un cirujano que tiene que realizar una operación arriesgada. Seguramente, para lograr que su paciente la soporte y mejore a partir de ella, tendrá que haber trabajado duramente antes de llevarla a cabo (estudiando, ensayando, observando a otros profesionales, etc.); y también deberá trabajar arduamente durante la operación misma, tratando que sus nervios e inquietudes no lo traicionen y le permitan trabajar lo mejor posible. Si la operación resultara exitosa, ¿el médico diría que «se divirtió» realizándola? Suena poco probable; sin embargo, posiblemente sí diga que se siente feliz y orgulloso de su trabajo. ¿La felicidad y el orgullo no serán formas del placer tanto o más importantes que la diversión?

En la vida adulta, no siempre te encontrarás con que los demás «hacen bien su trabajo». Quizás te encuentres con un jefe que no sabe explicarse a la hora de encomendarte una tarea, pero igualmente deberás hallar la manera de llevarla a cabo. Tal vez debas asumir responsabilidades «aburridas» (no son tantas las personas que descubren la felicidad limpiando su casa o planchando camisas…) y no obstante cumplirlas porque entenderás que es necesario hacerlo además de otros proyectos. Es preciso que encontremos la manera de superar las dificultades, ya sea a partir de tus propios recursos o pidiendo ayuda cuándo y a quién corresponda.

En ocasiones, las dificultades en el rendimiento escolar tienen su origen en asuntos ajenos a la escuela. La adolescencia, con toda su carga de «revolución interior», a veces produce en algunos chicos conflictos personales que redundan en una baja en sus calificaciones, repetir el año o directamente los mueve al abandono de la escuela. Es necesario señalar que la escuela como institución no siempre está preparada para detectar este tipo de problemas y para ayudar o contener al adolescente que se encuentra en esta circunstancia. Sin embargo, sería bueno que, aun si estuvieras atravesando una situación de este tipo, te mantengas dentro de la escuela al tiempo que buscas la ayuda que consideres necesaria para afrontar esta crisis. La escuela es «tu» espacio; un lugar que, con todos sus defectos y virtudes, con sus docentes y con tus compañeros, podrá servirte para atravesar ese momento duro que parece obstaculizarlo todo.

Sea cual sea su origen, frente a las dificultades en la escuela algunos chicos prefieren abandonarla y dedicarse a otra cosa, ya sea quedarse en casa o buscar un empleo. Huelga explicar que, en este flamante siglo XXI, son escasas las posibilidades de conseguir un empleo con proyección de futuro si se carece de formación educativa; por eso no nos detendremos en este aspecto. Pero sí consideramos importante señalar que el joven que se aleja de la escuela está perdiendo un espacio social valioso (compañeros y amigos) además de la oportunidad de ensayar, probar y aprender, como decíamos antes, qué hacer ante situaciones similares a las que se le presentarán en la vida adulta. En este sentido, la escuela no sólo es algo útil sino un derecho que debes defender, aprovechar y disfrutar.

tivamente, las matemáticas y la geografía proporcionan conocimientos que no «sirven» de la misma manera; sin embargo, ambos son valiosos aun cuando su aplicación práctica no sea evidente o inmediata. ¿Por qué? Porque «te abren la cabeza», te brindan la posibilidad de tener un menú más amplio a partir del cual desarrollar tus intereses, inclinaciones, aptitudes e inquietudes. Y tú sabes, mejor que nadie, que no todo lo que interesa «sirve»: hay cosas que no proporcionan utilidad sino placer, alegría y diversión, que son asuntos realmente tan valiosos como las «cuestiones prácticas».

Quizás sea fuente de satisfacciones; quizás un espléndido lugar de encuentro con amigos; quizás un trámite engorroso. Ya sea porque se te ofrezca así, ya sea porque logras hacerlo propio, la escuela es un lugar para ti: aprovéchalo y disfrútalo intensamente.

«La escuela no me ayuda»

A los profesores lo único que les preocupa es que repitas lo que ellos dijeron como si fueras un loro. Por eso no estudio (Damián, 15 años).

El de Historia es buen tipo, ¿pero a quién le interesa lo que explica? Lo lamento por él, pero yo no voy a perder el tiempo con esas idioteces (Laura, 17 años).

No siempre es fácil responder a las exigencias de la escuela. Esta dificultad a veces se debe a fallas de los profesores, de los programas de estudios o de las autoridades de la institución educativa. Pero esto no debe ocultar que, en ocasiones, los problemas tienen su origen en la actitud o dedicación de los estudiantes.

Especialmente durante la adolescencia, la escuela funciona como una suerte de lugar donde ensayar qué hacer frente a situaciones similares a las que se te presentarán en la vida adulta. Esta especie de «laboratorio» te permitirá aprender, probar y corregir cómo actuar en distintas circunstancias. Tal vez este sea uno de los sentidos más profundos e importantes de la etapa escolar.

Sé que estoy pez con la trigonometría. Pero que el gilipollas del profe no me chingue con "te repruebo"; es que soy malo porque él no se explica bien (Miguel, 14 años).

y a quienes podrás enriquecer tanto por las afinidades que encuentren entre ustedes como por las diferencias que existan. La escuela ofrece un espacio privilegiado para que los adolescentes comiencen a descubrir el mundo más allá de las «fronteras» de sus propios hogares y sus propias familias. En este punto, podrías estar preguntándote «bien, pero esa experiencia ya la hice de niño, ¿por qué se dice que ahora es un «espacio privilegiado?». Porque tu adolescencia supone cuestionarte todo lo que hasta aquí has aceptado y aprendido de tus mayores para comenzar a construir tu propia identidad de una manera consciente y autónoma. Respecto de este proceso, el espacio social que te ofrece la escuela te permite realizar este trabajo en compañía y con la ayuda de los chicos de tu edad.

Te confieso que encuentro cierto placer cuando descubro que tengo más palabras para decir lo que pienso (Guido, 15 años).

En segundo lugar, *la escuela cumple con la misión de formarte intelectualmente* para tus proyectos futuros, ya se trate de insertarte en el mercado laboral o iniciar una carrera universitaria. Quizás se interprete esto como «llenarte la cabeza de datos» cuyo valor, pertinencia o relevancia no siempre resultan patentes. No se trata de discutir aquí el valor de todos y cada uno de los temas, conocimientos o contenidos que enseña puntualmente esta o aquella escuela (sería una tarea demasiado amplia que excedería el propósito de esta guía). Pero sí es importante marcar que la escuela te brinda un entrenamiento en ciertas habilidades que, aunque a veces te cueste comprenderlo, son imprescindibles para tu desarrollo personal, profesional y laboral posterior.

¿Quién se hubiera imaginado que aquellos tíos discutían si Cristo era dueño de sus sandalias para poder echarle el rollo al Papa para que renuncie a sus riquezas? Venga, que creía que nadie se había preguntado sobre este asuntillo (Imanol, 16 años).

En tercer lugar, *la escuela te permite entrar en contacto con temas y conocimientos valiosos.* «¿Valioso significa útil?» Aprender a sumar y restar sirve para hacer cuentas cotidianamente; pero aprender sobre la geografía de un país lejano y remoto… ¿sirve para algo? Efec-

6. La escuela, el trabajo, el futuro

La escuela es...
...un lugar donde encontrar amigos.
...un plomazo infernal.
...algo que tienes que hacer.
...donde te preparas para una carrera universitaria.
...lo que tienes que hacer para conseguir un empleo.

Probablemente tu opinión personal coincida con alguna o todas estas respuestas. Tú sabes que no todos los chicos asisten a la escuela con las mismas expectativas ni encuentran en ella lo mismo. Algunos son estudiosos, otros vagos, otros cumplen con lo justo, algunos se divierten, otros se aburren y otros hasta la pasan mal. Todos los adolescentes se cuestionan, en algún momento, el sentido de esta tarea que significa estudiar.

El sentido del aprendizaje escolar es una pregunta profunda y compleja, que debe ser abordada desde distintas perspectivas. Sin embargo, es importante señalar algunos aspectos que son valiosos para ti.

> Nos cambiamos de ciudad en pleno verano. Me sentía fatal, pues aquí no tenía siquiera una amiga para telefonear; mi vida se reducía al jaleo de vaciar canastos y maletas. Mal que me pese, ¡menos mal que el cole comenzó pronto! (Ana Inés, 15 años).

En primer lugar, *la escuela es un espacio de inserción social*. Allí tienes oportunidad de conocer a otros jóvenes de los que podrás aprender

Tiempo de hijos

Habrá ocasiones en que te equivocarás y otras en que te sentirás orgulloso de tus elecciones, lo cual ocurrirá, no sólo en tu adolescencia, sino durante toda tu vida. Sin embargo, más allá de los aciertos y los errores, debes tenerte paciencia y disfrutar de este fantástico proceso de empezar a ser tú mismo.

Mi grupo, mis amigos y yo

Sin embargo, también es necesario que tomes conciencia de que esta independencia no sólo la comienzas a ejercer respecto de los adultos. Madurar, crecer, significa poder comportarse con criterio propio incluso respecto de tus pares, es decir, respecto de tus amigos, tus compañeros de escuela, tus camaradas de grupo.

En el colegio secundario, siempre me pasaba lo mismo: cuando un profesor planteaba una votación y decía: «Levanten las manos primero los que prefieren A y después los que prefieren B, yo siempre era prácticamente la única que opinaba A cuando la mayoría prefería B, y viceversa. Me daba muchísima vergüenza, pero no lo hacía adrede: en verdad, siempre pensaba antes de votar y realmente creía que, entre las dos opciones, la mejor era la que había elegido. Con los años, me di cuenta de que muchos no expresaban su propia opinión, sino que simplemente votaban lo que suponían que iba a votar la mayoría (Carla, 22 años).

Probablemente te resulte más sencillo plantear a los adultos que opinas diferente; «más sencillo» no porque sea más fácil que ellos te den la razón sino porque no temes que te consideren «raro» o «estúpido». Pero ¿qué sucede cuando sientes que no estás de acuerdo con lo que quieren hacer tus amigos o tu grupo?

Es natural que sientas que tus amigos y tu grupo son las personas con las que mayor afinidad tienes (¡por eso son tus amigos y tu grupo!). Pero esto no debe impedirte poder sostener una opinión diferente o no adherirte a una iniciativa de la mayoría. Por el contrario, ser capaz de sostener también frente a ellos tu propia independencia de criterio, respetarte en tus propios deseos, hacer sólo lo que tú consideres correcto hacer, son formas de ejercitar tu libertad.

Crecer e independizarse son procesos largos y complejos. La meta es aprender a ser tú mismo. No se trata de no escuchar a nadie (a los adultos, a tus amigos). No se trata de «hacer la tuya» en el sentido de no tomar en cuenta lo que dicen los demás; sería necio actuar de ese modo, pues los otros muchas veces nos ayudan a ver y pensar aspectos que no habíamos tenido en cuenta.

Por el contrario, «hacer la tuya» de verdad, plenamente, implica escuchar a todos y pensar con «tu propia cabeza», aplicando tu propio criterio, qué es lo que consideras correcto, adecuado o conveniente.

dad, vale decir: haciéndote cargo de las consecuencias que tus elecciones tienen sobre ti y sobre los demás.

Quizás uno de los aprendizajes más complejos de la adolescencia sea el de cómo manejar la libertad. Es un desafío tan importante y tan difícil de asumir que no todos lo logran y muchas personas llegan a la edad adulta sin haber aprendido a hacerse cargo de sus elecciones, con el consiguiente sufrimiento que eso implica. Son esos «adultos» que de adultos sólo tienen la edad y no el comportamiento responsable que la adultez implica. Son los adultos a quienes el resto de los adultos llama *inmaduros* o *irresponsables*, la mayoría de las veces criticándolos y pocas de ellas poniendo el acento en el dolor que ese «no hacerse cargo de sus elecciones» suele producir en los demás y también en ellos mismos.

Aprender a volar

¿En qué consiste este aprendizaje de la libertad que deberías realizar durante la adolescencia, para convertirte luego en una persona madura, autónoma y responsable? En la actualidad, las salidas nocturnas constituyen para ti un buen ejemplo de un espacio donde ejercitar tu autonomía. Lograr el permiso de tus padres –sea éste otorgado de buena o mala gana– te posibilita nuevas diversiones pero también te enfrenta con la obligación de empezar a cuidarte sola o solo.

Es importante que ganes confianza en ti mismo y al mismo tiempo que puedas demostrar a los adultos que estás en condiciones de manejarte con independencia y responsabilidad.

Convenir con tus padres de qué manera te movilizarás en la calle, escuchar las precauciones que te sugieran tomar y respetar los horarios acordados, servirá tanto para garantizar su tranquilidad como para que incorpores criterios prácticos acerca de cómo actuar en esas salidas. Por eso: no desestimes sus opiniones sin escucharlas ni meditar sobre ellas; trata de extraer de sus palabras lo que te sirva. Casi con seguridad encontrarás mucho de aprovechable en su experiencia que, en cuanto a manejarse de manera autónoma sin correr riesgos innecesarios será, sin lugar a dudas, muy superior a la tuya.

«Hacer la tuya», ser libre, independiente, pero... ¿cómo?

Lo que más me vale de este momento es sentir que soy yo la que elige y decide. Cuando dejas de ser niña, vamos, no quieres que tus padres te den la lata, pero tampoco sabes muy bien de qué quieres ir. Entonces, haces lo que tus amigos o simplemente le llevas la contraria a tus padres por puro gusto; pero nunca estás seguro de que haces esto o aquello porque así lo quieres tú. Ahora, en cambio, me pienso qué es lo que quiero y hasta puedo hablar con otros sobre ello más tranquila. Esto de ser mayor es un quebradero de cabeza...¡pero lo bien que sienta! (Trini, 18 años).

«Ser grande», «ser independiente», «ser responsable». De alguna manera, éstos son tres aspectos de un mismo fenómeno. Implican nuevas posibilidades y nuevos desafíos. La adolescencia es la etapa de la vida en la cual las personas aprenden a disfrutarlos y también a manejarlos.

Hasta este momento las cosas habían sido más o menos claras para ti: más grande o más pequeño, todos te trataban como a un niño o niña y esperaban de ti comportamientos y reacciones propios de la infancia. Pero ahora las cosas se complicaron. Tú no te sientes igual y deseas que los demás admitan y respeten a quien desea ser más libre y dueño o dueña de sí.

Muchos jóvenes cuentan que en este momento de su adolescencia, los adultos insisten en hablar todo el tiempo de la *responsabilidad*: que debes hacerte responsable de tus estudios, que debes hacerte responsable de tus cosas (tu cuarto, tu ropa, tus discos), que debes ser responsable en la forma en que te conduces frente a los demás, respetando lo que dicen y cuidando la manera en que te diriges a ellos, etcétera. A ti te entusiasma la *libertad* que supone el crecimiento, ¡y ellos sólo hablan de *responsabilidad*!

Sin embargo, tal vez tú mismo comienzas a sentir que, incluso más allá de lo que los adultos te ordenen, muchos aspectos de tu vida dependen de tu propio compromiso e iniciativa. Tus padres, tus amigos, los profesores, todos pueden intentar influenciarte, pero el éxito o el fracaso dependerá en su mayor parte de ti: eres libre y puedes elegir la manera de conducirte con esa libertad. Puedes elegir para qué usarla y cómo usarla, ejerciéndola con responsabili-

laciones, no las desaproveches ni mucho menos te prives de ellas: la adolescencia suele ser el momento en el cual nacen y se consolidan algunas de las amistades más importantes que tendrá una persona en su vida.

> Tanto que mis padres me comieron el coco contra los prejuicios, ¡ahora veo que los prejuiciosos son ellos! A ellos no les agrada que ande con Tommy: que se ha rapado la cabeza, que se ha tatuado, que usa pendientes. No fue más que verle y poner cara de beber vinagres. Que quién es ese tío, que si ha terminado el bachillerato, que adónde vamos de marcha... ¡Todo ese jaleo cuando ni siquiera le conocen! ¿Se enterarán por caso que canta como los dioses y que su padre es arquitecto igual que el mío? (Estefanía, 17 años).

Podría ocurrir que uno de tus amigos o amigas no fuese aceptado por tus padres, lo que suele dar lugar a situaciones realmente dolorosas para todos los involucrados. Para ti, porque rechazan a alguien por quien sientes afecto; para tus padres, pues probablemente porque tengan algún temor (que puede ser real o infundado) respecto de la conveniencia de esa relación; y para tu amigo, porque puede sentirse injustamente prejuzgado.

Por lo general, la mejor manera de enfrentar este tipo de problemas es permitiendo que todos se conozcan, hablando con tus padres para que te permitan invitarlo a casa y que vean por ellos mismos los valores que tú encontraste en él o en ella y que ellos también puedan evaluar si su primera impresión era correcta o estaban equivocados.

Todos –tu familia, tu amigo y tú– merecen tener la oportunidad de conocerse para, de ese modo, deshacer los temores que todos experimentan. Recuerda que una relación clandestina o «a contrapelo» de la opinión de tus padres, podrá ser divertida en un principio, mientras disfrutes el sabor de lo prohibido, pero luego puede convertirse en objeto de sufrimiento.

Por eso, para facilitar las cosas y evitar que tanto el vínculo con tus padres como con tus amigos se deteriore, lo mejor será siempre procurar que se conozcan, si bien obviamente, las decisiones en torno a tus amistades serán siempre del todo tuyas ya que la amistad (como el amor) es un asunto personal.

libertad. Pero también es bueno recordar que algunas de esas figuras tuvieron destinos trágicos.

Durante la adolescencia el mundo es percibido a menudo como un ámbito hostil: que no comprende a los jóvenes, que parece más dispuesto a exigirles responsabilidades y tareas que a escucharlos, que no les ofrece espacios adecuados para su desarrollo (una mejor escuela, facilidades para su educación universitaria, buenas perspectivas de inserción laboral, etc.), y donde los adultos a veces les transmiten su propio desaliento. ¿Puede ser una solución a convertirse entonces en uno de esos «chicos malos» y responder a la hostilidad con mayor hostilidad o una forzada indiferencia?

La sensibilidad adolescente es inmensa, tanto como su energía creadora. No te dejes atrapar por el desencanto o lo que te disgusta; trabaja, en cambio, para emplear ese enorme potencial en la construcción de proyectos nuevos capaces de convertir tus propios ideales en realidades concretas.

Ese amigo del alma

> Para mí, un amigo es: sonrisas, lágrimas, caricias, besos, una llamada, una carta, una discusión, una pelea (Carolina, 18 años).

> Un amigo es alguien que te comprende y te ayuda; alguien que te acompaña, que está en todo momento (Mariano, 14 años).

Seguramente hay alguien con quien te sientes absolutamente a gusto, con quien basta una mirada para decirse todo, alguien en quien encuentras una comprensión que nadie más sabe brindarte, que sufre o se alegra contigo.

Siempre que se habla de la amistad se la exalta y se la valora. Sin embargo, construir una amistad y mantenerla no es algo del todo sencillo. Como muchas otras relaciones, la amistad tiene sus idas y venidas, y requiere de mucho cuidado y dedicación. Por eso es importante que, más allá de los estilos o de las modas, los amigos puedan expresar con sus palabras y con sus acciones el afecto y el respeto que ambos se merecen. No subestimes estas re-

«maricón», «gorda»... al final me callé y para taparles la boca tiré un piedrita, que por suerte no le pegó a nadie... (Juan Manuel, 13 años).

Las personas (niños, jóvenes o adultos) en general buscan compañía, amistad y afecto. Esto no los hace débiles; por el contrario: es señal de ser sanos. Es bueno que busques tu grupo, tus amigos, tus afectos. Pero evita a quienes para ofrecerte su compañía te obligan a no respetar lo que realmente sientes, o a hacer lo que no deseas. Un grupo valioso es aquel que te permite compartir y disfrutar las afinidades y, al mismo tiempo, respeta los sentimientos y opiniones de cada uno de sus miembros. Anímate a ser tú mismo y busca al grupo que te apoye para lograrlo.

Los «chicos malos»

Íbamos vestidos rarísimos y nos paseábamos en un descapotable horrible. La gente nos odiaba. Era maravilloso.

Björk, Revista *EGM*

Ser adolescente implica una gran cuota de rebeldía. Ser rebelde te provee de la energía que necesitas para ir descubriendo y construyendo tu propia identidad. ¿Por qué hacer lo que te enseñaron en vez de probar algo distinto? ¿Por qué obedecer las órdenes de los adultos? ¿Por qué hacer lo que se espera de ti en vez de lo que tú quieres hacer? No sólo es natural que te hagas éstas y muchas preguntas más: es necesario para tu enriquecimiento personal.

A veces esta rebelión hacia todo lo aprendido convierte a ciertos grupos o personalidades en modelos de esta actitud. Quizás pueda decirse que cada generación ha tenido su propio prototipo del «rebelde», del «insatisfecho» o del «inconformista», en suma, su *bad guy*, su «chico malo» o «chica mala» de turno. Nombremos algunos a modo de ejemplo: James Dean, Jim Morrison, Kurt Cobain, Prince, Marilyn Manson, Marilyn Monroe, Madonna en su versión de los 80... Cada uno de ellos, en su época y con su estilo, parecía encarnar sentimientos de trasgresión, de exploración de los límites, de

Mi grupo, mis amigos y yo

adultos en general es fluida y por eso, seguramente, es más sencillo compartir tus cosas con gente de tu edad.

¿Cómo te llaman tus amigos? ¿Tienes un sobrenombre? Es común que dentro del grupo se «re-bautice» a sus miembros: «el Loco», «la Flaca», «el Mono», etcétera. Apodos simpáticos, crueles o graciosos, muchos indican cómo los demás ven a ese miembro o qué papel cumple dentro del grupo. Con o sin sobrenombre, tú también ocupas un lugar dentro del grupo. ¿Te sientes a gusto con él?

Estar con otros suele requerir negociar, compatibilizar gustos, ideas, opiniones; y aprender a armonizar tus deseos con los de tu grupo es valioso, pues te permite ser capaz de compartir. Los grupos donde se pueden construir estos acuerdos mediante el diálogo, respetando el parecer de cada uno, son los que realmente permiten crecer a cada uno de sus integrantes.

> Lo de aquella noche sí que fue un mal rollo. Yo no quería ir a la casa de ese tío. Me dio que algo debía traerse un tipo mayor, que podía ser mi padre, para que nos invitara a su casa así como así. Pero Pía y Marilí cogieron tanto entusiasmo que creí que era yo la que estaba medio pez. Apenas llegar, comenzó con que probáramos este trago y aquel. Yo estaba fatal: ¡ni un vaso de agua habría podido tomar! Aunque me fastidia admitirlo, todo el rato recordaba esas frases cargantes de mis padres: que no me dé con extraños, que cuídate de los listillos... Cuando vi que ese chulo empezaba a ponerse pesado, busqué nuestras chaquetas y dije "¡Vamos!". No sé cómo sonó mi voz, pero mis amigas cogieron sus abrigos sin decir palabra y me siguieron a la calle. Fue la peor noche de nuestras vidas.. (Camila, 16 años).

Hay grupos en los que sus miembros parecen tener la necesidad de dejar de ser ellos mismos para poder pertenecer. Son grupos que te hacen sentir obligado a hacer o decir lo que los demás esperan y no lo que realmente deseas. Entonces, «si no fumas, eres un niño»; «no puedes tener esta edad y ser virgen», «se debe hacer dieta», etcétera, se transforman en mandatos que si no son obedecidos, te dejan fuera del grupo. Y estar fuera del grupo parece sinónimo de estar solo...

> Cuando me di cuenta de que, en el grupo de chicas estaba la hija de mis vecinos, me quería matar. Los pibes son unos tarados; yo les dije que no tenía onda tirarles piedras a las chicas porque no nos habían dado bola, pero me decían «puto»,

para ti que renuncies a tus opiniones ni a tus sentimientos por agradar a los demás. Aunque sí, por supuesto, es importante que escuches a los otros (¿por qué no pensar que quizás estés equivocado al actuar de cierta manera?), que sepas ceder en ocasiones (¿por qué todos deberían darte el gusto a ti?), que estés dispuesto a reconsiderar tus actitudes (¿es impensable que hayas actuado equivocadamente?).

> Melenas, coletas, pendientes. Unos pelos y unas pintas te hacen pensar que ese tío es alguien con quien puedes entenderte. Pero no debes olvidarte que un *look* no es más que algo que una persona se ha echado encima, un maldito disfraz; que el tipo que se coloca la pinta más *cool* puede ser una mala bestia peor que alguien vestido normal (Diego, 21 años).

Los grupos que se permiten discutir, bromear, dudar, expresar el miedo, compartir las alegrías o tristezas, en suma, los grupos que permiten que sus miembros se apoyen mutuamente, son los más valiosos y los que más te aportarán en esta nueva etapa de tu vida.

¿Unidos o pegoteados?

> Desde que nos conocimos, fuimos como hemanas. Íbamos juntas a todos los sitios. Como teníamos casi la misma talla, siempre nos intercambiábamos una chaqueta o un jersey. Ahora, desde que me he puesto a salir con Nico, las niñas hacen programas pero ya no me invitan. Me late que le han cogido manía... ¡o se han puesto celosas! Sea como sea, este rollo me tiene de lo más apenada (Marisol, 17 años).

> No sé qué le pasó al Mono. Los viejos lo mandaron a estudiar teatro y él la cortó con nosotros. Ahora dice que no tiene tanto tiempo para boludear, es como que se agrandó.. (Patricio, 16 años).

Estar con tu grupo y pasar horas con ellos es uno de tus pasatiempos favoritos. Salir, pasear o simplemente estar juntos te resulta mucho más interesante que otras actividades. Esto es natural y es bueno. Como adolescentes, «hacer nada» es una de las maneras más entretenidas de «hacer algo». Además, estás atravesando un momento en que no siempre la comunicación con tus padres y los

«¿Me aceptarán en este grupo?»

Me gustaría entrar en la bandita. Los pibes están recopados con lo que hacen y a mí me encanta la música, pero me parece que encararlos no da... (Emiliano, 16 años).

Les veo juntas todo el tiempo, descojonándose de risa. Está visto que se lo pasan bomba. Pero yo no soy tan guapa ni tan maja y temo que si me acerco a ellas me traten fatal (Juanita, 14 años).

El temor a estar solo muchas veces conduce a las personas a aceptar como propias costumbres, conductas u opiniones con las que en verdad no están de acuerdo. Y hablar de «temor» no significa que se trate de cobardes, pusilánimes, gente «sin personalidad». El sentimiento de seguridad que nos da la compañía de otros en momentos difíciles es absolutamente humano. Y la adolescencia es uno de esos momentos difíciles.

Estás «estrenando» un cuerpo nuevo, estableciendo nuevos compromisos y asumiendo nuevas responsabilidades en tus relaciones con los adultos y con personas de tu edad. Estás investigando el amor y el sexo. Y, dentro de muy poco, estarás definiendo una vocación y/o iniciándote en el mundo del trabajo. ¿Quién podría enfrentar solo tanto desafío?

Sin embargo, hay ocasiones en que, para que los demás te permitan participar del grupo, pareciera que debes modificar lo que te distingue de ellos y acentuar lo que te iguala. Hay una manera de hablar y de vestirse que «está bien», y otra que «está mal». Hay un gusto musical o deportivo «correcto» y otro «incorrecto». Hay maneras de divertirse que son «geniales» y otras que son «lo peor».

Es difícil ejemplificar cada una de estas modalidades, depende de tu «banda», tu «tribu» o como llames a tu grupo, de qué se trata la «movida». Lo que sí ocurre en todos los casos, es que quienes participan del grupo rápidamente descubren y aceptan las reglas.

Tal vez te preguntes: «*¿Me aceptarán como soy?*». Es imposible saberlo de antemano. Tendrás que ir probando. «*¿Cómo decidir qué quiero conservar y qué quiero cambiar para parecerme a los demás y que me acepten?*», es otra pregunta que puedes hacerte al plantearte la posibilidad de formar parte de un grupo. No es necesario ni bueno

Quizás hayas formado un grupo de amigos. Con ellos compartes mucho: la forma en que visten, la manera de hablar, ciertas preferencias –musicales, deportivas, políticas, etcétera– y algunas opiniones. Entre todos se brindan apoyo y un espacio para pensar y hablar sobre lo que les interesa, apasiona o preocupa.

Piensa en tus compañeros de clase y fíjate si identificas algunas de las siguientes características.

¿Reconoces al grupo de «los estudiosos»? Siempre saben exactamente qué había que estudiar para cada día, tienen sus carpetas completas y los profesores los miran enternecidos cada vez que ellos les demuestran que las explicaciones fueron comprendidas por alguien.

¿Y el grupo de «los que cumplen con el colegio, pero están en otra…»? Sus calificaciones son más o menos «dignas»; incluso algunos destacan en tal o cual materia pues tienen facilidad para ella o cierta afinidad. Pero sus «intereses» están fundamentalmente en otra parte: en su propia banda de rock, en el equipo de fútbol del que participan, en el partido político al que se adhieren fervorosamente, en el periódico estudiantil, en su pasión por el dibujo…

¿Y los que se reúnen a «matar el tiempo» en la esquina y pasan más tiempo allí que en el colegio? ¿Y las que, sin importarles dónde estén ni qué simulan estar haciendo en cada momento, sólo piensan en la disco? Podríamos seguir describiendo todas las clases de grupos que suelen formar los adolescentes en torno a los diversos intereses que los convocan. Pero lo destacable de este fenómeno es que, independientemente de cuál sea el interés en común, cada grupo funciona de una manera particular y cada una de las personas que lo conforman desempeña un rol diferente.

¿Siempre es bueno o mejor participar de un grupo? Por lo general, los grupos y los amigos ayudan a divertirse, a aprender, a amar y a crecer. Pero también es cierto que algunos grupos dificultan esto mismo y entonces se convierten en un obstáculo para el desarrollo personal de sus miembros.

Por eso es importante que, cualquiera que sea la compañía que elijas, respetes siempre tus propios deseos y tus sentimientos, escuchando las opiniones y los aportes de los otros sin perder tu independencia de criterio ni de acción.

5. Mi grupo, mis amigos y yo

(...) Mis amigos son sueños imprevistos
que buscan sus piedras filosofales
andando por sórdidos arrabales
donde acuden los dioses sin ser vistos.
Mis amigos son gente cumplidora
que acude cuando sabe que yo espero
si les roza la muerte disimulan
que para ellos la amistad es lo primero.

Joan Manuel Serrat

¿Puedes imaginarte pasar más de un día sin hablar aunque sea con uno de tus amigos? ¿Sería prácticamente imposible, verdad? Día a día la amistad y los encuentros con tus amigos ocupan cada vez más espacio en tu vida. Es que juntos es más divertido. Y más fácil... Tus amigos, la gente de tu edad, están pasando por situaciones similares y entre ustedes se ofrecen una compañía y una comprensión que los hace sentirse más cómodos y seguros.

Martes 15, a la tarde
Hoy me fue mal en matemáticas. Me sentí una idiota. No puedo con todas las materias y, además, esa escuela es muy exigente. Pero cuando pienso que, si me cambio a una más fácil, no voy a ver más a Aye y Luz, me desespero. No tengo ganas de llevarme materias ni de repetir, pero si no estoy con ellas, me muero (Del diario de Cecilia, 16 años).

Cuando le conocí, pensé que Juan era un tío listo. Pero cuando me soltó que *Green Day* le iba fatal, pensé: "¿De dónde ha salido este capullo?" (Esteban, 17 años).

persona adecuada para escuchar la sensación de alivio que experimentamos al contarlo es enorme. Y sumamente liberadora. Más aún cuando sabemos que esa persona puede ayudarnos a empezar a dejar atrás ese episodio que tanto dolor nos produce.

Un abusador sexual es clínicamente un perverso y legalmente un delincuente. Es alguien que agrede, violenta, hace daño y de quien es necesario defenderse a fin de evitar que continúe haciendo daño. Para defenderse de un abusador existen recursos clínicos y legales a nuestra disposición. Sin embargo, ni siquiera a un adulto le resulta sencillo poner en práctica estos recursos sin ayuda. Por eso, repetimos: ante un episodio o una serie de episodios de estas características, no dudes en pedir ayuda. Éste será el primer paso –y el más importante– para empezar a dejar atrás el dolor.

Otro punto a tener en cuenta es que tu sensación de culpa no es más que otra forma de manipulación del abusador. Como cuenta Cristina en su relato «...*él me había convencido de que los dos hacíamos algo malo, yo me sentía culpable de jugar a ese «juego» perverso del cual mis padres nunca debían enterarse...*». A pesar de que seguramente el abusador buscará dejarte con la sensación de no haber hecho lo suficiente para oponerte, de «tener la culpa por haberlo seducido», no hay excusa que justifique la conducta de un mayor sometiendo a un menor. Muchas películas últimamente muestran a las claras el circuito por el cual el abusador silencia a la víctima convenciéndola de que es culpable. Que se denuncien públicamente estas situaciones ayuda a que las personas que han sufrido este tipo de sometimiento puedan encontrar formas de pedir ayuda para salir de ellas, o de cerrar y dejar atrás estos episodios que tan profundamente nos marcan.

aliviada. Me sacó un enorme peso de encima enterarme de que alguien, aunque no haya sido yo, por fin había puesto las cosas en su lugar (Cristina, hoy 38 años).

Lo primero que debes saber para protegerte de un abuso es que la violación no es la única forma de abuso sexual que existe, sino sólo la más violenta. El hecho de que alguien toque, acaricie o incluso observe tu cuerpo con intenciones de goce sexual y sin tu consentimiento, constituye también una forma de violación aunque no exista penetración. Existen también formas de abuso más sutiles, que no ponen el cuerpo en juego, pero que igual resultan violentas, como, por ejemplo, cuando un adulto insiste en que un joven le relate sus experiencias eróticas con lujo de detalles o intenta que dos jóvenes les permitan observarlos mientras hacen el amor o se masturban. No importa de quién se trate, si este adulto es un desconocido, un familiar o un amigo de tus padres: lo real es que se trata de un perverso que intenta violar tu intimidad para satisfacer su propia perversión.

> Alrededor de los 12 años, empecé a tener mis primeros novios. Todos formábamos parte de un grupo grande de amigos y nos íbamos poniendo de novios alternadamente unos con otras y unas con otros: salíamos con uno, cortábamos, salíamos con otro, cortábamos, y así seguíamos. Éramos bastante chicos y todavía no teníamos relaciones; en realidad el tema ni siquiera se planteaba entre nosotros. Pero con mi viejo sí se planteaba: no sé cómo se las ingeniaba pero me hacía contarle todo. Me preguntaba si me tocaban, dónde me tocaban, si yo los tocaba, si me gustaba (Ana, hoy 39 años).

Ante la menor sospecha de que te encuentras frente a un abusador sexual, lo primero que debes hacer es hablar con una persona mayor de tu confianza para que tome inmediatamente cartas en el asunto y accione utilizando las herramientas de las que dispone como adulto. Si, por algún motivo, no puedes hablar con tus padres, busca a alguien que te inspire la suficiente confianza como para ayudarte a salir de esa situación. Puede ser otro familiar, un profesor, un amigo de tus padres, los padres de un amigo tuyo, tu médico, tu terapeuta, un vecino...

Muchas veces, cuando hemos sido víctimas de un episodio de agresión, sentimos vergüenza de contarlo, pero si encontramos a la

Qué pasa con el amor... y el sexo

les de manipular, ya que apelan a la falta de experiencia de sus víctimas para, de algún modo, engañarlos respecto de sus auténticos propósitos.

Antonio empezó a abusar de mí cuando yo tenía 8 años. Él era el cuidador de las caballerizas donde mi padre me llevó a aprender a montar, y también el encargado de enseñarme equitación. Dos veces a la semana, mi papá me dejaba durante toda la tarde a su cuidado. Era un hombre mayor, viudo, de alrededor de 50 años. Después de terminar con la práctica, me llevaba a su casa y me preparaba la merienda. Me decía que, como yo era muy linda y muy buena, él quería seguir jugando conmigo. Pero que nadie más que nosotros tenía que enterarse de cómo era el juego que jugábamos, que esto tenía que ser para siempre un secreto entre nosotros, porque si no a él lo iban a echar de su trabajo y ya no íbamos a poder jugar nunca más. ¿Cómo era el juego? Antonio me desnudaba y me acostaba en su cama. Después él también se desnudaba y se acostaba encima mío y, mientras me acariciaba, me besaba, me pedía que yo también lo acariciara y lo besara. Nunca me penetró; él gozaba masturbándose y haciendo que yo, sin tener la menor idea de lo que hacía, lo masturbara. Todo el tiempo me trataba muy bien, me decía que yo era hermosa y que él me quería mucho. Y que tenía que callarme la boca porque si mi papá se enteraba de nuestro «juego» mi papá se iba a enojar con los dos y nos iba a separar.

Los episodios de abuso se repitieron durante dos años hasta que a mi padre, que era militar, lo trasladaron. Jamás le conté a mis padres que Antonio abusaba de mí, supongo que porque él me había convencido de que los dos hacíamos algo malo, yo me sentía culpable de jugar a ese «juego» perverso del cual mis padres nunca debían enterarse. Ahora sé que no fue así: Antonio era un perverso y yo una nena de quien él abusaba, no sólo físicamente, sino también psicológicamente, al punto de haberme convencido de que yo, con 8 años, podía ser responsable de una situación a la cual él me había inducido utilizando el miedo y la culpa. Yo no tenía edad suficiente para comprender siquiera lo que estaba pasando, mucho menos para defenderme. Si se lo hubiese contado a mis padres, seguramente ellos habrían puesto las cosas en su lugar, acusando a Antonio de lo que en verdad era: un abusador sexual de menores. Lamentablemente, él fue lo suficientemente hábil para manejar la situación a su antojo. Pero no siempre logró «llevársela de arriba»: quince años más tarde, siendo ya una mujer, volví a las caballerizas decidida a enfrentarlo y a gritarle en la cara la basura que era. Cuando pregunté por él, me respondieron que había fallecido en la cárcel, donde cumplía con una condena por violación de menores. A partir de ese momento, sentí que podía empezar a respirar

Tiempo de hijos

Es importante que busques información seria y confiable. Conversar con un médico es una excelente idea. Busca al profesional y la situación de entrevista que te hagan sentir cómodo para charlar y preguntar todo aquello que te inquiete: no hay nada que a ti pueda preocuparte que no sea *realmente* importante. ¿Por qué? Simplemente por eso: porque te preocupa y necesitas una respuesta adecuada y comprensible.

También padres y amigos funcionan muchas veces como fuentes de esta información. Sin embargo, desde el punto de vista médico, ellos te proporcionan información de «segunda mano», es decir, te *comunican lo que ellos entendieron o creen saber* sobre estos temas.

> Ir a la consulta está muy bien. Pero, qué va: hay cosas que sólo me atrevo a preguntarle a una amiga... (Josefina, 16 años).

No se trata de subestimar esta información; por el contrario, es valiosa también. Muchas veces, jóvenes y adultos reproducen inocentemente «información» que no es veraz. «*No hay peligro de embarazo en la primera relación sexual*», «*Sólo es importante ponerse el preservativo en el momento de la eyaculación*» y otras afirmaciones de este tipo son creencias corrientes pero no por ello ciertas. Una vez más, no despreciamos ni subestimamos la importancia de conversar estos temas con padres y amigos. Sólo señalamos que el carácter no profesional de la información que podría llegar a distorsionarla aun sin quererlo. Padres y amigos, en relación con estos temas, son interlocutores importantes sobre todo en lo que se refiere a pensar en el sentido afectivo y humano de la prevención de embarazos y enfermedades de transmisión sexual.

Abuso sexual

Si bien los episodios de abuso sexual no ocurren exclusivamente durante la adolescencia –muchos adultos han sido víctimas de violaciones–, debes saber que los abusadores muchas veces eligen niños o adolescentes como objeto de su perversión, no sólo debido a las características propias de su enfermedad mental, sino también a que por su edad, los niños y los adolescentes les resultan más fáci-

Qué pasa con el amor... y el sexo

cesarias. Muchas veces encontrar a la persona adecuada, con quien puedas hablar francamente sobre tus dudas o sobre lo que te inquieta, evita sufrimientos inútiles. Esa «persona adecuada» puede ser distinta para cada joven.

Para algunos, la persona adecuada es un amigo, pues te hace sentir cómodo, comprendido, querido. Para otros, los padres son las personas que lo hacen sentir afectivamente contenido y, por lo tanto, en quienes se confía para dialogar sobre esta intimidad. También los profesionales –médicos, psicólogos, profesores– ayudan aportando información y contención emocional.

La primera reacción de mi madre fue cortante: "¡No digas estupideces!" Como si no decirlo pudiera borrar lo que yo sentía (Claudia, 19 años).

Cuando necesites o desees hablar sobre este tema busca a alguien adecuado para hacerlo. Hablar sobre la propia identidad sexual requiere poder *preguntarse, reconocer e identificar qué es lo que se siente.* Cuando una persona no sabe si *desea* algo, no le sirve que alguien más le conteste *«no debes».* El «no debes» responde a la pregunta sobre *qué hacer* con lo que se siente, pero no ayuda a descubrir *qué* se siente. Heterosexualidad u homosexualidad son elecciones personales e íntimas que requieren elaboración y tiempo para hacerlo. Y, como tales, merecen el respeto de uno mismo y de los demás.

Anticoncepción y sida

Nunca sabes lo que te puedes pegar. Por eso, me reservo tener sexo para cuando tenga una relación verdaderamente seria (Lina, 17 años).

La tecnología y la ciencia proveen métodos para la prevención de embarazos y del contagio de enfermedades de transmisión sexual. Es muy importante, para ti y para los demás, que cuides tu salud física y mental, actual y futura.

Quizás te parezca sorprendente, pero las estadísticas demuestran que, a pesar de las diferentes campañas, es relativamente pequeño el porcentaje de personas que cuenta con información correcta acerca de estos temas.

Tiempo de hijos

así como están aprendiendo a seducir, a enamorarse, a compartir, a disfrutar de estar con otro, también irán aprendiendo en la adolescencia *y a lo largo de sus vidas* a encontrar el placer y el amor también en una vida sexual compartida.

A veces siento cosas... «raras»

> Durante años me atormentó el recuerdo de aquellos "juegos" que hacíamos de pequeños con un amigo. A medida que fui creciendo, pensaba en eso y me decía a mí mismo "¿no será que yo...?" El señor que escribía la página de psicología de aquella revista nunca sabrá la tranquilidad que me trajo leer que "aquellos juegos" solían ser normales (Félix, 25 años).

La adolescencia es una etapa en la cual, entre otras cosas, se comienza a perfilar y definir la identidad sexual. Incluso sin proponérselo expresamente los jóvenes investigan su sexualidad, no sólo mediante el autoerotismo o la masturbación: también tocar a otros (jugando, compartiendo situaciones un poco más íntimas como vestirse, etc.) sirve a esta investigación y aprendizaje.

A veces esto lleva a involucrarse en episodios que generan inquietud y temor acerca de la «normalidad» o «anormalidad» de las inclinaciones sexuales propias. Es importante que sepas que ya sea que lo cuenten o no, muchos son los jóvenes que quizás han tenido cierta intimidad con personas de su propio sexo (caricias, besos). «*¿Esto significa que soy homosexual?*», podrías preguntarte. «No necesariamente», deberías responderte ya que, por lo general, se trata de una forma de investigar sensaciones y nada más.

Por supuesto, si hablamos de la adolescencia como una etapa de búsqueda de identidad sexual, también puede ocurrir que esa identidad que comienza a develarse sea de tipo homosexual. Aun en nuestros días, es claro que asumir ser gay o lesbiana no es un asunto sencillo ni para el joven ni para sus padres ni para la sociedad en general.

Estás caminando por un territorio nuevo. La identidad sexual como descubrimiento de sentimientos propios y como desarrollo y crecimiento personal es uno de los asuntos más importantes que tienes entre manos. Es importante que te «ahorres» angustias inne-

Qué pasa con el amor... y el sexo

reció por un instante pero regresó cuando me pidió que tocara sus genitales. Lo hice. Sus manos exploraban las partes más íntimas de mi cuerpo. Para mí todo era nuevo, desconocido. Al principio me sentí relajada, pero a medida que avanzábamos, no lograba excitarme. Probamos varias posiciones pero la penetración no se concretaba. Él no lograba la erección, estaba muy nervioso —incluso temblaba— y me daba la sensación de que se sentía presionado por demostrar su virilidad. Le pedí que parara. Me respondió que siguiéramos. En ese momento no me sentí respetada y se lo dije. Ante mi enojo, se detuvo y me abrazó. Me pidió disculpas. Nos quedamos abrazados, un abrazo que en ese momento era más que significativo. Ante mi pedido, no seguimos intentando la penetración. Simplemente nos quedamos así, abrazados, hasta que nos fuimos.

Habitualmente los jóvenes deciden mantener relaciones sexuales cuando ya ha existido cierta intimidad entre ellos. Acariciarse, besarse, además de ser demostraciones de afecto y pasión, permiten ir conociendo al otro y conocerse a sí mismo.

La primera vez, además de estar bastante rodeada del nerviosismo propio de los sentimientos que se ponen en juego, tiene connotaciones físicas concretas para sus protagonistas que pueden producir inquietud. Para las chicas, la pérdida de su virginidad puede ser algo dolorosa e incluso provocar una pequeña pérdida de sangre. Para los varones, por su parte, la primera penetración despierta una mezcla de gozo y miedo ante la sensación desconocida; incluso (y también a causa del nerviosismo que puede rodear la situación) puede haber problemas con la erección.

Es importante que chicos y chicas sepan que lo que están experimentando es natural, que nada malo está pasando y que con el correr del tiempo las dificultades y la inquietud se irán superando.

Hablar, darse tiempo, hacer lo que se siente sin tratar de responder a ningún «modelo», respetar los deseos propios y ajenos, ser afectuosos, todo esto ayuda a superar e incluso «desdramatizar» los inconvenientes y temores de la relación.

También ocurre que, en ocasiones, chicos y chicas sienten una suerte de decepción: tantas fueron las expectativas depositadas o tanto el nerviosismo o la torpeza propia de la inexperiencia, que ese momento fantaseado como sublime y único, resulta menos que lo esperado. Una vez más, es importante que recuerden que lo realmente mágico de la primera vez es eso: que es la primera. Pero que

Soltarme, permitirme descubrir qué se sentía estando desnuda frente a alguien que no me amaba pero que, por alguna razón, había elegido estar allí conmigo fue más que un simple acto sexual… fue tal vez un reconocimiento como mujer. Tratar de sacarme las fantasías de que todo es color de rosa… soltarme e ir descubriendo cuáles de todas esas fantasías son factibles de ser realizadas… permitirme jugar siendo yo misma…

Pudo no haber sido la «idílica y romántica primera vez», pero abrió para mí una faceta de serenidad, que me permite dejar de avergonzarme de mí misma. Y también empezar a integrar, poco a poco, la persona que soy cuando chateo con aquella que puedo ser en el mundo real» (Valentina, 25 años).

Recuerda: es importante que, tomada la decisión, tú y tu pareja tengan interiorizados los aspectos de cuidado y prevención necesarios. Tomar los recaudos apropiados para prevenir embarazos no deseados, así como enfermedades de transmisión sexual (como el sida o la hepatitis B), serán aspectos importantes que deberán cuidar ambos.

¿Cuándo? Otra vez, a su debido tiempo

Finalmente, después de tres meses de noviazgo, llegó el ansiado día. Fuimos a cenar y al río. Nos quedamos en el auto escuchando música. Extendió sus brazos y me abrazó. Nos besamos apasionadamente. Desde el primer beso que nos dimos, mi cuerpo comenzó a experimentar cambios. El corazón me latía más fuerte, mis pensamientos le pertenecían. Estábamos en NUESTRO mundo. Sus manos recorrían mi cuerpo con delicadeza. Por un momento se detuvo, me miró y me preguntó si quería que fuéramos a un hotel. Mi respuesta fue un «Sí». Él no lo podía creer… al menos su mirada me daba esa sensación. Ante la duda, reiteró la propuesta, me dijo que si yo no estaba segura iríamos otro día. Le dije que lo amaba, reafirmando mi decisión. Puso el auto en marcha y salimos rumbo al hotel. En el trayecto fumó varios cigarrillos. Parecía nervioso. Mis sentimientos eran ambivalentes: miedo, ansiedad, ganas, inquietud. Llegamos al hotel. Entramos a la habitación, exploramos el lugar y pusimos música. Me senté en la cama y él se sentó a mi lado. Nos dimos un beso, el primer beso de una noche especial. Seguimos besándonos, mientras nos quitábamos la ropa hasta quedar desnudos. Me dijo que me amaba y que no podía creer lo que estaba pasando: estar ahí conmigo. Un sincero «Yo también te amo» fue mi respuesta. El miedo, que invadía mi cuerpo, desapa-

Qué pasa con el amor... y el sexo

Para mi sorpresa, esto se convirtió en una mutua exploración y casi sin notarlo, al ir viendo escritas cosas que jamás hice, les fui perdiendo el miedo. Ya no eran zonas oscuras, sino *chats* con alguien que no parecía horrorizarse en lo más mínimo de ellas. No había críticas como respuesta a lo que yo escribía, sino que hasta parecía resultar interesante. Un día también me enteré que en realidad él no me imaginaba distinta a como soy; fue toda una revelación para mí descubrir que no importaba mi físico para excitar a un chico. Creo que, con esas palabras, logró sacarme un peso tan grande de encima que accedí a grabar un vídeo con la *web-cam* para enviárselo.

Puede que esto de que la primera vez que alguien me vio semidesnuda en mi vida, haya sido a través de una *web-cam* y que esa persona estuviera en la otra punta del continente, resulte ridículo para muchos (creo que lo hubiera sido para mí hace un año), pero me dio una confianza en un tema que nunca pude manejar, alejó los demonios que tenía respecto de mis propias fantasías y, sobre todo, me sacó un poco el miedo de jamás resultar atractiva.

Después de esto, también mis acciones en el mundo real, no sólo en el virtual, cambiaron. Accedí a encontrarme con algún chico, me dediqué más al cuidado de mi cuerpo... no sé qué pasará, ni qué me animaré a hacer realmente en el futuro, pero siempre guardaré un grato recuerdo de lo que este «amigo» de Nueva York y yo compartimos.

Algo que no le podría contar a mi padre cuando me dice:
"¿De qué te sirve chatear?"– Segunda Parte

Jamás pensé que apenas cuatro meses después de escribir la primer parte, estaría escribiendo esta secuela. Parece ser que nuevamente Internet me sirvió para soltar mis miedos. Esta vez, contacté con alguien local, que resultó que me conocía de vista, pero no yo a él. Esto no impidió que durante varios meses compartiéramos charlas sobre mis antiguamente llamadas "zonas oscuras".

Durante meses, no intercambiamos fotos, ni usamos la *web-cam*...hasta que una noche sí lo hicimos, pero sólo como paso previo a que él viniera a mi casa... y vino.

¿Qué paso?... Podría contar los hechos, pero no hace falta... lo importante para mí fue el hecho de haber roto con un viejo tabú. Hacía tiempo había logrado poner en palabras ese miedo interno que tenía: la excusa era que yo quería tener mi primer acercamiento sexual con alguien que me amara... pero internamente era como si sintiera que si yo amaba a alguien y esa persona me amaba, ¿cómo podría entregarle a «alguien» mi cuerpo, incapaz de atraerlo? Una vez que lo puse en palabras, noté lo ridículo que podía sonar.

importante, no tanto por lo que efectivamente ocurra (o no ocurra) sino porque indica que existe en ti el deseo de iniciarte en este aspecto de tu vida. Ese deseo es lo realmente importante respecto de ti.

¿A qué edad uno debería comenzar a tener relaciones sexuales? No existe una única respuesta para esta pregunta. Muchos son los factores que pueden impulsar o retrasar la iniciación sexual: tu educación, tus convicciones personales, la existencia de una relación que te mueve a plantearte el tema, la presión social (algunas personas esperan de los varones que lo hagan para demostrar su virilidad, o lo esperan de las chicas, como signo de su liberalidad o madurez). Cualquiera que sea la situación, será bueno que puedas hacerlo cuando sientas que éste es tu deseo. Valentina nos acerca su valioso testimonio acerca de cuál era su deseo y qué caminos decidió recorrer para concretarlo.

Algo que no le podría contar a mi padre cuando me dice: "¿De qué te sirve chatear?"

Hace aproximadamente un año, había escrito en medio de la angustia que me producía el tema: "¿Cómo puedo salir en serio con un chico si me avergüenzo tanto, no sólo de mi cuerpo, sino del hecho de ser todavía virgen y de tener las fantasías sexuales que tengo? A veces siento que todo esto es algo tan negro y desagradable (tanto o más que lo desagradable que me resulta mi propio cuerpo). Siento que estoy en un callejón sin salida por tener ya 25 años y no haber podido vivir lo que todas las chicas, o la mayoría de las que yo conozco, vivieron en su adolescencia. Me siento una niña en el tema pareja y sexualidad".

Pasó un tiempo desde que escribí eso... en esos meses, mi padre trajo a casa una computadora con conexión a Internet. Debo admitir que antes detestaba las máquinas y chatear me parecía una absoluta pérdida de tiempo. Sin embargo, me bajé el ICQ, uno de los tantos programas de chateo, y un día decidí buscar alguien para chatear con quien tuviera intereses en común. Así que puse: "OPERA" y que hablara inglés (para, por lo menos, practicar un poco el idioma).

Ese día conocí a alguien interesante, alguien que a medida que se sucedían las charlas, comencé a descubrir como persona. Me resultó fácil darme a conocer con este chico que vivía en Nueva York; tal vez esta distancia ayudó a que nos convirtiéramos en una suerte de confidentes mutuos. Así fue que un día, casi en chiste, compartí con él un poco de estos sentimientos oscuros que yo tenía, no sólo respecto del malestar para con mi cuerpo, sino también sobre las fantasías sexuales que tanto escondía.

Qué pasa con el amor... y el sexo

fracaso es intenso, pero pasajero. En este camino de aprendizajes que es la adolescencia es importante que puedas darte cuenta de que a veces las cosas son como las soñaste y otras no, y que puedas darte también la posibilidad de pensar que no todo depende de ti, que a veces hay cosas que no funcionan y punto.

El amor también te impulsa a entrar en intimidad con el cuerpo del otro. Conocerlo y conocer las cosas que se despiertan en ambos, será parte de la relación. Es importante que ambos se permitan hacer o no hacer lo que realmente desean y para lo que internamente se sienten preparados. Esto supone que respetes tus sentimientos y los de tu pareja. Cuando no existen presiones, cuando se responde a las ganas de los dos, esto sucede con naturalidad y alegría.

El amor abre una nueva dimensión en tu vida. Sentimientos nuevos, situaciones nuevas, dudas y desafíos. Date la oportunidad de disfrutarlo.

La primera vez

Es natural que desde la pubertad hayas comenzado a sentir y a investigar tu propia sexualidad. El autoerotismo, la masturbación, son prácticas que tienen que ver con la exploración de uno mismo y con el placer. Por lo general involucran la fantasía de estar con otro, y lo que eso podría hacerte sentir son formas de anticipar situaciones nuevas y prepararse para vivirlas.

Unas ganas bárbaras y muchos nervios.

...Y entonces pensé, «¿Esto era?».

Genial. Felicidad completa.

Todo el tiempo me repetía: «¿En verdad es a mí a quien le está pasando esto?».

No fue fácil.

Es común que se hable de «la primera vez» como un momento que marca un antes y un después. Indudablemente, es una ocasión muy

día en que no sentirás ningún temor en decirlo: todas las personas (¡sin importar su edad!) suelen tener algo de miedo a que les digan que no son correspondidas. Pero sí habrá un momento en que las ganas serán más fuertes que cualquier preocupación y... ¿quién sabe? ¿Será el comienzo de tu primer amor?

Amores, ondas, transas

Nunca hablo de «amor» porque suena demasiado serio. Yo prefiero decir que hay onda o que no hay. Punto (Axel, 17 años).

Mi madre la carga con que no sé de lo que hablo, que no te puedes enamorar de verdad con la facilidad que yo lo hago (Laura, 16 años).

A Paula la quiero y no me bancaría estar sin ella, o que ella esté con otro. Pero también envidio un poco a mis amigos, que pueden ir a una fiesta y transarse la que pinte en ese momento (Julián, 17 años).

«¿Estaré enamorada o sólo será que me gusta?», «¿Lo de Lisa habrá sido amor de verdad? Sólo duramos un mes.» Es difícil poner nombre a lo que se siente, sobre todo si se trata de la palabra «amor». A algunos jóvenes les resulta «muy cursi», a otros les suena «importantísimo», a otros les parece «natural». Lo cierto es que te ocurre algo especial con una persona y este sentimiento (con independencia de cuánto tiempo dure) para ti es auténtico e intenso. Si es correspondido, sientes que «tocas el cielo con las manos»: te sientes acompañado, querido, deseado, con una renovada confianza en ti mismo. Encontrar esta compañía especial te hace feliz. Comienzas a descubrir aspectos tuyos y de la otra persona hasta ahora nunca experimentados como la capacidad o no de compartir, de discutir y negociar, de cuidar y dejarte cuidar, de decir y de escuchar, de ser considerado, cariñoso, respetuoso, divertido, etcétera. Enamorarse es estar con otro y también aprender sobre ti mismo.

Cuando tus sentimientos no son correspondidos, te da pena o sufres tratando de entender por qué ocurre esto. Algunos jóvenes se obsesionan; sienten que esto les demuestra o anuncia que esa y ninguna otra relación será posible. Habitualmente, este sentimiento de

¿Primer amor?

Nos habíamos reunido todos los alumnos del colegio en el patio para discutir no me acuerdo qué problema que había. Un flaco de tercer año se paró y empezó a hablar. Yo ya lo había visto en los recreos y me gustaba, pero ni soñaba con que se fijara en mí (¡si yo estaba en primero!). Cuando terminó la reunión, él y un amigo se acercaron a dónde estaba yo con unos compañeros para preguntarnos qué pensábamos de lo que se había dicho. No sé qué dije yo, pero la cosa fue que terminamos charlando nosotros dos mientras los demás sólo escuchaban. Yo me hacía la «tranqui», pero me temblaban las rodillas... ¡Era la primera vez que yo sentía que un flaco que me gustaba me miraba a mí! (Flor, 17 años).

Qué va, tío: ¡meses pensando en Alejandra! ¿Te crees que se lo había contado a alguien? ¡Ni muerto! ¿Imagínate si los chavales me tomaban por romanticón gilipollas? Y ahora me sueltan que la tía sentía lo mismo por mí hasta que se enrolló con Martín...¡Menudo imbécil he sido! (Iván, 16 años).

Alguien te gusta y eres –o no– correspondido. Alguien gusta de ti y tú ni siquiera te enteras. O te enteras y quieres «desaparecer», aunque también te sientes orgulloso, halagado... Las historias en torno al amor te resultan interesantes, divertidas, emocionantes.

Tus amigos juegan un papel importante. Mucho del tiempo que pasas con ellos lo dedicas a hablar sobre esto: bromean, fantasean, sufren, disfrutan, se dan coraje, se hacen compañía. Es que siempre es más sencillo que te comprenda alguien que está en una situación parecida a la tuya.

A veces los primeros amores son platónicos. ¿Qué significa? Que «mueres» por esa persona, con la que quizás hasta compartes montones de actividades y mucho de tu tiempo, pero jamás se enterará que a ti te gusta. ¿Esto es malo? No, significa que en tu interior sientes que necesitas madurar más tus sentimientos para poder expresarlos claramente, o que temes ser rechazado, o que no sabes aún a ciencia cierta qué querrías que ocurriera una vez que se lo digas, o que no quieres perder su amistad y no sabes cómo se combinan ambas cosas.

Cada persona tiene su ritmo para llegar al momento en que siente que está listo para pasar del pensamiento a la acción, del «siento que me gusta» al decirle «me gustas». Tampoco creas que llegará un

Tiempo de hijos

¡Pensar «en el amor»! ¡Eso es de niñas, chaval! Que yo pienso en tías, nada más... (Tomás, 15 años).

¡Cuando me di cuenta que me miraba, sentí que había crecido cinco centímetros de estatura! (Julián, 15 años).

¿Cómo abordar a la persona que me gusta? ¿Sentirá lo mismo que yo? ¿Y si no es así? ¿Si estoy interpretando mal su buena onda? ¿Cómo será besarse? ¿Y acariciarse? ¿Y hacer el amor? ¿Qué pasará cuando se está ahí?

El amor y el sexo entrañan miles de preguntas. Algunas surgen en las charlas con amigos, pero también hay otras que da vergüenza hacérselas a otros. Piensas, les das vueltas, miles de millones de vueltas. *Seducción, amor y sexo* son asuntos muy importantes para ti. Y la adolescencia es tu tiempo para comenzar a descubrir de qué se tratan.

¿Cuándo? A su debido tiempo

El momento, los tiempos, la situación en que se comienza a ensayar en la seducción y el amor es un asunto personal. No hay una edad precisa; depende de cada uno.

A veces los que te rodean – tus amigos, tu familia – están muy expectantes, atentos a que cuentes si te gusta alguien o si ya has tenido alguna relación. Esto puede sentirse como una intromisión – *¿Qué tienen que andar preguntando?* – o que «algo raro» pasa contigo – *Si me preguntan es porque ya tendría que haber ocurrido.* Es muy importante que, como en muchos otros aspectos de tu adolescencia, compartas lo que desees compartir con quien desees compartirlo. Y, sobre todo, que respetes tus verdaderos deseos. Sentimientos y sensaciones están madurando dentro de ti. Permite que sean ellos los que te lleven a encontrar cómo y cuándo. No te presiones a hacer nada que no quieras o sientas que es tu tiempo para hacer....

4. Qué pasa con el amor... y el sexo

TONY: ¿Me confundes con otro...?
MARIA: No, sé que eres tú.
TONY: ¿...o crees tal vez que nos hemos visto antes?
MARIA: No, sé que nunca nos hemos visto.
TONY: Lo presentía. Sabía que algo maravilloso
tenía que ocurrir y ha ocurrido algo
más maravilloso que lo que soñé.

Diálogo entre Natalie Wood y Richard Beymer
en el filme *Amor sin barreras* (West Side Story)

Las chicas y los chicos de tu edad concentran buena parte de su atención y sus energías en investigar y probar de qué se tratan el amor y el sexo. Es común que niños y niñas cuenten que se «enamoraron» o se «pusieron de novios» con algún compañero de escuela. Sin embargo, llegada la adolescencia, sabes que lo que sientes ahora no tiene nada que ver con aquellos sentimientos infantiles. Lo que atrae es más que «llevarse bien» o «ser compinches» porque, entre otras cosas, tu cuerpo y lo que sientes físicamente adquiere otro protagonismo.

Seducir. ¿Suena raro? Quizás no es una palabra demasiado incorporada a tu lenguaje cotidiano, pero seguramente piensas en esto y «trabajas» para esto una buena parte de tu tiempo.

Yo sé que hay montones de cosas a las que debería darle bola. Pero no puedo. Estoy todo el tiempo pensando en Juan (Josefina, 14 años).

La relación entre los hermanos es una de las más especiales que pueden establecer las personas. Comparten mucho de su historia y pueden ser los que más te comprendan cuando atravieses situaciones difíciles con tus padres que no sabes cómo encarar. Amor, alegría, consuelo, compañía, diversión: muchas cosas importantes pueden ser compartidas con un hermano a lo largo de la vida. Pero no es bueno «dar por sentado» que por el solo hecho de ser hermanos, se va a producir. Es necesario construir esa relación y la adolescencia es un período muy propicio para hacerlo. Para eso, el primer paso consiste en relacionarte con él o ella personalmente, como dos individuos independientes, sin poner a tus padres en el medio.

nera considerada y respetuosa. «Disponer» de la ropa, los discos o los amigos de un hermano sin su consentimiento es tan incorrecto como hacerlo con las cosas o los afectos de cualquier otra persona. Pedir permiso, además de mostrar respeto, te habilita para exigir lo mismo cuando la situación es la inversa y es el otro el que desea algo tuyo.

23 de noviembre, por la noche
Esta ha sido una semana bastante buena a nivel "relaciones familiares"; pero parece que el buen clima no puede durar mucho. Acabo de comprobar que cuando las discusiones no surgen, mi hermana las provoca; me provoca. No la soporto. Siento que no puedo entenderme con ella de ninguna forma. Me satura, no sabe ponerle freno a las peleas, siempre tiene que tener la última palabra; y cuando decido terminar, dejarla hablando sola e irme —como recién— es cuando le agarra el arrepentimiento y viene a buscarme. Intenta pegotearse y darme besitos cuando yo ya estoy harta de ella, entonces la rechazo y termino siendo yo siempre la culpable de los "malos tratos". No tiene término medio: pasa del amor al odio repentinamente y pretende que todos le sigamos el ritmo. Y a mí me pudre (Del diario de Luciana, 19 años).

Muchas veces te encuentras defendiendo a uno de tus padres porque sientes que tu hermano lo ataca constantemente. Muchas veces sientes lástima por alguno de tus padres; eso te aleja de tu hermano o hermana, y te impide desarrollar una relación personal con él o ella, ya que ambos están enojados: uno porque salió en defensa de su padre/madre; el otro porque siente que está solo, que existe una especie de alianza de la cual él se siente afuera. Por eso es importante que desarrolles vínculos personales con todos los miembros de tu familia, de modo que si te molesta algo, puedas decírselo directamente a él, sin exponerlo ante tus padres, ya que eso generaría broncas.

Mi madre y sus hermanas se adoran. Basta con que una diga "¡ay!" para que las otras estén allí, para lo que sea preciso. Yo creía que con mi hermana nunca sería así, pues nosotras sí reñimos a diario (que se lleva mi chaqueta, que no me avisa si me han telefoneado, que se ríe de cómo hablo...). Pero cuando Marilí se enfermó, descubrí que su apendicitis "me dolía a mí" y que temblaba de sólo pensar que algo pudiera ocurrirle (Trini, 16 años).

Tiempo de hijos

¿Que me disculpe? ¡Qué va! He dicho lo que pienso porque ese es mi derecho. Y al que incomode, ¡que espabile! (Santiago, 16 años).

Créase o no, me dijo que se había equivocado (Esteban, 15 años).

Probablemente todas las personas han sido alguna vez Valentina, Santiago y Esteban. Reconocer los errores y disculparse son asuntos importantes y que requieren madurez y esfuerzo. Procura aprender a pedir disculpas y a aceptarlas. Pero, por encima de todo, aunque sea un momento complejo, es importante que todos –tus padres y tú– tengan presente que el amor y el respeto son el telón de fondo imprescindible para cualquier diálogo.

¿Los hermanos sólo existen para molestar?

Que "no estorbes a la Pili", que "no le hagas llorar", que "¿qué te incomoda llevarla contigo?". ¡Que me tienen hasta la coronilla con mi hermanita! No hacen más que darme la lata con que le tenga paciencia. ¿He sido yo, acaso, el que decidió traer al mundo "a la niña de sus ojos"? (Gastón, 14 años).

Cada vez que invito amigas a casa, mi hermano se instala en el medio. ¿Creerá que ellas no se dan cuenta de que se las quiere levantar? (Anabella, 15 años).

No puedo hablar con él. Dice que mis rollos con los viejos me los arregle yo, que él ya pasó por esa (Julieta, 17 años).

Las relaciones entre hermanos suelen ser tan ricas como complejas. No hay factores que determinen necesariamente que la relación sea mejor o peor. La diferencia de edad (mucha o poca) o de sexo, no garantiza de por sí que el vínculo sea más armónico o conflictivo. Durante la adolescencia pueden darse acercamientos o, paradójicamente, alejamientos que se mantendrán o no a lo largo de la vida.

Para ti, el espacio personal –tu cuarto, tus amigos, tus discos, etcétera– es sagrado y a veces puedes sentir a tus hermanos como seres invasores que «se meten» contigo.

Sería bueno que puedas lograr «no ser invadido», así como buscar la manera de no invardir. Y lo importante es que lo hagas de ma-

la discusión, tal vez tu reacción haya sido tratar de «pegar» tan fuerte como el golpe que recibiste, respondiendo con alguna palabra o comentario que resulte tanto o más hiriente.

En un momento de rabia no siempre es fácil pensar detenidamente cómo reaccionar. Esto también constituye un aprendizaje, tal vez de toda la vida. Lo importante es que tú y tus padres, pasado el calor de la pelea, puedan hablar sobre lo que realmente los molestó. Para dialogar es preciso tener calma y alguna claridad sobre lo que queremos decir.

> Me peleo seguido con papá. Todo el tiempo me critica: porque me maquillo, porque mi ropa es ajustada, porque tengo más amigos que amigas, porque me gusta más ir a bailar que aprender danza. Y cuando nos "agarramos", nos decimos de todo. La verdad es que lo que me revienta – y no sé cómo decírselo–, es que no tolera que no haga vida de nena (Sol, 15 años).

> Desde que mi padre nos ha abandonado, mi madre está fatal. Si le hablas, al punto te suelta el rollo de su desgracia. ¿Se monta que la ausencia de mi padre a mí me tiene sin cuidado? Yo también sufro, pero no me ando dando pena por allí (Ernesto, 16 años).

¿Qué significa esto? Que a veces la razón por la que discutimos es una excusa. En el testimonio que acabas de leer, Sol no discute sobre maquillaje o ropa: a Sol la enoja que su papá no soporte verla hacer cosas de mujer y no de niña. A Ernesto hay asuntos que lo preocupan (probablemente, a él también le duela que su papá no viva más con él); pero no se siente capaz de dejarlos un poco de lado para dedicarse a comprender el dolor de su mamá.

La única manera de salir del griterío, de evitar esos climas insoportables para todos, de no quedarse con el recuerdo de esa frase dolorosa que se dijo, *es hablar sobre lo que le pasa a cada uno*. Algunas personas se sienten más cómodas si lo hacen fuera de casa, en «terreno neutral»; para otras, escribir hace más sencillo pensar y elegir qué y cómo decirlo. Busca la manera y el lugar que te facilite decir y escuchar.

> Me lastimó. No tenía derecho a decirme esas cosas horribles. Siento que entre mamá y yo algo se cortó. No sé si la puedo perdonar (Valentina, 17 años).

que te permitas pedir cuidado tanto como te permites pedir autonomía. Y que permitas que te cuiden y te den libertad. Nada ayuda
más a animarse con lo nuevo, nada ayuda más a independizarse,
que saberse respaldado por quienes te aman.

Discutir, discutir y... discutir

Cuando me meto en un lío, prefiero que se entere antes mi vieja y no mi viejo. Ella
reacciona como loca y en el momento parece que te va a comer; pero son cinco
minutos y enseguida se le pasa. En cambio, mi viejo no grita, pero te habla, te habla, te habla... ¡me enferma con tanto discurso al divino botón! (Ezequiel, 16
años).

Vale: me pasé de la raya y hasta puede que mereciera que me atizaran aquel
mamporro. Pero es que me la tienen...¿Por qué no me dejarán en paz? (Alicia,
17 años).

Muchas «conversaciones amables» con los padres terminan en ba-
tallas campales. A veces te sientes agredido –«*¿por qué tienen que re-
fregarme por las narices qué maravillosos alumnos eran ellos cuando jóvenes?*»–, y otras, te enojas porque te prohíben lo que con pasión
desearías hacer en ese momento: «*¿por qué lo que quiero ahora para
ellos siempre es «después de...»*». Y en más de una ocasión estas conversaciones simplemente te aburren.

Algunas de esas discusiones son como tormentas de verano: durante un rato parece que el cielo se viene abajo, y minutos después
vuelve a brillar el sol. Otras, en cambio, resultan más difíciles de remontar porque se dicen cosas dolorosas, para ti o para ellos. Sucede que no siempre es fácil darse cuenta de antemano qué puede lastimar. Quizás un comentario sobre algo tuyo que para ellos resulta
intrascendente, a ti te duele: «*Tu novia es medio flacucha, ¿no?*», «*Una
pollera más larga disimularía tus piernas rellenitas.*» «*No llores por estupideces. ¿Sabes cuántos amigos me hicieron cosas así?*» Y también puede que se inviertan los roles y seas tú quien quiera decir algo que
para ti sea intrascendente pero que lastime a tus padres.

A menudo cuando alguien se siente herido reacciona poniéndo-
se a la defensiva. Cualquiera que sea el papel que hayas tomado en

Qué pasa con mis padres y mi familia

mejor aún que pudieras aprovechar el respaldo que los adultos puedan proveerte.

Me tiene hasta las narices tratándome como niño de biberón. ¡Mi cuerpo es mío y, si me place, le tatuaré y le llenaré de pendientes desde los cabellos hasta los pies! (Sebastián, 15 años).

Puedes pensar con razón que todo esto es más fácil decirlo que hacerlo. Necesitas buscar y experimentar criterios propios (*tu* criterio de cuándo se está gordo y cuándo se está flaco; *tu* criterio de lo que es una actividad importante y una que puede esperar; *tu* criterio de lo que es asunto tuyo y lo que es asunto también de otros; etc.).

Con mayor experiencia, también tus padres están aprendiendo hasta dónde darte independencia para decidir. ¿Adónde apuntamos con esto? A que, tanto para ti como para ellos, éste es un momento inquietante, en el cual la seguridad de estar en lo cierto no es fácil de alcanzar.

Sin embargo, no cerrarse a dialogar, a decir y a escuchar lo que cada uno piensa y siente te facilitará enormemente tomar decisiones. Si lo miras objetivamente, es tan injusto que tus padres te consideren inmaduro para las decisiones aun antes de escucharte, como que tú pienses que ellos no tienen nada valioso para aportarte aun antes de saber qué tienen para decir.

Cuando les dije que quería irme el fin de semana de campamento con Guido, mi vieja no dijo nada: simplemente, se puso blanca. Después de algunas vueltas, me dejaron ir. No sé por qué, pero se me había metido en la cabeza que nos íbamos a perder, que no encontraríamos el camping…, qué sé yo. Ese fin de semana hice algunas cosas que nunca había hecho, por ejemplo, tomé alcohol hasta que me quedé «frito». Era raro, porque por un lado era muy copado estar solo para decidir si dormía, si tomaba, si fumaba, si comía. Pero, por otro lado, no sé… sentía algo parecido al miedo (Federico, 15 años).

«*Que me suelten/Que me agarren*», «*Que estén/Que desaparezcan*» «*Que me cuiden/Que se callen*», «*Que colaboren/Que no se metan*». Todas estas contradicciones son propias de tu edad. Puede ser que algunas te avergüencen y otras te hagan sentir grande. Lo importante es que puedas sincerarte contigo mismo en cuanto a tus sentimientos y

Tiempo de hijos

determinadas situaciones y a valorar lo importante y distinguirlo de lo accesorio.

Así, nuestros padres nos enseñan que cualquier persona merece ser tratada con respeto, que no es bueno engañar o que respetar una promesa es algo importante. Y aunque sobre estas cosas se sigue aprendiendo durante toda la vida, en la niñez y en la adolescencia, la ayuda de los adultos es importante para que primero el niño y más tarde el joven puedan construir un punto de vista independiente y propio.

Como adolescente, estás atravesando uno de los momentos más complejos de este proceso. Ya no aceptas –como cuando eras niño– que te digan: «*Esto sí; esto no*». Necesitas que te den razones, que te expliquen e, incluso, que acepten que opinas diferente.

> Mis viejos me dan plata para comprar discos pero no para ir a recitales de rock. Dicen que ahí están todos «dados vuelta», que es un asco. Me embola que traten de manejar mi vida a través del dinero (Irina, 15 años).

Estos dos aspectos (el del cuidado y el de las pautas de comportamiento) son los que suelen despertar en ti reacciones muchas veces contradictorias: «a veces los amo, a veces los odio». ¿Cómo no «volverse loco» con tanta contradicción?

Supongamos que has decidido hacer dieta. Por una parte, esperas que tus padres te apoyen y alienten en lo que te propusiste, comprando los alimentos que consideras adecuados y evitando que «te tientes» con cualquier cosa que pudieras encontrar en la nevera. Al mismo tiempo, no deseas discutir con ellos si debes o no hacer dieta (consideras que se trata de tu cuerpo y ellos no deberían inmiscuirse); tampoco deseas discutir «esta» dieta que decidiste seguir (aun cuando la sacaste de una revista cualquiera y ningún profesional está supervisándola). ¿Tus padres sólo serían «dignos de amor» si se limitaran a seguir tus decisiones sin preguntar ni cuestionar nada? ¿Tus padres serían «dignos de odio» si objetaran tu decisión, cualquiera fuera la razón que tuvieran para hacerlo?

Estás transitando por caminos nuevos. Hacer dieta es uno de esos «caminos nuevos», una primera experiencia. Es muy bueno que te animes a transitarlos, a experimentar y a probar. Pero sería

56

Qué pasa con mis padres y mi familia

bueno que puedas expresar claramente tus deseos, siempre que puedas comprender que los demás tienen los suyos y que esto necesita que puedan lograr un acuerdo o negociación. Si, en un caso como éste, tus padres te respondieran simplemente: «*No se nos da la gana de ir a buscarte*», sería éste un pensamiento tan «egoísta» como el tuyo, que sólo tomas en cuenta tus deseos de salir y exiges que estén a tu disposición a la hora que desees regresar, sin convenir con ellos de antemano a qué hora será.

En un sentido, es tan inevitable como saludable que en la adolescencia padres e hijos confronten ideas, opiniones, formas de ver las cosas. Pero también es bueno que todos recuerden que lo que los une básicamente es un lazo de amor y respeto. Si este amor y este respeto son tenidos en cuenta, probablemente esa sensación tuya de no ser comprendido progresivamente se irá diluyendo junto a la sensación de tus padres de que eres «incomprensible» y dará paso a un dialogo que permita arribar a acuerdos, sin maltrato.

«A veces los amo, a veces los odio»

Toda la preparación de mi fiesta de quince fue genial. La verdad, los viejos se portaron. Pero cuando se pusieron a bailar en medio de mis amigos, quería que me tragase la tierra (Soledad, 16 años).

A todos, independientemente de nuestra edad, nos resulta grato saber que alguien cuida de nosotros. Por supuesto, la forma en que ese cuidado se manifiesta necesita ir cambiando a medida que crecemos. Para un bebé, que su mamá esté atenta a darle de comer cuando tiene hambre o a atenderlo cuando se siente enfermo, no sólo es algo «conveniente», «práctico» o «adecuado». Es una verdadera demostración de amor que al bebé y a su mamá les resulta muy placentera.

A medida que crecemos, también encontramos placer en este cuidado, aunque necesitamos que se manifieste de maneras diferentes. Tú también necesitas que te cuiden pero como al joven que eres, no «como a un bebé».

Todos necesitamos también establecer pautas, puntos de partida que nos ayuden a tomar decisiones, a saber cómo comportarnos en

«Comunicarse» no es sólo escuchar o decir palabras. También lo que hacemos y cómo lo hacemos «dice» mucho de lo que queremos que los otros escuchen o de lo que entendemos. Y es muy difícil ponerse de acuerdo en algo o al menos saber sobre qué se está discutiendo si lo que te dicen no es coherente con lo que hacen.

Quizás cuando percibes estas incoherencias en los adultos se reafirme en ti el sentimiento de que ellos hacen «todo mal», que «no son perfectos» y que «no se las saben todas». Es bastante improbable que efectivamente tus padres hagan «todo mal» por la sencilla razón de que... ¡sería casi tan difícil como hacerlo «todo bien»!

> ¿Cómo es posible que mi madre llore como niña porque no sabe cómo bajarle los humos a mi hermana? Que para eso es madre, ¿no? (José María, 17 años).

Seguramente en ocasiones (muchas, pocas o algunas), se equivocan y muchas veces esto te resulta doloroso. ¿Recuerdas cuando eras pequeño y pensabas que para *todas* tus preguntas seguramente papá o mamá tendrían una respuesta? Ya no eres un niño, eres un joven y comienzas a ver que tus padres no son unos «sabelotodo»; son personas, con virtudes y defectos, con certezas e inseguridades; incluso, puedes estar descubriendo que son personas que no están completamente de acuerdo entre sí. Un buen síntoma de tu propia madurez será aceptar esta «humanidad» de tus padres, no seguir esperando de ellos que sean infalibles y poder dialogar con ellos sobre lo que te parecen incoherencias.

> Cuando supe lo que había hecho mi padre, me sentí avergonzado. ¡Es que para hacer gilipolladas estoy yo, tío! (Hernán, 16 años).

Por otra parte, cuando se trata de discusiones entre tú y tus padres también sería conveniente que reflexionaras sobre tu propia coherencia entre lo que dices y lo que haces. La adolescencia como etapa de transición entre la niñez y la edad adulta te convierte a ti mismo, durante esta etapa, en alguien «un poco grande, un poco chico», lo que significa que quieres cosas «de grandes» y también cosas «de chicos». Surgen entonces, por ejemplo, contradicciones tales como: «*Quiero ir a bailar hasta la hora que se me dé la gana, y que mis padres estén disponibles para ir a buscarme cuando yo lo desee*». Es

Qué pasa con mis padres y mi familia

modo: sólo disfrutan lo mejor –que es mucho– de relacionarse con una adolescente; el trabajo difícil le toca ahora a tus padres y es justo que así sea porque ellos, tus abuelos, ya lo hicieron.

No me gusta cuando mis viejos hablan del abuelo. Siempre lo critican porque tiene la casa desordenada, porque se levanta y se acuesta a la hora "de las gallinas", porque no le da bola al médico... A mí me da un poco de bronca, porque el viejo tiene "una paz", no se calienta conmigo como ellos (Ricardo, 17 años).

A diferencia de las culturas antiguas que otorgaban a los ancianos un lugar de privilegio, ya que asociaban la edad y la experiencia con la sabiduría, la sociedad actual tiende a desestimar o subestimar a las personas mayores, olvidándose de que hay mucho que «los viejos» pueden enseñarnos. Disfruta a tus abuelos y no los subestimes por ser anticuados o estar «fuera de onda». Si los tienes cerca de ti, aprovéchalos. Existen preguntas que todos nos formulamos sin importar la edad ni la época que nos toca vivir: *¿Qué quiero para mi vida?, ¿Cuáles son las cosas importantes?, ¿Qué valor tienen los afectos?* Con seguridad, tus abuelos se han hecho éstas y mil preguntas más; y para muchas, han hallado una respuesta válida. Saber escucharlas, aprender de ellos y sobre todo disfrutar de su amor, serán para ti vivencias tan valiosas como enriquecedoras, en este momento y para el resto de tu vida.

«Con ellos no se puede hablar... ¡no entienden nada!»

Se «interesan» por tu examen mientras leen el diario. Dicen que respetan tu privacidad, pero «encontraron» los cigarrillos que habías escondido. Les pides que te ayuden a hacer dieta y encuentras sólo leche chocolatada en la heladera. *¿Estarán sordos?*

Dicen que te hagas responsable de tus calificaciones, pero no están dispuestos a darte una mano con los problemas de matemáticas. Dicen que tu cuarto es tuyo, pero pretenden que esté ordenado como les gusta a ellos. Dicen que los amigos se los busca cada cual, pero te prohiben que te «juntes» con tal o cuál. *¿Se escucharán a sí mismos?*

53

«Prefiero toda la vida a mis abuelos»

¿Por qué el abuelo es menos estricto que papá?
¿Por qué la abuela no se «pone loca» como mamá cuando le cuento algo?

Son muchos los adolescentes que suelen hacerse estas preguntas y muchos los que hacen de las casas de sus abuelos su segundo hogar durante esta etapa de la vida. Tal vez este sea tu caso y tal vez no porque, así como no todos los padres ni los hijos son iguales, tampoco todos los abuelos lo son, ni todas las familias le otorgan a los abuelos la misma injerencia o protagonismo en su funcionamiento cotidiano.

Sin embargo, es muy común que los nietos sean para sus abuelos «la luz de sus ojos», que sientan una gran alegría cuando pueden actuar como «compinches» o «cómplices» de alguna travesura del nieto, que se diviertan «malcriando» o que sean más suaves a la hora de señalarte un error. Y en más de una ocasión, con ellos todo se vuelve mucho más distendido y agradable, porque los abuelos son una figura querida que muchas veces te permite pensar sobre lo que te preocupa de una manera distinta que si recurrieras a tus padres.

Por todo esto, puedes sentir que te resulta mucho más sencillo charlar con tus abuelos. Quizás esto te sorprenda, ya que se tiende a creer que la diferencia de edad –que pareciera ser la causa de las dificultades en el diálogo con tus padres– no se presenta como obstáculo a la hora de relacionarte con tu abuela o tu abuelo.

Lo que ocurre es que ser el abuelo de un joven tiene ciertas «ventajas» respecto de ser su padre o su madre. ¿Por qué? Porque ellos ya transitaron por la experiencia de tener «hijos incomprensibles» o «hijos rebeldes» y es gracias a esa experiencia que pueden comportarse de una manera menos ansiosa, menos angustiada o más tranquila frente a esa «revolución caminando» que significa un adolescente en la familia.

Y además, no sólo no comparten la angustia de tus padres en relación con los resultados de su tarea –¡a diferencia de ellos, saben por su experiencia que es posible «sacar un adolescente adelante»!–, sino que tampoco son los responsables directos de ponerle límites concretos a tus ansias de libertad. Vale decir que, de algún

Qué pasa con mis padres y mi familia

rodean, ya sean compañeros, amigos, familiares, profesores, etcétera, ahora son diferentes. Pero, ¿cómo viven y sienten los demás las consecuencias de tu crecimiento?

Así como tú necesitas reacomodarte a esta nueva realidad adolescente, también los otros deben hacerlo, especialmente tus padres, quienes por estar tan cerca de ti cotidianamente y en el afecto, perciben y reciben las consecuencias de este proceso de cambio.

Tú te sientes distinto y no por casualidad: ahora *eres* distinto. Hasta este momento, tus padres se habían acostumbrado a manejarse y cuidar a un niño. Pero este niño ahora se ha transformado en un joven y eso los obliga a establecer otro tipo de vínculo contigo. Modificar la manera en que los padres se comportan respecto de sus hijos no es tarea fácil. Ellos también (como tú) deberán probar, corregir errores y descubrir aciertos.

¿Qué permisos le doy y cuáles le niego?
¿Le cuento la verdad si me pregunta por qué estoy triste?
¿Seré demasiado exigente?
¿Debería charlar con mi hijo/a sobre por qué tengo la relación que tengo con mis propios padres?
¿Debería contarle que a veces no sé qué hacer para ayudarlo/a?
¿Estaré siendo demasiado permisivo?
¿O demasiado rígido?

Tus padres, igual que tú, se están cuestionando cómo comportarse respecto de ti, aun cuando te parezca o ellos intenten aparentar que «tienen todo muy claro» y busquen no demostrar sus dudas.

Muchas veces, los segundos o terceros hijos que llegan a la adolescencia, encuentran a sus padres un poco más «estabilizados»; es que, de hecho, ya han transitado una primer experiencia con tus hermanos mayores y eso los hace sentirse más cómodos a la hora de dirigirse a ti.

La adolescencia es una etapa complicada tanto para tus padres como para ti. Ellos también están aprendiendo a ser padres de un o una joven y, quizás, lo que a veces percibes como tristeza o mal humor no es más que la inquietud, la preocupación o la incertidumbre de quien transita un camino desconocido y no está seguro de estar tomando las decisiones correctas.

–responda ésta al modelo tradicional o a alguna variante más o menos original o poco frecuente– es importante que notes que tienes una y que, por ende, no estás solo.

Por supuesto, todas las familias tienen sus particularidades, sus propias maneras de funcionar, épocas en las que todos se llevan mejor y épocas en las que todos parecen vivir discutiendo todo el tiempo.

Hasta hace algunos años era común escuchar que si un adolescente era rebelde o «problemático» esto se debía exclusivamente a que su familia no era del tipo «tradicional». Hoy en día afortunadamente la sociedad está abandonando este prejuicio. ¿Por qué hablamos de prejuicio? Porque lo que la experiencia demuestra es que ciertos conflictos aparecen en los jóvenes durante su adolescencia independientemente de cuál sea la conformación de su grupo familiar y, al mismo tiempo, también se considera que aun las conformaciones familiares menos frecuentes pueden funcionar como el ámbito de afecto, contención y educación que los hijos necesitan.

Por eso, más allá de cómo esté constituida nuestra familia, todos pertenecemos a una y todos tenemos una. Y si bien en esta etapa de tu vida puede que entres en conflicto con algunos de sus miembros, quienes tal vez no siempre te comprendan o que tienen opiniones o maneras de pensar con las que no te identificas, procura no perder de vista que tus padres, tus hermanos, tus abuelos, están allí y siempre puedes recurrir a ellos porque te aman.

«Mis viejos ya no son lo de antes...»

> Que mi madre es fatal: todo le cae gordo. ¿Mi padre? Su vida es atender su bufete y leer el periódico. ¿Pero qué les ha ocurrido? Se me monta que sólo cuento para ellos cuando les apetece echarme el rollo (Ignacio, 15 años).

> Desde que empecé a salir con Javi, mi viejo dejó de hablarme. No sé, siento como que hubiese hecho algo malo, pero no sé qué es... (Sofía, 16 años).

Lo más evidente e importante de la adolescencia son, indudablemente, los cambios que se dan en ti. Tu cuerpo, tus sentimientos, tus intereses son otros; las relaciones que estableces con quienes te

3. Qué pasa con mis padres y mi familia

Podría contar de ni niñez muchas cosas bellas, delicadas, amables; la apacible seguridad del hogar, el cariño infantil, la vida sencilla y fácil de un ambiente grato, tibio y luminoso. Pero sólo me interesan los pasos que hube de dar en mi vida para llegar hasta mí mismo. Dejo resplandecer en la lejanía todos los puntos de reposo, islas afortunadas y paraísos cuyo encanto gusté, y no deseo volver a ellos.

Hermann Hesse, *Demian*

Como sabrás por experiencia propia o de algunos de tus amigos, no todas las familias están conformadas de la misma manera. Las hay con mamá, papá y hermanos que viven todos juntos; también hay familias con padres divorciados e hijos que viven con uno de ellos y van de visita a la casa del otro; hay familias donde los hijos sólo tienen a su papá o a su mamá; hay familias en las que tíos o abuelos suplantan a los padres porque éstos están ausentes; hay familias donde conviven hijos de un matrimonio anterior con otros del actual...

En fin, existen múltiples combinaciones y tantas situaciones particulares como familias hay; pero cuando hablamos de «familia» nos referimos a *el grupo humano adulto que te cuida, te brinda afecto y protección, se preocupa por ti, procura enseñarte lo que está bien y lo que está mal, se alegra con tus logros y te consuela cuando algo no sale bien.* Por eso, cualquiera que sea el tipo de familia a la que perteneces

Reflexionar sobre las cosas que te ocurren te permitirá tomar mejores decisiones, cambiar lo que consideres necesario y planificar cómo alcanzar las metas que te propongas. A veces te equivocarás y a veces, acertarás. Pero así, poco a poco, irás adquiriendo el conocimiento, la experiencia y la práctica que te permitirán concretar tus más profundos deseos.

adoran» o «no te soportan» y otras similares suelen «teñir» todos los aspectos de tu vida. Un logro alcanzado sin esfuerzo, te hace pensar que de la misma manera obtendrás el éxito en cualquier otro ámbito. Si tus padres te niegan algo, eso significa que no te permiten nada. Si algo no salió como lo planeaste es porque no tiene sentido planear nada... ¿Realmente esto es así? No es sencillo, pero es importante que aprendas a darle a estas sensaciones y sentimientos su justo valor. ¿Por qué? Porque los extremos te impiden comprender cuáles son exactamente tus virtudes y tus defectos.

Es importante que logres acotar estas sensaciones a la situación que las despierta y que analices qué las produce. Fracasar en un examen no significa «estar destinado» a que salgas mal en todos; seducir a alguien no es sinónimo de «todos/as mueren por mí»; que tus padres digan «No» en determinada ocasión no implica que jamás te vayan a permitir hacer nada.

Entender qué hace que ocurran ciertas cosas te permitirá despojarte de la ilusión de la «varita mágica» y que comiences a ver, de una forma más madura, cuáles son los factores que dependen de ti y que debes manejar para lograr o evitar un determinado resultado. Pensar que todo se reduce a cuestiones de «suerte» o «mala suerte» te hace perder de vista que eres tú el dueño de las decisiones y el responsable de hacer lo necesario para concretarlas. Por supuesto, las decisiones y responsabilidades muchas veces despiertan miedo a equivocarse, a fracasar o a tener que responder por las consecuencias. Cuando se opta por algo, siempre se dejan de lado las otras alternativas. En ocasiones esto es duro, porque no tienes la certeza absoluta de estar eligiendo lo correcto. Pero este es un aprendizaje que nadie puede hacer por ti porque nadie puede crecer por ti.

Necesitas conjugar lo que deseas con los tiempos y los esfuerzos necesarios para concretarlo. Esto no es sencillo; se requiere experiencia y madurez para lograrlo, las que vas adquiriendo a medida que avanzas.

Pero es bueno que lo tengas claro: a veces, lo que te cuesta tolerar es el «tiempo» que lleva alcanzar algo, o que pase algo que estás deseando mucho, y esos tiempos no siempre dependen de ti completamente. Si no puedes separar estos dos aspectos, vas a terminar pensando que lo que deseas no ocurre porque eres incapaz o inútil, y no porque aún no se han dado las condiciones necesarias.

establecer cuánto tiempo demanda olvidar que alguien te trató mal o cuántos días sigues sintiendo todo lo bien que lo pasaste en aquella fiesta? Este último es un tiempo personal, que no puedes medir con un reloj y que ni siquiera sería el mismo necesariamente para cualquier otra persona en tu situación.

A veces, esta reconcentración sobre ti mismo propia de la adolescencia te lleva a perder la noción de «el tiempo» pues te quedas anclado en «tu tiempo». Encontrar una armonía entre ambos es una tarea que requerirá cierto trabajo de tu parte. Es una tarea importante, pues te permitirá disfrutar lo que estás viviendo y también planificar las acciones necesarias para alcanzar los objetivos que te propongas, así como tener nuevos inconvenientes para compartir espacios con otros.

«Puedo todo, no puedo nada»

Jugué genial, lo que demuestra que ese rollo del entrenamiento, el descanso, la alimentación y todas las pavadas con las que rompen los entrenadores son idioteces (Javier, 17 años).

No hubo manera de convencer a mi viejo para que me dejara ir al campamento con mis amigos y me arruinó las vacaciones. ¡Es incapaz de darme permiso para hacer lo que yo quiero! (Andrés, 15 años).

Domingo 29 de abril
Ayer fue la fiesta de Martín. Mi madre me dio tal lata, que terminé por asistir. Pero casi no hablé con nadie. Es que soy tan torpe para hacer contacto con gente nueva. Desde que me cambiaron de cole, me siento medio pez, medio vacía, como si hubiera olvidado hasta quién soy o lo que me apetece. ¡Soy una niña estúpida! Me da que jamás podré hacer amigos nuevos (Del diario de Macarena, 16 años).

Blanco o negro. Pareciera que los matices, los colores intermedios, no existieran. Un día eres un ganador y al siguiente el último de los perdedores. Casi sin darte cuenta, pasas de un extremo al otro sin intermedios.

Sensaciones como «ser genial» o «ser un desastre», que tus padres «son buenísimos» o «la última desgracia», que tus amigos «te

Qué pasa con mis emociones...

Hemos estado juntos casi desde que dejamos de ser niños. Compartimos de todo: la juerga y la marcha, pero también la tristeza y el mal rollo. Hemos sido el primero el uno para el otro y eso es algo que no olvidaré jamás.

Pero desde hace un tiempo comencé a sentir que (aunque eres la tía más maja que uno podría querer tener cerca) más que mi chica, eras mi mejor amiga. Quizás me arrepienta el resto de mi vida, pero por el amor que nos tenemos, siento que te debo ser sincero (…) (Carta de Rodrigo, 16 años).

«A veces "pierdo el tren"...»

Paralizado. Que la vida se me viene encima y no tengo qué hacerle. Aquí llegan los exámenes del bachillerato, pero… ¡qué más da! No te la montes como que el cole me tiene sin cuidado; por el contrario, me la paso pésimo cada vez que me reprueban. Pero me siento como el chaval de la película, que se le viene el monstruo y en vez de escurrirse o enfrentarle, se queda ahí, dejándose engullir, paralizado (Luciano, 16 años).

La palabra "esperar" es la más odiosa para mí. Si se me ocurre algo, lo quiero ya y ahora. La paciencia es cosa de indecisos (Natalia, 19 años).

Estás más conectado con lo que sientes en tu interior que con lo que ocurre a tu alrededor. De pronto algo te atrapa (una película, un juego, una fiesta, una canción); el mundo alrededor deja de existir y el tiempo no se puede medir. Pero también te ocurre que por momentos nada, absolutamente nada, te interesa; en esos casos es inútil que llamen tus amigos para proponerte un programa o que tus padres te recuerden que debías hacer tal o cual cosa: estás «clavado» en… nada.

Estar tan atento a lo que ocurre en ti en ocasiones puede hacerte perder la conexión con el afuera. Te quedas «colgado»: el tiempo pasó y el examen es mañana, faltan quince minutos para encontrarte con tus amigos y aún no te has vestido…

Quizás esto que acabamos de describir podamos explicarlo en términos de «tu tiempo» y «el tiempo». Es más o menos sencillo establecer cuánto demoras en llegar desde tu casa a la escuela: basta un reloj y prestar un poco de atención para averiguarlo. Los treinta minutos del viaje «duran» igual para ti que para todos. ¿Pero cómo

45

Supongamos que rompes accidentalmente un objeto que tu madre aprecia. Probablemente el primer impulso de ella sea «querer matarte»; pero seguramente considerarías injusto y hasta exagerado que te reprendiera o quisiera imponerte un castigo por ello. ¿No pensarías que aunque su rabia sea comprensible sería incorrecto que se enoje contigo? Castigarte sería injusto porque tú no habías decidido hacerlo.

No se trata de «reprimir» las emociones, ni de aislarlas o desestimarlas. Por el contrario, crecer implica conocer y *discriminar qué se siente* para poder *decidir qué hacer* con eso.

Es genial que te permitas sentir, que puedas sincerarte contigo mismo respecto de tus emociones. Sin embargo, crecer implica probar, pensar, elegir qué hacer con las emociones, cómo manejarlas o canalizarlas. Esto requiere no sólo reflexionar acerca de qué hacer en términos de lo que tú mismo quieres sino también considerar a los otros y sus propios sentimientos.

> Juan estaba saliendo con otra chica al mismo tiempo que conmigo y me lo contó. Me dijo que prefería ser honesto, blanquear la situación y que las dos supiéramos de la otra. Yo me sentí re-mal y aunque él me pedía que lo comprendiera y siguiéramos juntos, corté con él (Candela, 17 años).

¿Te pasó alguna vez que alguien, con el pretexto de ser «honesto», simplemente haya sido cruel contigo? ¿Qué ocurre cuando te das cuenta de que, más allá de que el otro «sienta» lo que dice, no ha considerado en ningún momento que podría herir tus sentimientos?

Es propio de la adolescencia estar reconcentrado en lo que te ocurre a ti mismo, en lo que sientes, y que te cueste pensar *también* en lo que podrían estar sintiendo los demás. Sin embargo, este es un aprendizaje necesario para el crecimiento.

«Ser fiel a tus sentimientos» no es lo mismo que ser impulsivo. Fidelidad al sentimiento es poder descubrirlos, entenderlos y canalizarlos de una manera que conscientemente has elegido.

> Mi Trini,
> Se me pone difícil esto de escribirte. Tú sabes, no soy precisamente un poeta. Pero luego de darle mucha vuelta, creí que debía buscar la manera de decirte lo que siento.

Qué pasa con mis emociones...

Pero así como «soledad» no es lo mismo que «aislamiento», «tristeza» no es igual a «depresión».

La tristeza es un estado de ánimo transitorio y desencadenado, por lo general, por un hecho puntual, bastante habitual durante la adolescencia. Puede durar mucho o poco, pero el hecho es que pasa. La depresión, en cambio, es un trastorno psicológico grave que requiere de ayuda profesional para ser superado.

Los síntomas de la depresión y las formas de manifestación que ésta adquiere específicamente durante la adolescencia se detallan en el capítulo 7 de la guía para padres, donde se ofrece también orientación para los familiares de la persona deprimida. Sin embargo, es importante que recuerdes que sólo un profesional se encuentra capacitado para distinguir esta enfermedad de un episodio de tristeza pasajero y prescribir un tratamiento, en caso de que efectivamente se trate de un cuadro depresivo.

Esto no significa, en modo alguno, que la ayuda profesional se aplique exclusivamente a casos de trastornos graves, ni muchísimo menos que haya que esperar a estar deprimido para pedir ayuda. La tristeza, el encierro, el aislamiento, pueden producir dolor aun cuando no sean síntomas de depresión. Hablar de lo que nos duele, compartirlo, es el primer paso para empezar a dejar de sufrirlo. Puedes hablar de lo que ocurre con tus amigos, pero también es importante que intentes hacerlo con tus padres u otro adultos de tu confianza, capaces de darte apoyo para enfrentar el dolor y ayudarte a encontrar nuevas herramientas para superarlo.

¿Siempre hay que hacer lo que se siente?

Que no me la callo. Si me caes gordo, te lo sacudo. ¡Y a espabilar! Déjame con esas niñerías de las consideraciones (Leonardo, 17 años).

Prefiero equivocarme, pero decir y hacer lo que siento (Lucía, 15 años).

Ser fiel a lo que se siente suele considerarse un valor. Sin embargo, cabe preguntarse si hacer, sin más, lo que se siente siempre es bueno; o, en otras palabras: si siempre es conveniente dejarse llevar por nuestros impulsos.

43

Tiempo de hijos

¿Tristeza, encierro o depresión?

> La cosa venía de mal en peor. Salía con mis amigos, iba al colegio, seguía entrenando. Pero en todas partes me sentía como un robot: no podía abrir la boca (Pilar, 19 años).

En el testimonio de Pilar se lee algo muy importante: ella no se sentía bien; sin embargo, no «desconectarse» de sus actividades ni de quienes la rodeaban la ayudó para no quedar atrapada en ese «de mal en peor». Es frecuente que los jóvenes necesiten por momentos guardar silencio: los ayuda a madurar e incorporar los cambios que están afrontando. Lo importante es que este «volverte sobre ti mismo» no te lleve a una situación de aislamiento respecto de tus pares que, más tarde, te resulte difícil de remontar.

La soledad y el aislamiento no son exactamente lo mismo, dado que se puede elegir estar solo, lo cual resulta en ocasiones, no sólo necesario, sino también bastante productivo. El aislamiento, en cambio, no suele ser producto de una elección consciente: la sensación es más bien la de que «se dio». No resulta en absoluto productivo: la sensación interna que acompaña a este estado es la de estar paralizado, «vacío», «en la nada». Y es necesario intentar reaccionar a tiempo y tratar de salir de ese encierro, pidiendo ayuda en caso de ser necesario.

> No sé, de a poco, me fui quedando. Primero dejé de salir, hasta que un día me di cuenta de que ya no me interesaba ver a nadie. Después me empezó a pesar ir a la escuela, ponía cualquier excusa para faltar y quedarme en casa, durmiendo. Con el tiempo, hasta dejé de escuchar música y de atender a los chicos que me llamaban por teléfono. Lo único que me interesaba era dormir. No me bañaba, no arreglaba mi cuarto. Todo estaba sucio y desordenado... casi no comí, así que adelgacé bastante. Cuando mis viejos me llevaron, casi a la rastra, a lo del médico, lo primero que me preguntó fue si estaba triste o si me sentía solo. Le dije que no y era verdad. No me sentía solo, me sentía vacío, como si no hubiera nadie dentro de mí. No estaba triste: estaba deprimido (Juan Martín, 17 años).

En algunos casos, el aislamiento suele ser síntoma de depresión. La depresión es un trastorno psicológico que muchas veces se confunde con la tristeza, dado que ambos términos –«tristeza» y «depresión»– suelen utilizarse indistintamente en el lenguaje cotidiano.

los otros (tus amigos, tus padres, tu pareja) diferenciar si se trata de algo serio o pasajero?

Construir un *vocabulario de tus emociones* será una herramienta valiosísima para tu crecimiento personal pues te permitirá comprenderte, «entenderte» y «hacerte entender» respecto de aquello que más te importa: tus sentimientos.

«Cuanto peor me siento, más me cierro»

No quiero que nadie se meta. No sé cuál es el rollo, pero es mío y no quiero que me invadan (Francisco, 16 años).

18 de noviembre de 1999
Creo que acabo de descubrir uno de los factores por los que no puedo mejorar la relación con mi mamá. Cada vez que quiero hablar con ella, las respuestas de su parte se transforman en críticas (...) Yo sé que las cosas que me dice son verdades y eso es lo que más me deprime porque no necesito que me "recuerde" mis errores o defectos, sino que me entienda (o se haga la que me entiende) y me saque la angustia (Del diario de Luciana, 19 años).

Tu cuerpo cambia, tu «cabeza» cambia, los sentimientos cambian. No es fácil encarar esta especie de «revolución en todos los frentes». Estás aquí y estás lejos, todo al mismo tiempo. Por momentos encuentras en tus amigos o en otras personas alguien con quién compartir estas inquietudes. Pero también pasa que a veces la confusión es tan grande que ni siquiera puedes hablar de ella. Y te encierras en ti mismo.

Estar solo escuchando música, escribiendo, dibujando o durmiendo. En ocasiones esta es la única «compañía» que puedes disfrutar. ¿Es malo? En absoluto. Hay períodos de la adolescencia en que necesitas guardar este «silencio» para poder escucharte. Quizás lo que te estés «diciendo» a ti mismo por momentos no tenga palabras, simplemente sea un sentimiento de tristeza, o de aburrimiento, o de insatisfacción. En cualquier caso, es válido que te lo «comuniques» a ti mismo y esa «autocomunicación» es el primer paso para dejar atrás ese sentimiento.

Tiempo de hijos

a las cosas que te ocurren. Para ello se necesitan *palabras*, porque son las palabras las que nos permiten nombrar las cosas y pensar acerca de ellas.

> Jueves 13
> ¿Cuándo aprenderé a morderme la lengua? Siento que las palabras me salen antes de poder pensar. ¿Me perdonará alguna vez Nachi? Es lógico que se quede a estudiar para el examen. Pero no pude con mi genio y le mandé el "no quiero verte más". ¡Soy una tarada! No sé si la voy a poder arreglar (Del diario de Luli, 16 años).

Los sentimientos nuevos con los que te conecta la adolescencia hace que muchas veces no encuentres la palabra adecuada para poder describirlo. Y esto limita las probabilidades de comprender lo que te ocurre... y no pocas veces te trae problemas. Por ejemplo: tu novio o tu novia cancela la cita. Sabes que la razón por la que lo hace es válida, pero de todas maneras le dices que lo/la «odias». ¿No sería más exacto decir que tienes una rabia espantosa? ¿O, quizás, que no te sientes suficientemente querida, o tal vez, insegura? ¿Qué ocurre entre ustedes después de esta «confesión de odio»? ¿ O de dolor?

A veces, cuando usamos una palabra abusivamente la vaciamos de significado. Supongamos que trabajas para un jefe que de todas y cada una de las tareas que te encarga te aclarara que son «urgentes». Probablemente, cuando tuvieras ante ti veinte encargos todos los cuales son «urgentes» y necesitaras decidir por cuál empezar, elegirías uno cualquiera al azar. ¿Por qué? Porque *todos* son «urgentes»: si tu jefe había querido indicarte prioridades, el abuso de la palabra «urgente» le hizo perder a la palabra misma su valor.

De la misma forma, ¿qué te ocurrirá a ti si para todo lo que te agrada dices «me encanta» o para todo lo que te disgusta usas «es un asco»? ¿Podrás diferenciar en tu cabeza hasta dónde deseas comprometerte con lo que «te encanta» o rehuir de lo que «te da asco»?

Por otra parte, si bien las palabras pueden adquirir para ti un cierto significado específico, éstas siguen teniendo un sentido para los demás que las escuchan. Si ante cualquier inconveniente, pequeño o grande, siempre dices sentirte «deprimida», ¿cómo podrán

Me acuerdo que después de besar a mi primera chica, sentía que no cabía dentro de mí mismo. ¿Brad Pitt? Un idiota al lado mío... (Abel, 18 años).

¿Cómo es posible que, después de haber bailado toda la noche conmigo, el tío no me pidiera mi número para telefonearme? ¡De seguro le resulté una pesada! (Maite, 15 años).

No resulta sencillo para los jóvenes manejar sus emociones. La impulsividad y la forma en que apasionadamente se vive todo (lo placentero y lo doloroso) tal vez sea lo característico de esta etapa. Sin embargo, que poco a poco puedas ir descubriendo los matices, desde lo «excelente» a lo «pésimo», desde lo «genial» a lo «peor», será un trabajo que requerirá de tu esfuerzo y de tu reflexión.

Dar rienda suelta a las emociones puede conducir a lastimarte o lastimar a otros; hacer solamente lo que se piensa que corresponde hacer sin tener en cuenta los sentimientos, suele producir malestar, tristeza, angustia. «Pensar» y «sentir» no son términos contradictorios: el secreto y la tarea consisten en lograr que ambos se complementen entre sí.

«¿Cómo explicar lo que siento?»

...la palabra humana es como una especie de caldero roto con el que tocamos una música para hacer bailar a los osos, cuando lo que nos gustaría es conmover a las estrellas con su son.

Gustave Flaubert, *Madame Bovary*

Lo que sentimos es algo espontáneo. Incluso muchas veces nos lleva algún tiempo encontrar la palabra que puede describirlo: «*Cuando me dijo eso, me sentí enceguecida, una mezcla de rabia, odio, tristeza, impotencia...*»; «*No sé por qué lo hice; lo pienso y lo pienso pero no puedo descubrirlo*».

Reflexionar sobre lo que sientes, tratar de entender qué emociones se dispararon en tal o cual situación, te permitirá ir conociéndote, aprender acerca de ti mismo y otorgarle la importancia justa

Durante la adolescencia, los sentimientos y los estados de ánimo tienen una enorme intensidad. Tan pronto puedes sentirte en el mejor de los mundos como en el último de los infiernos. Sucede que los cambios por los que estás transitando son tan profundos y conmocionantes, tan sorprendentes y desconocidos, que te convierten en una persona especialmente sensible.

> Mi hermano mayor es genial, yo lo adoro. Cada vez que llega de la facultad, viene a mi cuarto y antes de saludarme me pregunta por "las condiciones meteorológicas". Si le contesto "viento norte", se calla y se va: sabe que estoy "volcada" y que mejor no hablarme. Si le contesto "cálido y despejado", entonces entra, me da un beso y charlamos un rato antes de cenar (Naomi, 16 años).

> Hay temporadas en que estoy fatal y sólo quisiera encerrarme para no salir. Es que cualquier cosa que hago o digo me hace sentir un capullo (Sebastián, 17 años).

Si hay algo característico en el modo en que siente un adolescente, eso es la intensidad. Cuando algo sale bien, esto te llena de seguridad; «puedes todo», «la vida te sonríe». Y casi sin darte cuenta, un obstáculo o un contratiempo, por insignificante que sea, puede arruinarlo todo, absolutamente todo. Es importante aprender a circunscribir los «éxitos» y los «fracasos» a las situaciones en donde estos ocurren. No se trata de minimizarlos sino simplemente de aprender a darles la importancia y el peso que efectivamente tienen.

Por ejemplo, algunos chicos se desalientan y terminan por complicar su rendimiento escolar porque tienen dificultades con una materia en especial. La sensación es algo así como «si soy malo para matemáticas es porque no sirvo para estudiar». Lo que comienza siendo un «problema de números» puede terminar afectando hasta tus calificaciones en música. Por supuesto, también se da la inversa: como tienes una gran facilidad para la geografía, aplicar el mismo esfuerzo de estudios para cualquier otra asignatura dará los mismos resultados; pero muchas veces esto no ocurre…

Intentaste seducir a alguien y no funcionó. «¡Nadie se fijará nunca en mí!» ¿Qué tal si pensaras por qué no pudo ser con esa persona, qué hiciste, cómo es ella, y después sacaras conclusiones?

2. Qué pasa con mis emociones...

Ella sólo intenta ser feliz,
tropezando está
Nadan hoy sus ojos entre el rimel
Su mentira ya se hundió en la hierba
Ah, si pudiera, si ella quisiera
abrirse del ser y la nada
tal vez podría ver
que su dios está en la adolescencia
Hoy su inútil pétalo seco
por su soledad
y con las campanas se divierte
pensando que son de aquí, de la muerte
Ves, en su abismo,
con sus enaguas quiere escapar de la cuna
tan apurada está
que atropella al viento en la avenida

Correrás al fin con frenesí
por tu libertad
Pero ni bien una lágrima caiga
mil estrellas juzgarán que es en vano
ya que Dios es un mundo
donde el amor es la eternidad que uno busca
Y no lo pienses más,
que tu mueca está tan despintadada

Dios de la Adolescencia, Luis Alberto Spinetta

Qué pasa con mi cuerpo

Es perfectamente normal y comprensible que en esta etapa sientas que tu cuerpo y tu personalidad no están «a la misma altura»: o te sientes más grande de lo que demuestra tu cuerpo, o más chico de lo que pareces.

La adolescencia es una etapa en que no siempre los cambios físicos se dan al mismo tiempo que los cambios «en la cabeza». Es muy importante que respetes los tiempos que «tu cabeza» necesita para poder manejar a este cuerpo nuevo.

Escucha lo que te dicen los demás, pero trata de elaborar tus propias decisiones. Quizás consideres que tus padres te impiden hacer cosas para las que estás preparado (por ejemplo, las salidas nocturnas) o que te obligan a hacer otras para las que todavía no te sientes maduro (como asumir ciertas responsabilidades respecto de tus hermanos).

También puedes sentir que tus amigos te presionan a hacer cosas que en verdad no deseas. Tal vez hayas comenzado a fumar para que no te crean «menos», o hayas rechazado compartir una salida divertida porque a tu mejor amigo le daba vergüenza asistir. Algunos jóvenes, por ejemplo, se inician sexualmente porque «todos lo hicieron» aunque personalmente no se sientan preparados para vivir la experiencia. Por estas razones, es importante que comprendas que cada persona tiene sus tiempos y que es muy bueno que puedas respetar los tuyos.

Conversar con tus amigos, con tus padres, e incluso darte la oportunidad de dudar y reflexionar acerca de lo que en verdad deseas hacer será una buena manera de ayudarte a ti mismo para que esa «cabeza» y ese cuerpo nuevos crezcan en armonía y vayan conociéndose y alimentándose mutuamente.

Sin embargo, esa supuesta falta de armonía no impidió que esa escultura sea considerada una de las más bellas de la historia del arte. Trata de «sacudirte» esas «cosas feas» que crees ver en la imagen que guardas de ti mismo. Cuida y ayuda a tu cuerpo en lo que esté a tu alcance –que, en verdad, es mucho–; tenle paciencia: dale tiempo para transformarse en ese cuerpo adulto que indefectiblemente necesitas para tu vida futura; y, por sobre todas las cosas, respétalo y ámalo: es único... y es tuyo.

«¿Qué hago con este cuerpo?»

También me maquillo para ir al colegio. Lo que pasa es que si no lo hago, tengo una cara de nenita que no me aguanto (Valeria, 15 años).

¡Las benditas navidades! De sólo montarme la escena de la tía Loli diciendo "¡Ay, pero cómo ha crecido el niño!" quisiera evaporarme... (Rubén, 14 años).

Mi viejo me tiene harto con que me afeite. ¿Para qué? ¿Para que me empiece a crecer barba dura y tenga que hacerlo todos los días como él? (Nicolás, 13 años).

Tu cuerpo te tiene bastante inquieto: porque creciste, porque engordaste, porque adelgazaste, porque estás más «narigón», porque estás más «caderona», por lo que sea... Estás tratando de aprender cómo funciona, sobre todo aquello que tiene que ver con los órganos de tu sexualidad.

Estás tratando de aprender a vestirlo: ni «de nene», ni «de viejo», pero ¿cómo?.

Estás tratando de aprender a moverlo (¿notaste con qué facilidad te tropiezas con objetos o se te caen de las manos?).

Y lo más interesante: estás tratando de aprender *cómo debería ser alguien que luce así...*

Aprender a comportarte como un joven es un arduo trabajo. ¿Cuántas veces juzgas lo que hacen tus amigos como algo «infantil»? ¿O cuántas veces sientes temor de hacer algo y que tus compañeros piensen que eres un nene o una nena? ¿En ocasiones no piensas que aquel chico o aquella chica es un «agrandado» o una «agrandada»?

Qué pasa con mi cuerpo

con el cigarrillo en la boca. ¡Es una idiota! Yo tengo claro que, incluso, aparento más edad de la que tengo… (Néstor, 15 años).

Muchas veces, esa imagen de tu cuerpo que tienes en tu mente –tu «esquema corporal»– no coincide en absoluto con la que los demás se han formado, y como tratas de comportarte de una manera acorde con ella, quizás, no te sientas comprendido en tus sensaciones, apreciaciones, sentimientos y conductas. Podría ocurrir, por ejemplo, que te vieras aún como una niña y, en consecuencia, actuaras como una niña, lo que podría generar choques con tus familiares directos, que esperan que actúes ya como una jovencita y comiences a asumir algunas responsabilidades, o con el chico que te gusta, que no comprende qué sientes por él.

Recuerda que no sólo estás cambiando por fuera sino también por dentro, que los cambios en tu cuerpo generan cambios también en tu forma de ser. Y también en tu modo de relacionarte con el mundo: hay cosas que antes le contabas a cualquiera; ahora, en cambio, eliges a quién –o quiénes– quieres que sepa de éste o aquel asunto. Tienes secretos más importantes, algunos de ellos tan importantes, que no los quieres compartir con nadie. Disfrutas como nunca pasar largos ratos a solas, escuchando música o escribiendo para ti. Necesitas mirar tu cuerpo y hacerte «amigo» o «amiga» de él. Adoras tener un «territorio» propio (tu cuarto, tu cama, tu escritorio, lo que sea) donde poner «tus» cosas (ya sean tus discos o tus estados de ánimo). Es preciso que te des tiempo para darte cuenta de lo que te ocurre y pensar cómo comportarte frente a los nuevos desafíos.

Tal vez la falta de barba te haga sentir con una «odiosa» cara de nene; quizás no tener suficiente con qué rellenar el sostén del bikini te avergüence frente a los demás. Pero aun cuando los granos te den rabia, aun cuando el cabello no crezca tan rápido como deseas, aun cuando la voz no termine de hacerse adulta, hay una inmensa belleza en esto que estás transitando.

Puede ser que alguna vez hayas visto una fotografía de una escultura muy famosa de un gran artista italiano. Se trata del *David*, de Miguel Ángel. Los críticos suponen que el modelo que posó para esa escultura fue un adolescente; creen deducirlo de cierta desproporción entre el tamaño de las manos y el cuerpo, así como de otras características anatómicas propias de los jóvenes en esa etapa.

Tiempo de hijos

> ¿Sólo llegaré a esta estatura?
> Un fideo luciría con más forma que yo.
> ¿A quién salí así?
> Parezco de diez.
> ¿Creerán que tengo dieciséis?
> ¿Se dará cuenta de mi verdadera edad?

¿Adivina cuáles de estas frases fueron dichas por chicas y cuáles por chicos? Es difícil deducirlo, ¿verdad? Lo que ocurre es que unas y otros están viviendo en sus cuerpos esa fantástica transformación que implica el proceso adolescente con todas las inquietudes e incertidumbres que genera.

Pero: ¿crees que estas preguntas siempre tienen asidero o, en ocasiones, surgen de una percepción equivocada del cuerpo que en los jóvenes de tu edad es habitual, dada la gran velocidad a la que se desarrollan los cambios?

Se llama «esquema corporal» a la representación mental que una persona tiene de su cuerpo. Esto quiere decir que, independientemente de cómo seas en realidad y de cómo te vean los demás, puedes verte demasiado *gorda/delgada, alto/bajo, nena/mujer, nene/hombre,* etcétera. Y poco te importará si tus padres, los adultos en general o incluso tus amigos y amigas, te digan lo contrario a lo que ves en esa suerte de «autorretrato» que has pintado en tu mente.

> ¿Será posible que la única persona que me diga "guapa" sea mi abuela? Ya voy para los 15 y ningún chaval se ha fijado en mí (Stella Maris, 14 años).

Desde que tu cuerpo empezó a dejar de ser el de un niño o una niña, preguntas tales como «*¿soy normal?*», «*¿soy atractivo/a?*», «*¿soy grande?*»*,* te rondan constantemente por la cabeza. Es lo normal, no sólo que te formules estas preguntas, sino también que te tome tiempo comenzar a encontrar las respuestas. El tiempo es una condición necesaria e imprescindible para el cambio: date tiempo; tiempo para preguntarte, para consultar con tu familia y tus amigos sobre el tema, para probar y elegir tus propias respuestas.

> Mi vieja se "resignó" a que yo fumara. Pero la primera vez que lo hice delante de ella, le agarró un ataque de risa: decía que mi cara de bebé se veía muy graciosa

Qué pasa con mi cuerpo

Entre los 10 y 15 años los varones entran en la pubertad, iniciándose el proceso de desarrollo y crecimiento corporal que culminará aproximadamente diez años más tarde.

No todos los chicos transitan estos cambios a la misma edad. Algunos «pegan el estirón» más temprano; otros más tarde. Esto a veces puede hacerte sentir que estás «en el envase equivocado»: quieres seducir a tu compañera de escuela, pero ella es mucho más alta que tú; o quieres jugar al fútbol con tus compañeros pero, a pesar de tener la misma edad, los superas por dos cabezas de estatura.

Hay un momento (¡no es eterno!) en el cual nada parece «de tu talla»: demasiado niño o demasiado grande. No sabes por qué, pero tan pronto como te entretienes mirando a las chicas en la calle, te distraes «de la tarea» al encontrar la vidriera de la juguetería. En ocasiones, parece como si tu «cabeza» fuera por un lado y tu cuerpo, por otro. O que no pudieses controlar ese corpachón enorme con el cual hasta hace meses trepabas y corrías como un niño.

Es importante que, en esta etapa, converses con tus amigos y compañeros, ya que muchas veces te resultará más fácil intercambiar ideas con ellos que compartir tus preocupaciones o dudas con los adultos: cuánto se ensancharon tus espaldas, qué chicas te miraron (o no te miraron), las especulaciones en torno a la masturbación y la iniciación sexual, son temas acerca de los cuales descubrirás mucho más y más rápido junto a tu grupo.

Lo más probable es que te sientas más acompañado y comprendido por ellos que por los adultos, ya que, al fin y al cabo, todos están pasando por lo mismo. Pero también puede ocurrir que te sientas «el raro» del grupo, que no es «normal» cómo se va desarrollando este proceso en ti. En este caso, sería bueno que buscaras el asesoramiento y el consejo de un adulto con quien te sientas cómodo para exponerle tus inquietudes y que posea la información adecuada para responder a ellas.

Adivina: ¿chicos o chicas?

¡Demasiados pelos!
Soy un barril...
¿Por qué tantos granitos?

31

especializado en el tema podrá ofrecerte una orientación seria y responsable respecto de cuál es el peso adecuado para una joven de tu edad, talla y estatura, y de cuáles son los hábitos alimentarios saludables que podrías incorporar para alcanzarlo o mantenerlo.

Sólo para chicos

Cuando cumplí 13, ya medía 1,75 y casi debía afeitarme. A mí sólo me apetecía jugar a los vídeos o con amigos. Pero para mis padres, ya estaba lo suficientemente crecido como para cuidar de mis hermanitos u ocuparme de rollos de grande. Aquello me acojonaba, mas nadie parecía darse cuenta (Quique, 16 años).

Soy enano. Hasta la chica más petisa de la división me lleva casi una cabeza. En la escuela me dicen «El Sapo», porque además de ser enano, tengo mucha espalda, como mucha caja, no sé. Con los pibes, no hay problema, pero cuando las salidas son con chicas, prefiero no ir. Ellas me invitan como a todos, yo creo que me dicen porque les doy lástima (Andy, 14 años).

Tu cuerpo está cada día más... ¿raro? ¿diferente? Tal vez no sepas ni siquiera qué nombre ponerle a esa imagen siempre renovada y sorprendente que cada mañana te devuelve el espejo. Algunos signos de estos cambios resultan visibles para todos: el bigote, la voz que a veces suena de nene y otras de hombre, la estatura, el vello en brazos, piernas y axilas. Otros, sólo para ti, como el agrandamiento del pene y los testículos, la aparición del vello en la zona del pubis o las primeras poluciones nocturnas.

Quizás hables de esto con tus amigos, especulen, se rían, se burlen, se preocupen. Estas novedades son las propias y lógicas de esta etapa, desencadenadas por un intenso proceso hormonal que cambiará tu cuerpo de niño hasta convertirlo en el de un hombre. Pero, por supuesto, pasar de un aspecto a otro tomará tiempo y, como en todo cambio, la etapa de intermedia, de transición, será la más difícil de sobrellevar.

Hoy, mi padre me ha dicho: "la buena esencia se guarda en envase pequeño". ¡Gracias, padre! ¿ Acaso eso significa que mientras siga siendo un chaval de 1,60 seré un buen chico? ¡Quisiera ser un soberano gilipollas de 1,90! (Tonio, 14 años).

Qué pasa con mi cuerpo

Pero todo esto no ocurre de un día para el otro, sino que se presenta como una etapa de transición que, como tal, supone permanentes «idas y venidas». Y muchas actitudes y sentimientos encontrados: arreglas tus muñecas y tal vez jugueteas un rato con una de ellas en las manos mientras miras la foto del chico que te gusta; te gusta elegir personalmente la ropa que usas, pero a veces optas por un *look* de niña y otras, por uno de mujer. Este «ir» y «venir» de la infancia a la adolescencia es normal en esta fase de transición, aunque te haga sentir confundida, indecisa y, por momentos, muy extraña. Ten paciencia: poco a poco, las cosas se irán definiendo naturalmente y comenzarás a sentirte más segura y decidida con este nuevo cuerpo y esta nueva «cabeza», llena de proyectos y fantasías sorprendentes.

Por último, en esta etapa que coincide con tu primera menstruación, hay algo muy importante que deberías tener muy en cuenta: es habitual que las chicas de tu edad comiencen a preocuparse por su silueta. Tantos cambios físicos en tan poco tiempo no resultan fáciles de asimilar y es posible que tus ojos no se adapten a la nueva imagen que te devuelve el espejo con la misma celeridad con que ocurren los cambios. Puede ocurrir que realmente acumules un poco de sobrepeso que luego se elimine naturalmente con un «estirón»; o también que tu mirada te engañe y te lleve a ver gordura allí donde sólo comienzan a insinuarse las formas femeninas.

Cualquiera sea el caso, debes comprender que el cuerpo de la mujer necesita acumular grasas en lugares estratégicos –como, por ejemplo, las caderas– para poder desarrollar satisfactoriamente sus funciones reproductivas. Por esta razón, las alteraciones en la dieta en esta etapa de la vida pueden tener consecuencias serias sobre tu salud actual y futura.

Es de vital importancia que cuides tu alimentación y que tengas en cuenta que tu cuerpo está en pleno período de desarrollo y crecimiento.

Por este motivo, aun cuando tu cuerpo en forma y tamaño «ya sea como el de mamá», esto no significa que puedas dejar de lado ciertos alimentos de los cuales los adultos, por estar sus cuerpos completamente desarrollados, sí pueden prescindir. Ante cualquier inquietud respecto de tu peso, no ensayes dietas de revistas o copies la de los mayores: consulta con tu médico. Sólo un profesional

> No sé a qué tanto jaleo. Mamá y las tías estaban alborotadas como si hubiera nacido un niño. ¿Es que tener la regla te cambia algo? (Florencia, 14 años).

> No me acuerdo exactamente cómo fue. Pero sí recuerdo que me hizo sentir… importante (Camila, 17 años).

Aunque estabas preparada, te sorprendió. Como nos sorprende todo lo desconocido, por mucho que tengamos en cuenta su llegada. La noticia generó en tu familia un revuelo inusitado: tu mamá, tu papá, todos, hasta tu hermano, parecía querer decirte algo... aunque no supieran bien qué decir.

Y es que para todos lo que te vieron crecer, y especialmente para ti, la primera menstruación –o *menarca*– es un acontecimiento conmocionante. Desde el punto de vista biológico, indica que tu cuerpo comienza a funcionar como el de una mujer adulta. Un intenso proceso hormonal se pone en marcha, dando lugar a enormes modificaciones en el cuerpo.

En algunas jóvenes, la menstruación aparece más tempranamente, en otras un poco después. Lo habitual es que se presente entre los 10 y los 14 años. Cada joven reacciona frente a su primera menstruación de una manera diferente. Algunas se sienten orgullosas, «grandes»; otras se avergüenzan o, simplemente, se incomodan; también hay quienes intentan no registrar el cambio, como si nada hubiera pasado. Sin embargo, sería importante para ti que, llegado este momento, pudieras comprenderlo y vivirlo como algo natural y positivo, ya que indica que tu cuerpo está funcionando saludablemente.

Los cambios externos, obviamente, son los más visibles: se ensanchan tus caderas, se afina tu cintura, aparece vello en tus axilas y pubis, crecen las mamas. Pero también hay cambios internos menos evidentes como el agrandamiento del útero y la vagina.

En cuanto a tu estado de ánimo, te sientes distraída, quizás somnolienta; a veces triste, a veces eufórica; aparecen nuevos temas en las conversaciones con tus amigas y sientes «distinto» respecto de tus amigos varones. Muchos de estos estados de ánimo están relacionados con los cambios corporales, porque cambia el cuerpo y también «la cabeza».

tes. No descartes la posibilidad sin al menos considerarla. Ten en cuenta que un profesional dedicado al cuidado de la salud de los chicos y chicas de tu edad estará en óptimas condiciones de dar buenas repuestas ciertas a tus preguntas.

Si hasta el momento continuaste visitando a tu pediatra, evalúa la posibilidad de cambiar de especialista y procura no dejar la elección del nuevo médico librada exclusivamente a tus padres: el sexo, la edad aproximada y las características del lugar donde atiende, son elecciones importantes en las cuales puedes intervenir pues sin lugar a dudas la comunicación con el profesional resultará más sencilla y directa si te sientes cómodo y a gusto en su presencia. Y si finalmente decides acudir a la consulta, procura ingresar solo o sola al consultorio, de modo que no te avergüence consultar sobre todas las cuestiones relacionadas con el tema, incluso sobre algunas que tal vez aún no hayas hablado con tus padres.

Recuerda que tu médico debe ser alguien que te inspire confianza, alguien que con sus conocimientos y experiencia te ayude a conocer y sobrellevar del mejor modo posible los múltiples cambios físicos que estás atravesando. Sin embargo, puede ocurrir que esto no resulte así, que no te sientas cómodo o cómoda en la consulta o que el médico no satisfaga tus necesidades. En ese caso, vuelve a hablar con tus padres, explícales tus razones y plantéales la posibilidad de cambiar de médico. Buscando juntos, sin lugar a dudas lograrán dar con un profesional adecuado.

Sólo para chicas

Mamá me contó que la única vez que le hablaron de la menstruación y todo eso fue en el colegio. Fueron a darles una clase los de una fábrica de toallitas femeninas. Yo le pregunté si la abuela no había hablado nunca de la menstruación con ella y me dijo que no, que la abuela se ponía incómoda si tenía que hablar de eso (Romina, 15 años).

La vieja me había dado grandes «conferencias» sobre la menstruación. Sin embargo, el día que me vino por primera vez, me quedé paralizada. Simplemente me dieron ganas de llorar (Luciana, 14 años).

Aborrezco comprarme ropa. ¡Los almacenes son para las mujeres! Pero el otro día, mi madre me ha hecho reír. Me dijo: "Pancho, ¿has visto cómo te sienta ese pantalón?" Y cuando me eché el ojo en el espejo… ¡que no llegaban a cubrirme los tobillos! ¡Ostias, que cómo me crezco! (Francisco, 14 años).

¿Sabías que la adolescencia es el cambio físico más violento e intenso que padece una persona a lo largo de toda su vida? Sin duda, el desarrollo de tus órganos genitales (que biológicamente te prepara para las funciones reproductivas) tiene también consecuencias en el plano psicológico. No sólo físicamente, también personalmente te sientes otro, otra. Es como si fueras tú mismo pero en una «casa» nueva. Una «casa» que, por momentos, te resulta linda e interesante y, por momentos, inmanejable o poco atractiva. Eso te hace sentir inseguro. «*¿Me quedará bien esta ropa?*», «*¿No luciré ridículo así?*», te preguntas constantemente.

Era delgadísima, pero con un pecho y unas caderas…Debía usar sostén cuando ninguna de mis amigas lo hacía. Vamos, ¡que me apenaba! Es que, cuando aquello empieza, te pone fatal (Guadalupe, 17 años).

En mi clase ya todos crecieron. Soy el único petiso. Y ya veo que no voy a crecer. Siento que todos me miran y piensan "pobrecito" (Juan, 15 años).

En primer lugar, es importante que recuerdes que estos cambios no comienzan ni terminan exactamente a la misma edad para todos los jóvenes y que podrían darse desfases respecto de tus amigos o amigas. Lo natural es que cada cuerpo inicie este proceso a su debido tiempo. Pero si realmente temes que algo no esté marchando bien, no dudes en consultarlo. Ciertos temas íntimos a veces es más sencillo tratarlos con un amigo o una amiga, pero en ocasiones la información que éstos manejan es limitada. Por eso, si te inquieta saber por qué te ocurren (o no te ocurren) determinadas cosas, será conveniente que busques esa información en un adulto con quien te sientas cómodo y que maneje información confiable.

Quizás tus padres teman no saber explicarte de la manera más clara y eficaz las causas y las implicancias de estos cambios y sugieran hacer una consulta con un médico especialista en adolescen-

1. Qué pasa con mi cuerpo

*Ella tenía esa gracia fugitiva que marca la
más deliciosa de las transiciones, la adolescencia, los
dos crepúsculos mezclados, el comienzo de una
mujer en el final de una niña.*

Victor Hugo, *Los trabajadores del mar*

¿Desde cuándo tengo esta nariz? ¿Pelitos aquí, allí y... también ahí? ¿Hasta cuándo seguirán creciendo mis pies? ¿Por qué tengo caderas tan anchas? ¿Por qué tengo hombros tan estrechos? ¿Por qué se me ensucia el cabello tan rápido? ¿Cuándo tendré verdaderos músculos? ¿Cuándo tendré «lolas» para que luzcan en mi bikini? ¿Por qué me llevo los muebles por delante? ¿Por qué tanto olor a transpiración? ¿Otra vez más granitos?

Desde que entraste en la adolescencia el espejo es tu mejor amigo... y tu peor enemigo. En los últimos meses te has mirado a ti mismo más de lo que lo habías hecho en toda tu vida. Es que realmente estás distinto o distinta, te están ocurriendo cambios vertiginosos y esto no es sencillo de aceptar.

Por lo pronto, parece que con quien mejor puedes compartir estas preocupaciones es con tus amigos o amigas. Ellos, ellas, están pasando por lo mismo y saben a qué te refieres cuando dices que estas cosas te inquietan.

Ahora puedo reírme, pero en ese momento era un horror. Empezaba a tener «lolas», pero me sentía una ridícula si le decía a mamá que me comprara un corpiño. ¡Qué vergüenza que sentía! (Josefina, 16 años).

Pareciera que la libertad es el tema más conflictivo entre tú y tus padres. ¿Habrá sólo dos alternativas? ¿Que ellos decidan por ti o que te dejen librado a tu suerte? Definitivamente, no. Entre estos dos extremos, es preciso que todos logren encontrar alternativas que combinen lo bueno de cada posición. Por supuesto, esto no se consigue de un día para el otro ni hay recetas milagrosas: se trata de una constante búsqueda de propuestas por parte de tus padres y de pruebas para ti mismo.

> Se me vienen los exámenes encima y todavía no toqué un libro. Me revienta que mis viejos se metan con mi colegio, pero si ellos no me prohíben salir, me doy cuenta que no paro (Facundo, 17 años).

Es lógico que sientas deseos encontrados, contradictorios. Por una parte, quieres desprenderte de tus mayores, decidir por ti mismo sin rendir cuentas a nadie; por la otra, necesitas que intervengan cuando no sabes qué hacer. Pero más allá de sus deseos de cuidarte, es bueno que tú también aprendas a hacerlo y que para lograrlo te valgas de la protección que puedan brindarte tus padres, de su experiencia, a fin de que puedas ir encontrando tu manera de conducirte y cuidar de ti mismo.

Seguramente, si en estos ensayos con tu flamante libertad te sabes respaldado por tus padres, lejos de transformarte en «un nene –o una nena– de mamá», con el transcurso del tiempo adquirirás confianza, comprendiendo y diseñando criterios propios para moverte en la vida.

Recuerda que, cuanto más y mejor logres explicar tus necesidades y pedir ayuda, más y mejores probabilidades habrá de que tus padres te brinden esa suerte de «protección a distancia» que tanto necesitas.

De aquí en adelante, nos vamos a internar en los distintos temas que hacen a tu vida de adolescente, y –humildemente– vamos a sugerir algunas ideas que te ayuden a conducirte en este inmenso y nuevo mundo que estás descubriendo.

principio simpática, tal vez te sientas temeroso o angustiado a la hora de tener que «arreglártelas solo» con temas o situaciones para los que no estás preparado.

Siempre es difícil lanzarse, «tirarse a la pileta» por primera vez, aunque alguna vez haya que hacerlo. No creas que este sentimiento es exclusivo de la adolescencia: también los adultos lo sienten, sólo que ya cuentan con otras experiencias como guía. Por eso, si te sientes desprotegido, abandonado, no sabes qué hacer y aunque requieres la ayuda de tus padres, no encuentras en ellos las respuestas que necesitas, no dudes en buscar apoyo en otras personas adultas de tu confianza: un tío, una abuela, un profesor, la madre o el padre de un amigo, pueden escucharte y su experiencia resultarte de utilidad y orientarte cuando tengas que optar y tomar decisiones para las que no te sientas suficientemente preparado.

«No los soporto, pero necesito saber que están»

Una noche nos reunimos en casa con unos chavales a ver vídeos y escuchar música. Teníamos catorce, quince años y mi madre había salido. Antonio —¡ese tío y sus aires!— se sirvió algunas bebidas del aparador: comenzó por el jerez, siguió con un poco de vodka, un poco de whisky... El caso es que el muy gilipollas se descompuso fatal. ¡No sabíamos qué hacerle! Vamos, que yo rogaba que llegara mi madre para que calmara a Antonio, aunque me chingaba la idea de tener que aguantarme que nos echara el rollo (Pedro, 17 años).

Quieres ir a la disco y decidir en el transcurso de la noche a qué hora regresar; y también quieres que tu padre esté disponible para ir a buscarte cuando llegue ese momento porque temes viajar sola o solo a esas horas. Quieres tomarte un año mientras defines si quieres seguir una carrera universitaria o no; y también quieres que tus padres continúen solventando todos tus gastos durante todo ese tiempo porque no estás dispuesto a asumir responsabilidades laborales.

No quieres que tus padres se entrometan con tu rendimiento escolar, pero les pides que hablen con uno de tus profesores para que te dé otra oportunidad de rendir examen, ya que a ti te avergüenza hacerlo.

Tiempo de hijos

> que "nunca se sabe qué pasa en las discos". ¿Qué creerán que pasa en las discos? Yo creo que alucinan mal con todas esas cosas que ven en la tele. ¿Por qué piensan que no puedo cuidarme sola? ¿Por qué no confían en mí? ¿Creerán que el día que cumpla 18 me volveré mágicamente "grande" y responsable, y que entonces no voy a correr nunca más ningún peligro? ... (Del diario de Marina, 17 años).

Tal vez tus padres sienten temor a que te independices, a «que te hagas grande», porque les resulta más sencillo manejar a un niño pequeño que a un joven en camino de convertirse en un adulto. Te sobreprotegen y no saben cómo moverse de ese lugar. Dales tiempo y date tiempo. Recuerda que ellos también están aprendiendo, que deben encontrar una nueva manera de cuidarte, ya no como un niño sino como un adolescente. Conversa con tus padres y, en caso de que ellos no propongan «nuevos tratos», intenta proponérselos tú.

Procura llegar a un acuerdo que les permita a todos sentirse satisfechos y seguros. Frente al conflicto concreto de que no te aceptan que salgas con tus amigos y regreses solo o sola a la madrugada, podrías proponerles, por ejemplo, volver acompañado por tu mejor amigo o amiga, ya sea hasta tu casa o la de él o ella, y quedarse a dormir ambos en la casa adónde regresen juntos. Y llamarlos apenas llegues si te quedas en casa de tu amigo.

Hay infinitas opciones de «nuevos tratos» posibles, pero para hacerlos tú y tus padres deben conversar sobre el tema tantas veces como sea necesario, no sólo cuando necesiten convenir las nuevas reglas, sino también cada vez que éstas deban ser actualizadas, lo cual indefectiblemente ocurrirá a medida que continúes creciendo y adquieras confianza para manejarte sola o solo y tus padres se aseguren de que así es.

> ¡Nada como un padre ocupado para sacarle lo que te apetezca! ¿Sabes cómo aprendí a conducir? Un día le dije a mi padre que quería mi licencia. Entonces, sin dejar el periódico que estaba leyendo, me explicó aquel rollo del encedido, las marchas y tal. Luego, cogió las llaves de su automóvil y me dijo "ve y practica". ¡Qué tío más chalado! ¡Podría haberme matado! (Rubén, 20 años).

Podría ocurrir también que tus padres estimularan tu independencia sin antes enseñarte cómo conducirte con esa flamante libertad. Y si bien esa figura de «padres compinches» puede resultarte en

«No sé qué siento, no sé qué pienso... no sé quién soy»

¡Siempre fastidiando con aquella letanía! "Niña, que nunca nos cuentas sobre ti, que no nos dices qué tal el cole…" No sé para qué montan tal jaleo, si cuando tenemos un rato para estar juntos no hacen más que parlotear sobre sus asuntos… (Ángela, 17 años).

Una de las vivencias más fascinantes y a la vez inquietantes de la adolescencia es el sentimiento de apropiarte de tu libertad. El modo en que te llegue, la conquistes y la emplees te hará alcanzar más fácil o más dificultosamente tu independencia y madurez. Esto depende en parte de ti, y en parte de tus padres y de la sociedad.

En buena medida, alcanzar el ejercicio pleno de tu libertad depende de ti. Es muy grato sentir que uno es «el dueño» de una decisión; pero también es frecuente temer equivocarse y encontrarse solo, sin consejo, apoyo, compañía, o no saber cómo afrontar las consecuencias. Lograr hacer lo que uno realmente desea es una de las caras de la libertad; la otra es la responsabilidad que indefectiblemente le cabe a quien toma una decisión.

Puedes estudiar para el examen o no, puedes decidir mantener relaciones sexuales con tu pareja o no, puedes hacer «lo que te enseñaron» o crear tus propias reglas. En todos los casos, tú decides. Lo importante es que te des el tiempo y busques los recursos para aprender a decidir. Poder escuchar la opinión de otros, aprovechar las experiencias de quienes te rodean, conocer los límites y las posibles consecuencias (deseadas o no) de una decisión y lograr que esa decisión sea respetada es algo que se aprende y se logra tras un largo proceso. Habrá aciertos, dificultades y equivocaciones: esto es natural y difícilmente podría ser de otra manera.

Sin duda, para animarte a crecer y a cambiar, necesitas contar con el apoyo de quienes te rodean. Por eso, el papel que desempeñan tus padres y la sociedad en general en este proceso de aprender a ser independiente también es muy importante. «*¿Me animaré a crecer o seguiré siendo un niño?*», es la pregunta que, en el fondo, se hace constantemente cualquier adolescente y que no siempre los padres o la sociedad ayudan a responder.

31 de mayo
Es sábado y otra vez estoy sola en casa. Me aburre no poder hacer nada de lo que quiero. Ellos dicen que hasta los 18 no puedo ir a bailar: porque soy "chica", por-

Tiempo de hijos

dres son iguales y, en consecuencia, desarrollan diversas maneras de comportarse frente a los cambios que se operan en sus hijos adolescentes. Veamos algunos casos.

Algunos padres «se ponen nerviosos» cuando ven que sus hijos son capaces de hacer o lograr cosas que ellos mismos no pudieron, como ir a la universidad o alcanzar rápidamente cierto reconocimiento profesional. Otros quieren que sus hijos hagan exactamente lo mismo que hicieron ellos porque piensan que el resultado fue satisfactorio, por ejemplo, mudarse solos a determinada edad. También están los padres que sueñan con que sus hijos hagan aquello que ellos hubieran deseado hacer y no hicieron, y entonces los presionan para que tomen un cierto rumbo o decisión sin tomar en cuenta las ganas o el interés de sus hijos. ¿Para qué te contamos todo esto? Para que comprendas tú también que tus propios padres no tienen «todo claro» ni todas las respuestas para este hijo que se encamina hacia la edad adulta.

> Para cuando termine el colegio, ya había decidido estudiar Diseño de Interiores. Es una carrera corta y no tradicional: exactamente lo que yo buscaba. Cuando se lo dije a papá, me miró con ternura, me felicitó y prometió ayudarme. Y después agregó: "¿Y cuando termines, qué estudios universitarios piensas seguir?". Escuchar eso y que me dijera que mi vocación no valía nada, para mí, era lo mismo (Mariana, 19 años).

Es verdad: no siempre el amor de tus padres los mantendrá alejados de hacer o decir cosas que no son las que más te ayudan a transitar tu adolescencia. Pero es importante que recuerdes que, más allá de los conflictos y las tensiones, seguramente ellos podrán aprender (también) a brindarte la comprensión y el aliento que necesitas.

«A veces me persiguen y otras, se olvidan de mí»

> Control. Que a dónde voy, que con quién salgo, que qué estuve haciendo, que qué comí. Me dicen que tengo que actuar con más responsabilidad, pero viven pendientes de mí como si fuera un bebé (Julieta, 16 años).

natural, deseas que los demás noten estos cambios y se comporten tomándolos en cuenta y respetándolos. Desde que ingresaste a la adolescencia, ¿cuántas veces has tenido que decir «no te metas»? Es que tus cambios también están obligando a todos los que te rodean a re-conocerte, es decir, a «conocerte otra vez».

Disfrutas de estar solo y de estar con tus amigos de una manera diferente; ya no esperas que tus padres organicen salidas divertidas sino que las arreglas tú mismo; la relación con tus docentes es diferente; los temas de conversación y las preocupaciones que compartes con tus amigos cambiaron (incluso hasta puede haber ocurrido que hayas cambiado de amigos); observas tu cuerpo y te preocupas por él de una manera nueva. Todos estos cambios que a ti te sorprenden y llaman tu atención, también sorprenden a los que te rodean, especialmente a los que están más cerca como tus padres y hermanos. Por eso se dice que la adolescencia es una revolución que involucra a toda la familia, no sólo a ti.

Y toda esta «movida» suele darse en simultáneo con un momento de la vida de tus padres también bastante especial; se lo suele llamar la «crisis de la mediana edad». Tienen entre 40 y 50 años y están haciendo una especie de «balance de su vida»: cómo les fue laboralmente, qué tipo de familia tienen, qué pareja han construido (o no), qué relación establecieron con sus hijos; deben empezar a pensar cómo relacionarse con sus propios padres (tus abuelos), quienes tal vez estén padeciendo enfermedades o trastornos propios de la edad, o incluso partiendo ya de esta vida. En un momento en que tú estás muy ocupado contigo mismo (¡y es muy bueno que así sea!), de pronto puedes perder de vista que «los grandes» no tienen necesariamente «todo resuelto».

Entre todas esas cosas, a veces es difícil para tus padres aceptar que ya no eres «su» nene o nena, que empiezas a ensayar tus primeros gestos de independencia, en suma, que «comienzas» una vida propia, llena de posibilidades, donde ellos ya no son el centro de tu atención ni la única opinión que escuchas. Tu rebeldía, las peleas y tus juicios acerca de ellos, –aunque creas que les resulta indiferente–, pueden ser momentos verdaderamente dolorosos para tus padres y también para ti.

Así como sabes que entre los jóvenes existen reacciones distintas frente a situaciones similares, también ocurre que no todos los pa-

darte una responsabilidad (¡y justo de ésas que no tienen ningún atractivo!); pero que si hablan de aquello que de verdad te entusiasma, de pronto eres «demasiado chico». «*Eres un niño, no puedes salir a esta hora*». «*Ya eres grande, ordena tu cuarto*». ¿No son dos frases típicas? Sin duda, habrá cosas que tus padres deberán entender y cosas que tú deberás aprender. Pero en todos los casos, será sabio darse cuenta de que todos tienen algo de razón y que todos están en parte equivocados.

Puede ocurrir que sientas que nada de lo que aprendiste es válido, que lo que tus padres dicen o te enseñaron no te sirve para resolver los nuevos problemas y situaciones que se te presentan. Es natural: estás buscando tu propia identidad, tu propio estilo, tu propia manera de ser. Indudablemente este es un trabajo personal y fantásticamente creativo... que también incluye momentos de incertidumbre. Seguramente habrá mucho que deberás probar para descubrir aciertos y equivocaciones: cómo quieres ser, qué quieres hacer, con quiénes quieres estar.

Pero también será astuto de tu parte tratar de aprovechar lo que otros ya aprendieron o están aprendiendo. Esos «otros» pueden ser tus padres, tus hermanos, tus amigos. No se trata de copiarlos sino de compartir sus hallazgos y perfeccionar, según tu propio criterio, lo que creas erróneo, lo que no te guste, lo que no vaya con tu forma de ser, lo que no apruebes o no consideres la mejor solución o salida.

«Con mi familia, todo mal»

Queridos papá y mamá,
En ocasiones siento que os enfadáis pues no hago, siento o digo lo que a vosotros os placería. Y, tal vez, hasta tengáis razón. Vamos, que hasta yo misma puede que en un tiempo descubra que estaba equivocada y empiece a conducirme de otra manera. No se trata de que quiera vivir a mi aire o que no les quiera. Es que necesito descubrir por mí misma qué es lo que siento y deseo (Carta de Maricarmen, 17 años).

Llegaste a la adolescencia y te sientes diferente: tu cuerpo es otro, tus sentimientos son otros, tu manera de pensar es otra. Y como es

En cualquier caso, no desaproveches ni dejes de pedir la ayuda necesaria para equilibrar, entender, aceptar, sufrir y resolver asuntos nuevos o viejos. Aunque por momentos sientas angustia o no sepas qué dirección tomar, poco a poco lograrás encontrar en ti mismo capacidades que desconocías (valor, empeño, coraje, comprensión) y también aprender o adquirir otras que necesites poner en práctica. Tu «trabajo» de adolescente consiste básicamente en esta ardua tarea. Pero no estás solo en ella: tu familia y todos los que te quieren siempre estarán dispuestos a apoyarte, aunque para eso, claro, de algún modo tendrán que enterarse de que precisas de su ayuda. Recuerda que hablar nunca está de más, cuéntales lo que te ocurre y escucha su opinión. Puede que no estés de acuerdo con ella, pero escúchala. Tal vez analizando lo que ellos dicen acerca de una determinada cuestión, descubras lo que tú mismo opinas al respecto.

«Cuando les conviene soy chico, cuando les conviene soy grande»

¡Vamos, que son unos pesados! Si se me hace preciso faltar al cole porque no estudié, me mandan ir de todos modos, que me la arregle a cómo dé lugar y espabile. Pues si me estoy "tan grandecito" como para cargar con el rollo del colegio, ¿por qué pueden decidir si me ausento o no? ¿Quién les entiende? (Juanma, 15 años).

Mi viejo jamás se fijó en mi ropa. ¡Podría haber salido con un florero en la cabeza y ni se hubiera enterado! Pero desde que soy más grande, me vuelve loca con lo que me pongo. ¿Por qué se tiene que meter? (Oriana, 14 años).

Tus padres ya no te tratan como antes y este cambio a veces te hace feliz y otras te da rabia. Tómalo con calma, ellos también están tratando de adecuarse a este «nuevo» hijo o hija que tienen en casa. Aunque a veces te des cuenta y otras no, tú también estás tratando de aprender desde cómo vestirte, cómo hablar y cómo conducirte con los demás, ya sean tus padres, tus profesores o tus amigos y compañeros.

Para todos ellos, eres un poco niño y un poco adulto. Probablemente sientas que sólo te tratan como grande cuando se trata de

Tiempo de hijos

Todo esto ocurre todo a la vez y te desconcierta. Quieres y no quieres escuchar. Lo que escuchas te parece que debería preocuparte, pero tal vez no te preocupa, o no te preocupa tanto como esperan tus padres. ¿Qué esperan de ti? ¿Cómo quieres reaccionar ante esta nueva realidad que se despliega ante tus ojos, muchas veces incluso a pesar tuyo? Date tiempo: el camino de la adolescencia recién comienza.

«Nada es como antes, pero... ¿cómo es?»

Ni que fuera maniquí de escaparate. ¡No hay "Cristo" que no me mire! Mis padres, los abuelos, hasta los vecinos. ¡Soy un bicho raro, o qué! (Esteban, 14 años).

Siempre me hizo gracia la palabra «crisis», sobre todo cuando la usan los adultos para hablar de cualquier problema que les pasa. ¡Me sonaba tan ridículamente tremenda! Pero desde que siento este cortocircuito en la cabeza, no se me ocurre otra palabra para hablar de mí (Dana, 16 años).

Está cambiando tu cuerpo, están cambiando tus hábitos (lo que antes te divertía hoy quizás te aburra... ¡y viceversa!), están cambiando tus responsabilidades, están cambiando tus sentimientos. Los demás están cambiando su manera de tratarte (o lo que a veces es peor, ¡no la cambian!). Todo es nuevo, todo es atractivo, todo es desafiante, todo es... complicado.

Sin embargo, «cambio» y «crisis» no son sinónimos de catástrofe o tragedia, aunque impliquen vaivenes y momentos de confusión. Toda esta «revolución» en tu cuerpo, en tus sentimientos, en tu manera de pensar, muchas veces hace que se manifiesten en este período problemas o situaciones que hasta ahora no se te habían planteado, o que aparezcan otros que venían de la infancia. A veces, este es el momento en que te das cuenta qué tan difícil es hablar con tu padre, o que tu madre preferiría que le sigas «contando todo», como cuando eras niña. Aunque te resulte sorprendente, este es un momento en que nadie (ni tus padres, ni tus hermanos, ni tú mismo) sabe muy bien qué hacer o cómo conducirse: tú estás aprendiendo a ser mayor, y ellos a ser los padres de un hijo o una hija mayor.

ñez), sino en tus proyectos futuros: esa será la señal de tu llegada al mundo de los jóvenes adultos.

No te apures ni te dejes apurar; no te detengas ni te dejes detener. No es un tiempo fácil, pero sí uno de los más intensos, mágicos y creativos que atravesarás en tu vida!

«Antes estaba todo bien; ahora no entiendo nada»

El secundario es bárbaro; pero también un embole. Al fin estás con gente más grande... ¡especialmente los de cuarto! Pero por otro lado, los profesores te tratan como si fueras el enemigo: son más duros, no te perdonan una... (Fabiana, 14 años).

En el club siempre fuimos los que hacíamos lío, pero nunca nadie se enojaba en serio con nosotros. No entiendo por qué ahora, por esta estupidez que hicimos, están armando semejante tragedia... (Ramiro, 15 años).

Y bien: parece que los demás ya no te tratan como siempre y muchas veces te cuesta entender por qué ocurre esto. Percibes que algo está cambiando en ti (tus sentimientos, tus intereses, tus preocupaciones, tus gustos) y también que «los otros» –tu familia, tu entorno social, tus amigos– te tratan de una manera diferente. A veces este cambio es gratificante porque te sientes más considerado, porque tus opiniones importan de una forma completamente nueva o son tenidas más en cuenta. Pero también a veces los cambios desconciertan, te dan miedo, te paralizan. Sientes muchas ganas de ser libre de hacer lo que deseas, pero no sabes cómo.

Quizás tus padres nunca se habían preocupado por saber sobre qué conversas con tus amigos y ahora se han puesto muy insistentes con ese tema. Sin embargo, más allá de que esta actitud te moleste (y es comprensible que te moleste), ¿no han cambiado mucho los temas de esas charlas? Por su parte, tal vez ellos nunca habían hablado contigo sobre sus dificultades laborales y ahora, de pronto, estás al tanto de qué tan mal o qué tan holgado es el presupuesto de tu familia, de lo difícil que se le hace a tu padre cubrir la cuota del colegio o el servicio médico, de los temores de tu madre porque la despidan.

El olor. De pronto empecé a transpirar con ese olor que yo sólo le había sentido a los grandes. No sé por qué, pero me daba una mezcla de odio y orgullo (Javier, 20 años).

La adolescencia es una etapa en la que se dan cambios fundamentales en la vida de los seres humanos, desde los más visibles (como los del cuerpo) a los más sutiles (tu manera de sentir, de pensar y de relacionarte con los demás). La sensación que quizás percibas más claramente es que todo se modifica y no puedes impedirlo. Y no sabes qué hacer.

No hay una «fecha» de inicio de la adolescencia ni una fecha de finalización. Su llegada y su culminación serán algo que sentirás tú mismo, como una transformación en tu interior. Sin embargo, y aunque te parezca sorprendente, esta es una etapa de crecimiento del ser humano tan profunda y determinante como el primer año de vida lo es para un bebé (recuerda que el bebé comienza ese primer año sin poder siquiera ver claramente las caras que lo rodean y lo termina caminando y hasta sabiendo balbucear su propio nombre). En la adolescencia se producen cambios igualmente importantes, sólo que ahora tienen que ver con otras cuestiones.

Tu cuerpo de niño o de niña comienza a transformarse en el de un hombre o en el de una mujer. Y tú mismo empiezas a definir quién quieres ser, descubriendo, probando y eligiendo tus propios criterios, la manera de desarrollar tu independencia y el modo en que quieres ingresar al mundo adulto.

A veces este proceso no es sencillo. Como es natural en un momento de cambio, pasarás momentos de dudas, te harás miles de preguntas, sentirás que descubres cosas maravillosas y que te decepcionan muchas otras. En ocasiones te dirás: «¡Por qué no seré pequeño para que otros resuelvan estos problemas!», y en ocasiones desearás «ser grande» para que nadie pueda inmiscuirse en asuntos que consideras absolutamente tuyos y personales. Estos sentimientos tan contradictorios son naturales, si bien cuesta trabajo compatibilizarlos.

Antes dijimos que no podíamos poner fecha al fin de la adolescencia; lo mismo ocurre con su comienzo. Sin embargo, *un día sentirás que tu atención ya no está puesta en aquello que dejaste atrás (tu ni-*

«No sé qué siento, no sé qué pienso... no sé quién soy»

Quería tan sólo intentar vivir aquello que tendía a brotar espontáneamente de mí. ¿Por qué había de serme tan difícil?

Hermann Hesse, *Demian*

El jean que te regalaron en tu último cumpleaños te va demasiado ajustado, o demasiado corto, y aunque nunca te gustó mucho, te da bronca deshacerte de él. Tienes ganas de salir pero no sabes adónde ir ni con quién estar: te gustaría tener nuevos amigos con quienes pasar horas charlando o caminando, pero no sabes a quién llamar. Te encierras en tu cuarto para no tener que responder las preguntas de tu mamá ni escuchar el llanto de tu hermanita. Te tiras en la cama y enciendes el *walk-man*, pero ninguna canción es la que quieres escuchar.

No sabes bien cuándo empezaron a cambiar las cosas, pero hoy, de pronto, todo te parece diferente. La familia, la escuela, los amigos, la música, nada es tan simple como antes. Lo que te gustaba, ahora te parece aburrido o indiferente y lo que te gustaría que pase, todavía no pasa. ¿Qué pasa, entonces? ¿Quién está cambiando? ¿Es lo de afuera o eres tú, que estás creciendo y ahora ves todo con ojos diferentes?

De chica me gustaba jugar con la ropa de mamá: ponérmela y mirarme en el espejo. No sé exactamente cuándo fue, pero un día casi me muero: me miré en el espejo y ya no estaba disfrazada, simplemente estaba vestida (Romina, 19 años).

y te secas sin labios
y te duermes sin sueño
y te piensas sin sangre
y te juzgas sin tiempo
y te quedas inmóvil
al borde del camino
y te salvas
entonces
no te quedes conmigo.

No te salves, Mario Benedetti

Tiempo de hijos

No te quedes inmóvil
al borde del camino
no congeles el júbilo
no quieras con desgana
no te salves ahora
ni nunca
no te salves
no te llenes de calma

no reserves del mundo
sólo un rincón tranquilo
no dejes caer los párpados
pesados como juicios

no te quedes sin labios
no te duermas sin sueño
no te pienses sin sangre
no te juzgues sin tiempo

pero si
pese a todo
no puedes evitarlo
y congelas el júbilo
y quieres con desgana

y te salvas ahora
y te llenas de calma
y reservas del mundo
sólo un rincón tranquilo
y dejas caer los párpados
pesados como juicios

Presentación y agradecimientos

Este libro está pensado para padres e hijos, como una hoja de ruta para *el tiempo adolescente.*

Se trata de un libro de consulta de fácil acceso con dos entradas bien definidas: una para chicos y otra para padres, *ya que la adolescencia es un momento de transición que llega y abarca a toda la familia, no sólo alguno de sus miembros.*

Y pensamos que es importante que todos los integrantes de la familia «en conjunto» pero con consignas propias a sus roles, tengan herramientas para manejarse en esta etapa de cambio. El propósito de este libro es brindarte algunas de ellas para que encuentres salidas alternativas cuando sientes que estás empantanado y las cosas no se resuelven como te gustaría.

La idea es que *la adolescencia es un pasaje, una transformación que implica a toda la familia,* por eso es importante que en el caso de que compres este libro, les puedas mostrar a tus padres que la resolución de los conflictos depende de ambas partes.

Este libro refleja lo que nos fue confiado durante los múltiples *procesos terapéuticos* de los que fuimos partícipes a lo largo de muchos años en nuestro Centro para adolescentes y jóvenes, y de lo que ocurrió a partir del trabajo realizado, tanto por los chicos como por sus padres, para modificar las situaciones dolorosas por las que consultaron. Recogimos sus testimonios, que ahora brindamos, con un profundo agradecimiento hacia las familias, para que también otros jóvenes como tú puedan servirse de ellos.

También nuestro agradecimiento va a nuestros hijos, con los cuales seguimos aprendiendo cómo se comparte el camino de este tiempo de hijos y padres en la adolescencia.

«A veces los amo, a veces los odio» 55
Discutir, discutir y... discutir 58
¿Los hermanos sólo existen para molestar? 60

4. **Qué pasa con el amor... y el sexo** 63
¿Cuándo? A su debido tiempo 64
¿Primer amor? 65
Amores, ondas, transas...66
La primera vez 67
¿Cuándo? Otra vez, a su debido tiempo......................................70
A veces siento cosas… «raras»..72
Anticoncepción y sida...73
Abuso sexual 74

5. **Mi grupo, mis amigos y yo** 79
«¿Me aceptarán en este grupo?» 81
¿Unidos o pegoteados?...82
Los «chicos malos» 84
Ese amigo del alma 85
«Hacer la tuya», ser libre, independiente, pero… ¿cómo? 87
Aprender a volar 88

6. **La escuela, el trabajo, el futuro** 91
«La escuela no me ayuda» 93
¿Divertirse en la escuela? 95
En busca de la vocación..96
«¿Y después…? No sé» 98
¿Qué buscan las empresas? 99
«¿La escuela debe prepararme para el trabajo?» 101
«¿Depende de mí conseguir un empleo?» 102
Cómo buscar trabajo 102

7. **Violencia y conductas de riesgo** 105
Un mundo hostil...106
«¿Qué hacer ante lo que me duele?» 107
La violencia – Las violencias..110
¿Por qué drogarse? ¿Por qué beber? 111
 «Yo lo puedo manejar» 113
La historia de Laura y su familia: un viaje de ida y vuelta ...114

Índice

Presentación y agradecimientos 9

Tiempo de hijos...11

«No sé que siento, no sé qué pienso... no sé quién soy».............13
    «Antes estaba todo bien; ahora no entiendo nada»..................15
    «Nada es como antes, pero… ¿cómo es?».....................................16
    «Cuando les conviene soy chico, cuando les conviene soy
    grande» 17
    «Con mi familia, todo mal»...18
    «A veces me persiguen y otras, se olvidan de mí» 20
    «No los soporto, pero necesito saber que están» 23

1. **Qué pasa con mi cuerpo**...25
    Sólo para chicas 27
    Sólo para chicos 30
    Adivina: ¿chicos o chicas? 31
    «¿Qué hago con este cuerpo?»...34

2. **Qué pasa con mis emociones** 37
    «¿Cómo explicar lo que siento?»...39
    «Cuanto peor me siento, más me cierro».....................................41
    ¿Tristeza, encierro o depresión? 42
    ¿Siempre hay que hacer lo que se siente? 43
    «A veces "pierdo el tren"…»...45
    «Puedo todo, no puedo nada»...46

3. **Qué pasa con mis padres y mi familia** 49
    «Mis viejos ya no son lo de antes...» 50
    «Prefiero toda la vida a mis abuelos»...52
    «Con ellos no se puede hablar... ¡no entienden nada!».............53

© Diana Guelar y Rosina Crispo, 2002

Diseño de cubierta: Alma Larroca

Primera edición: septiembre del 2002, Barcelona
Primera reimpresión: noviembre del 2005, Barcelona
Segunda edición: septiembre del 2008, Barcelona
Reimpresión: 2014, Barcelona

Derechos reservados para todas las ediciones en castellano

© Editorial Gedisa, S.A.
Avda. Tibidabo, 12 3º
08022 Barcelona (España)
Tel. 93 253 09 04

Correo electrónico: gedisa@gedisa.com
http://www.gedisa.com

Diseño interior y maquetación: Editor Service S.L.
Diagonal 299, entresol 1ª – 08013 Barcelona

ISBN: 978-84–7432–101-2
Depósito legal: B.2969-2014

Impreso en España
Printed in Spain

Queda prohibida la reproducción total o parcial por cualquier medio de
impresión, en forma idéntica, extractada o modificada, en castellano o en
cualquier otro idioma.

Tiempo de hijos

Diana Guelar y Rosina Crispo

gedisa
editorial

**Editorial Gedisa ofrece
los siguientes títulos sobre**

PSICOLOGÍA

STEFAN VANISTENDAEL Y JACQUES LECOMTE	*La felicidad es posible* Despertar en niños maltratados la confianza en sí mismos: construir la resiliencia
DOROTHY CORKILLE BRIGGS	*El niño feliz*
GILBERT TORDJMAN	*Cómo comprender las enfermedades psicosomáticas*
BORIS CYRULNIK	*Los patitos feos*
REGINA HAMBURGUER	*El ABC de la seducción*
JEAN LUC AUBERT Y CHRISTIANE DOUBOVY	*¡Mamá, tengo miedo!* Guía para madres ansiosas
FRANCESCO ALBERONI	*La esperanza*
FRANCESCO ALBERONI	*El origen de los sueños*
CELSO ANTUNES	*La teoría de las inteligencias liberadoras*
ROSINA CRISPO Y DIANA GUELAR	*Adolescencia y trastornos del comer*

Diana Guelar y Rosina Crispo

La adolescencia:
manual de supervivencia

Tiempo de hijos

Colección
Psicología